대한민국에서 현장이라는
가장 넓은 구청장실을 가진

이승로의 현장

이승로

백산출판사

'현장' 그곳에서 가장 빛나는 사람을 만나다!

정세균 전 국무총리

'현장', 이 평범해 보이는 두 글자가 주는 무게와 감동이 이렇게 클 수 있다는 것을 이 책을 보고 새삼 깨닫게 됩니다. 또한 구민을 대하는 이승로 성북구청장의 진심이, 그리고 그 변하지 않는 성실함과 열정이 이 책에 고이 녹아내린 것 같아 어느새 마음 한구석이 따뜻해짐을 느낍니다.

이승로 구청장과 인연을 맺게 된 것은 오래전 일입니다. 아마도 1990년대 후반 그가 성북구의원으로 활동하던 때가 아닌가 싶습니다. 당시 소규모 행사에 참석 하게 되었는데 두 손 걷어붙이고 열심히 일하던 키 크고 훤칠한 한 직원이 행사가 시작되자 어느새 앞으로 나가 인사말을 하는 것이 아니겠습니까. 의아해하며 누군지 물어보니 바로 초선 구의원이라고 하더군요. '아, 처음이니 그럴 수 있겠다.' 그때는 대수롭지 않게 생각했습니다.

그런데 몇 년 뒤, 그리고 또 몇 년이 흘러 제3대 성북구의원, 제9대 서울시의원으로 다시 만난 이승로 구청장은 놀랍게도 처음의 그 모습 그대로였습니다. 여전히 제일 먼저 도착해서 웃는 얼굴로 인사를 나누고 어려운 분들의 이야기를 함께 마음 아파하며 경청하고, 문제 해결을 위한 쓴소리도 아끼지 않는 그런 사람이었습니다.

의정 활동을 하다 보면 아무래도 적당한 선을 찾으며 쉬운 길을 택하는 사람들을 많이 보게 됩니다. 성북구의 경우만 하더라도 43만이나 되는 구민의 소리를 듣기 위해 일일이 현장을 찾아가는 것은 생각처럼 쉬운 일이 아닙니다. 한정된 시간을 쪼개서 더 바삐 움직이고 일선의 비판도 겸허히 받아들여 개선책을 찾아야 하기에 아주 고된 과정입니다. 이 외롭고 힘든 여정을 구민을 위해 마다하지 않고 한 걸음 한 걸음 나아가는 그 용기와 끈기에 박수와 응원을 보내드립니다.

노력하는 자에게 더 나은 내일이 찾아온다고 합니다. 현장에서 봉사하며 흘린 값진 땀 한 방울 한 방울이 모여 더 풍요롭고 살기 좋은 성북구가 되기를 기원하며, 출간을 진심으로 축하드립니다.

이 책을 통해 우리는 지방자치의 기본을 배우게 됩니다

기동민 국회의원
(더불어민주당 서울시당 위원장)

태풍 쁘라삐룬 대응 현장에서 민선7기 성북구청장의 출발을 알린 이승로 구청장의 모습을 기억합니다. 어제보다 더 나은 오늘을 위해 매일 달리는 그의 땀방울과 도전정신에 '이승로 구청장의 현장은 언제나 한결 같았구나'라는 생각이 듭니다.

누군가 "이승로 구청장에게 가장 잘 어울리는 단어가 무엇이냐?"고 묻는다면, '현장'이라고 대답하겠습니다. 항상 '주민의 삶에서 답을 찾겠다'고 말한 이승로 구청장은 성북구민의 생활 속에서 주민과 소통하며, 고민하고, 대안을 찾아가는 모습을 보여주었습니다.

이 책은 '현장에 답이 있다'는 이승로 구청장의 뚝심 그 자체입니다. 지난 4년간, 민선7기 이승로 구청장의 정치철학과 현장행정의 일상이 솔직하면서도 묵직하게 오롯이 담겨 있습니다. 어떤 상황 속에서도 흔들리지 않고 꾸준히, 겸손하게 발로 뛰어다니며 소통한 이승로 구청장의 진심을 느낄 수 있습니다.

이승로 구청장은 저, 기동민이 힘들고 어려울 때 제 곁에 있어준 소중한 사람입니다. 이승로 구청장의 지난 기록이 우리 모두의 기록으로 체화되기를 진심으로 기대합니다.

코로나19로 모두가 힘들고 어려운 시기를 보내고 있습니다. 그 어느 때 보다도 현장의 목소리가 중요한 시기입니다. 성북구민이 더 행복하고 더 풍요롭고 더 안전할 수 있도록 더욱 민생과 현장에 밀착된 구정을 펼쳐 가시길 응원합니다.

더불어민주당 서울 성북을 국회의원 기동민

“이승로의 현장”이 성북구의 더 큰 발전으로 이어지리라 기대합니다

김영배 국회의원
(더불어민주당 최고위원)

‘민원이 곧 성북의 의제’라고 생각하는 이승로 성북구청장의 민선7기 치열했던 구정 기록, 『이승로의 현장』 출간을 진심으로 축하드립니다. 민선 5, 6기 성북구에 제가 바쳤던 열정이 떠올라 출간 소식이 더욱 반가울 따름입니다.

현장은 문제의 출발점이자 해답이 있는 곳입니다. 이승로 성북구청장은 지난 2018년 취임 이래 ‘현장에서 답을 찾다’라는 민선 7기 성북구의 가치에 충실해 왔습니다. ‘현장 중심’ 행정의 대표사례로 꼽히게 되기까지 44만 성북구민의 삶 속을 쉴 새 없이 발로 뛴 이승로 성북구청장의 노고와 헌신에 깊은 감사와 격려의 인사를 전합니다.

코로나 이후의 시대는 주민들 속에서 함께 호흡하는 자치분권 시대와 맞닿아 있습니다.

코로나19 극복의 과정에서 우리 성북구 주민들의 훌륭한 시민의식과 연대정신, 그리고 성북구청의 협치・협력은 전국적인 모범이 되었습니다. 이러한 거버넌스 없이는 팬데믹 등 새로운 위기를 막을 수 없다는 사실을 우리 모두 확인하게 되었습니다. 이에 더해 지난해 32년 만에 개정된 지방자치법은 ‘현장’주민의 참여와 주권을 더욱 강화하는 중요한 뒷받침이 될 것입니다.

실질적인 자치분권 완성에 새로운 미래가 있습니다. 대한민국 대전환의 시점에서 우리가 성북구민과 함께 그간 쌓아온 역량이 흔들림 없이 발휘될 수 있도록 이승로 성북구청장이 앞장 서주실 것을 기대합니다.

김영배의 '동행'과 이승로 성북구청장의 '현장'은 맞닿아 있습니다. 다가오는 지방자치 새 시대의 중심에 성북구가 서 있기를 기원하며, 현장중심 행정이 결실을 맺을 수 있도록 저 역시 앞으로도 든든하게 응원하고 지원하겠습니다.

현장의 다른 말은 소통과 신뢰라고 할 수 있습니다. 보다 더 잘 소통하고, 보다 더 깊은 신뢰를 위해서 한걸음 더 가까이 주민의 삶의 현장으로 들어간 이승로 성북구청장의 노력이 성북구의 더 큰 발전으로 이어져 가리라고 기대해봅니다.

더불어민주당 서울 성북갑 국회의원 김영배

대한민국에서 가장 넓은 구청장실을 가진 이승로 구청장을 응원합니다

노웅래 국회의원
(민주연구원장)

언론에서 이승로 성북구청장을 표현할 때 종종 언급되는 별명입니다. '현장에서 답을 찾다'라는 구정 슬로건에 걸맞게 성북구 곳곳을 누비며 구민과 함께 애환을 겪어내는 이승로 구청장의 모습이 눈에 선합니다.

지난 2년여 동안 전세계는 코로나19 팬데믹을 겪고 있습니다. 수많은 중 · 소상인을 비롯한 사회 경제적 약자들에게 더욱 가혹한 시간이었습니다. 그러하기에 본문 제2장 '시민과 함께 만든 희망백신' 구절 하나하나가 가슴에 와닿습니다.

종교계를 비롯하여 각계각층 구민들의 노력 한가운데 이승로 구청장의 현장행정이 있었고, 구청장의 솔선수범이 구민들의 마음을 이끌어내는 참여의 불씨가 되었습니다.

이승로 구청장과 함께 하는 성북구민들이 너무나 자랑스럽습니다. 어려운 시기에 더욱 빛을 발하는 우리의 소중한 자산입니다. 아무쪼록 『이승로의 현장』이 살아있는 지방자치의 귀감이 될 수 있게끔 많은 분들께 일독을 권해드립니다.

민생에 더 가까이 가려는 진심과 한결같은 부지런함을 응원합니다

박 영 선
전 중소벤처기업부 장관

미래를 더 밝게, 시민의 삶을 더 행복하게 만들고 싶은 간절한 소망은 정치인 모두의 사명이자 꿈입니다. 이승로 성북구청장님이 민선7기 출범 전부터 늘 제게 나누던 진심이 있습니다. 바로 '현장에서 주민들과 소통하면서 문제를 해결하고 신뢰를 통해 구민의 새로운 일상을 열어가겠다'는 것이었습니다.

그 변함없는 행보를 지난 4년간 곁에서 지켜보았습니다. 늘 부지런하게 현장을 뛰어다니는 모습, 민생에 더 가까이 가려는 그 진심이 한결같았습니다. 성북구 구석구석을 청소하는 소탈한 이승로 성북구청장의 모습이 가슴에 남아있습니다.

따뜻한 시민연대와 나눔이야말로 내일의 희망이며 더 밝고 행복한 도시의 시작입니다. 코로나19의 장기화로 어렵고 힘든 시기를 보내고 있기에 주민들의 삶의 현장이 그 어느 때보다 중요합니다. 더불어 행복한 세상을 위해 지금처럼 더욱 변함없이 현장에서 주민의 생생한 목소리를 듣고 지역문제를 해결하며 민생을 돌아봐 주시길 바랍니다.

『이승로의 현장』 책 출간을 진심으로 축하드립니다. 삶의 현장에서 주민들과 함께, 이웃과 함께, 보다 좋은 지역사회를 만들어가기 위해 지금처럼 변함없이 부지런히 나아가 주시길 응원합니다.

행복한 변화의 시작, '우문현답'과 가장 어울리는 이승로의 '현장'

박용진 국회의원

언제나 현장이라는 소리에 가슴이 설렌다는 이승로 성북구청장님, 민선7기의 성과와 소회를 담은 '이승로의 현장' 출간을 축하드립니다. '우문현답!' 우리의 문제는 현장에 해답이 있다는 뜻입니다. 많은 사람들이 이 말을 쓰고 있지만 그 말과 가장 잘 어울리는 사람은 이승로 구청장이라고 생각합니다.

과거 중앙당에서 이승로 성북구청장님과 함께 일한 경험이 있습니다. 그때도 이승로 성북구청장님은 성실하고 폭넓은 시야를 가지고 계셨습니다. 주민을 위한 생활혁신 정책을 마련하기 위해서 그 무엇보다 성북구민의 삶의 '현장' 속으로 가야 한다며, 주민 한 분이라도 더 만나려고 한다던 이승로 구청장님의 말씀도 기억이 납니다.

『이승로의 현장』은 이승로 구청장님의 지역현안 해결, 새로운 비전의 탐구를 위한 고민과 의지가 고스란히 담겨있습니다. 어느 분야에서나 현장경험은 문제점을 파악하고 개선하기 위해서 필요합니다. 현장과 접점 없이 이론만으로 되는 것은 없습니다. 그런 의미에서 현장은 또한 개혁과 혁신을 의미하기도 합니다. 결국 '현장행정'은 세세한 지역현안 해결과 개선, 시민사회의 연대, 민관협치와 행정의 역할 등이 모두 유기적으로 연결되어 있어야 한다는 뜻이기도 합니다.

다양한 변화와 시도를 해오며 행복한 도시를 만들겠다는 구정철학이 현실에서 열매를 맺어가는 것을 볼 때마다 역시 '현장'이구나! 다시 한번 현장의 소중함을 생각하게 됩니다.

다시 한번 『이승로의 현장』 출간을 축하드리며, 앞으로도 현장에서 해답을 찾는 행복한 구정을 펼치셔서 주변 지역뿐 아니라 서울의 변화를 견인해 주시리라 기대합니다. 항상 응원하겠습니다.

농부에게 묻다

5천년의 우리 역사에서 수많은 훌륭한 인물들이 많지만 제가 가장 존경하는 인물은 세종대왕입니다. 그 이유는 세종대왕의 애민사상에서 찾을 수 있습니다. 그렇다면 애민사상의 첫 번째 예시로 들을 수 있는 건 무엇일까요? 네, 바로 자랑스러운 우리 한글입니다.

세종대왕이 한글을 만든 이유는 우리말이 중국 문자인 한자와 달라서입니다. 즉 우리말을 한자로 표현해야 했기에 이 둘이 서로 뜻이 통하지 않아 '어리석은 백성'들이 그들의 생각을 쉽게 글로 표현할 수 있도록 한글을 만드셨습니다.

그 당시에는 한자를 읽고 쓸 줄 안다는 건 지배계급인 양반의 권위이자 특권이었습니다. 세종대왕은 한자를 몰라서 글로 제 뜻을 실어 펴지 못하는 백성들을 위하여 한글을 만드신 것입니다.

세종대왕의 애민사상은 한글에 그치지 않았습니다. 세종대왕은 항상 힘없는 백성들의 생각을 중요시하였습니다. 세종대왕은 극심한 가뭄이면 호위군관 1명만 데리고 메말라 갈라진 들판으로 나갔습니다. 그리고 농부에게 뭐가 제일 어려운지, 어떤 것을 도와줬으면 좋겠는지를 묻고 경청했습니다.

이렇게 생긴 말이 농부에게 물었다는 뜻의 '문어농부(問於農夫)'입니다. 즉 책상 위의 관료들의 목소리가 아니라 생생한 백성들의 삶의 현장에서 답을 찾은 것입니다. 세종대왕도 바로 '현장에 답이 있다.'를 몸소 실천한 것임을 알 수 있습니다.

2018년 7월 성북구청장으로 취임했을 때 성북구민들에게 주민의 삶의 현장이라면 어디든 직접 달려갈 것이며 현장중심 · 민생중심의 구청장이 되겠다고 약속하였습니다. 제가 생각하는 '현장'은 우리 성북구민이 의식주를 해결하는 생생한 삶의 현장입니다. 주민의 삶의 현장은 생활 속 요구와 문제가 표출되는 곳이자, 그 해결의 답이 공존하는 곳이기도 합니다. 따라서 이 같은 삶의 현장에서는 다양한 주민의 요구가 생생하게 나올 수 있습니다.

세종대왕의 문어농부(問於農夫) 고사에서 볼 수 있듯이 국가정책은 물론 주민의 삶의 현장과 최접점에서 만나는 구정은 더더욱 주민의 삶의 현장과 요구에 바탕을 두어야 합니다. 하지만 이러한 주민의 생생한 요구가 실질적으로 행정에 반영되기까지는 수많은 시간이 걸리고 어려움도 많습니다. 전통적으로 행정서비스가 공급자인 행정주도로 발전했기 때문입니다.

세종대왕께서 한글을 만들어서 우리말과 통하게 하였듯이 주민의 요구와 행정의 간극을 좁혀주는 것이 바로 구청장이, 우리 공무원들이 직접 찾아가는 현장이라고 할 수 있습니다.

민선7기 성북구청장으로서 임기 시작도 태풍 쁘라삐룬과의 대결의 현장이었습니다. 강력한 폭우를 동반해서 침수 피해에 대한 우려가 높은 상황이었습니다. 여담으로 말씀드리면 시의원 때만 해도 잠자리에 들 때에는 핸드폰을 무음으로 해놓고 잘 수 있었습니다.

하지만 성북구청장으로 취임하자마자 시의원 때와는 너무나 달라졌습니다. 43만 성북구민의 안전과 행복을 책임져야 한다는 성북구청장으로 재난상황을 진두지휘해야 하는 긴장과 책임감의 무게가 남다르게 느껴졌기 때문입니다. 밤새 취약지역 곳곳을 찾아다니며 만일의 상황을 대비했습니다. 다행히 빗줄기가 약해졌고 태풍이 북상 과정에서 기세가 많이 꺾였다는 뉴스가 들려왔습니다.

새벽에 동이 틀 때 비치는 햇살이라는 동살이 보일 때가 되어서야 안도의 한숨을 쉴 수 있었습니다. 그때가 되어서야 비로소 저랑 함께 폭우현장을 뛰어다녔던 우리 성북구 직원들의 모습이 눈에 들어왔습니다. 이후로도 우리 성북구 직원들은 폭우, 한파, 화재, 상수도관 파열, 그리고 코로나19라는 미증유의 재난 현장까지 여지없이 나타나 차분하면서도 신속하게 대응하고 있었습니다. 이 지면을 빌려 우리 성북구청 직원들에게 깊은 감사의 마음을 전합니다. 고맙습니다.

시민과 연대를 통해 희망백신을 만들다

한민족 5천년의 역사는 고난의 연속이었습니다. 단군 이래 수많은 외세의 침략에도 우리는 굳건히 이겨냈습니다. 나라가 위기에 처할 때마다 우리 조상들은 분연히 들고 일어서서 싸웠습니다. 조국을 위해 바친 영광의 희생이 있었기에 지금 우리는 사랑하는 우리의 조국, 대한민국에서 살아갈 수 있습니다.

코로나19는 지금까지 우리가 겪어보지 못한 시련이었습니다. 보이지 않는 적이었습니다. 지난 2020년과 2021년, 2년은 코로나19라는 전 세계적인 대유행 앞에 누구도 가보지 않았던 길이었습니다. 그 낯설고 두려운 현실 앞에서 우리 모두가 각자의 자리에서 일상을 지키기 위해 고군분투한 시간이었습니다.

위기일수록 빛나는 시민의식

자치광장

이승로
서울 성북구청장

지난 2월 코로나19의 급속한 확산으로 마스크와 손 세정제가 동나고 손님이 끊어진 골목에서는 한숨이 넘쳐났다. 시민의 건강과 안전을 지키기 위해 성북구 전 직원이 비상근무에 들어갔지만 경험하지 못한 질병에 대한 우려와 불안의 그늘은 생각보다 크고 깊었다.

그사이 석관동 주민이 마스크 500개를 기부했다는 이야기가 들렸다. 마스크를 구하는 일이 녹록지 않음을 경험한 주민은 그조차 구할 수 없는 소외 이웃을 떠올린 것이다. 이 미담은 엄청난 변화를 불러왔다. 성북구 전역에서 마스크와 손 세정제 기부가 이어진 것이다.

정릉4동 주민은 한발 더 나아가 방역단을 꾸렸다. 코로나19 대응을 위해 늦은 시간까지 불이 꺼지지 않는 주민센터를 보고 마을 주인인 주민이 나서 보자며 의기투합, 골목 구석구석을 방역하고 안심 스티커도 붙여 가며 이웃과 방문객을 안심시켰다.

임대료를 면제하거나 인하했다는 임대인의 소식도 들렸다. 정릉3동에서 시작된 착한 임대인 운동은 길음동, 정릉동, 석관동, 안암동 등 성북구 전역으로 퍼졌다. '하루하루 피가 마른다'는 임차인에게 착한 임대인의 배려와 결단이 주는 위로는 우리의 상상을 뛰어넘는다.

코로나19로 피해를 입은 대구시민을 위해 보험을 해약해 받은 돈을 기탁한 주민도 있다. 그는 자신을 기초생활보장수급자라고 밝혔다. 그동안 여러 사람의 도움을 받고 살아온 만큼 이웃이 어려울 때 작은 도움이라도 주고 싶다고 했다. 그의 이야기는 전 국민을 울렸다. 서울시민과 대구시민이 지역의 벽을 허물고 돕고 나누는 분위기가 확산됐다.

주목해야 할 것은 이 변화를 시민이 주도하고 있다는 것이다. 행정이 방역과 확산 방지에 집중하도록 시민이 사각지대를 메우며 함께 든든한 방파제를 만들어 가고 있다.

많은 사람이 코로나19라는 초유의 위기에 각자도생(各自圖生)을 예언했다. 그러나 우리 시민의 선택은 천하무인(天下無人·세상에 남이란 없다)이었다. 네가 쓰러지면 나도 쓰러진다는 공동운명체로서 위기 극복을 위해 마음을 모아 보자는 '천하무인'을 선택한 것이다.

세계가 감탄하고 있는 대한민국의 위기 대응능력 중심에 우리 시민이 있다.

기고문-위기일수록 빛나는 시민의식(서울신문. 2020.6.15.)

재난은 공동체를 연대와 각자도생의 갈림길에 세운다는 말이 있습니다. 겪어보지 못했던 적이라, 보이지 않는 적이라 더 낯설고 힘든 길이었지만, 역시나 우리는 각자도생이 아닌 연대를 통해 이겨내는 길을 선택했습니다. 정말 '참 이상한 나라' 대한민국이라고 할 수밖에 없습니다. 중앙정부와 지방정부의 선제적인 방역으로 울타리를 만들자 시민사회는 그 울타리 안에서 이웃에 손을 내밀고 주변을 껴안으며 연대를 했습니다. 포옹을 통해 포용을 했습니다. 이를 통해 K방역의 성과를 만들어 낼 수 있었습니다.

'참 이상한 나라'이면서 자랑스러운 대한민국입니다. 그리고 대한민국의 그 중심에 우리 성북구가 있었습니다.

마스크 대란에 맞서 국민안심마스크를 만들고, 한발 더 나아가 대한민국의 국익까지 높이 드날린 지역 봉제업체, 영세 자영업자를 위해 착한 임대료 운동에 서울시에서 두 번째로 많이 동참한 임대인, 주말 없이 동네와 이웃의 파수꾼이 되어 방역소독에 앞장선 주민방역단, 그리고 나보다 더 어려운 이웃을 위해 손을 맞잡은 우리 구민들이 있었습니다.

코로나19 발생 초기부터 성북구가 주민의 건강과 안전을 최우선으로 비상방역에 모든 역량을 집중할 수 있었던 것은 주민간의 연대와 협력에 대한 믿음이 있었기 때문에 가능할 수 있었습니다.

2021년 12월에는 위드 코로나로 방역의 고삐가 늦춰진 상황에서 코로나19가 빠르게 확산하면서 우리나라 1일 코로나19 확진자가 7,849명으로 최고치를 기록하기는 했지만 이웃에게 먼저 손을 내미는 연대와 협력이 있는 참 이상한 나라, 대한민국은 이 또한 이겨내리라고 확신합니다.

지난 2년여 동안 수많은 어려움 속에서도 내 가족과 우리 이웃, 그리고 성북구라는 공동체를 위해 함께 손을 잡은 우리 성북구민들에게 성북구 안전을 책임지는 성북구 재난안전대책 본부장으로서 감사의 인사를 드립니다.

지금 우리 모두가 한 마음이 되어 연대와 협력을 통해 고군분투한 오늘 이 시간은 훗날 미래성북 100년의 역사 속에서 가장 극적이고 역동적인 발자취로 새겨질 것입니다.

자랑스러운 우리 성북구민의 연대와 협력이 만든 결과일까요? 주민의 삶이 기반인 현장행정을 통해 주민과 함께 코로나19 위기에서 빛을 발한 우리 성북구가 높게 평가받은 걸까요? 제가 봐서는 이 두 요소가 모두 작용한 것 같습니다.

서울시에서 실시하는 '2020 서울서베이 도시정책지표조사'에서 우리 성북구는 서울시 자치구 중에서 성동구, 노원구에 이어 구민신뢰도 3위에 오를 수 있었습니다. 이 평가는 서울시내 2만 가구, 40,085명과 서울거주 외국인 2,500명을 대상으로 한 조사이기에 우리 성북구민이 코로나19라는 재난 속에서 연대와 협력을 통해 자랑스러운 성북구를 만든 것에 대한 정당한 평가를 받은 것이라고 할 수 있습니다. 성북구민 여러분이 정말 자랑스럽습니다. 고맙습니다.

"대한민국에서 가장 넓은 구청장실을 가진 구청장"

'성북의 미래, 현장에서 답을 찾다.'는 성북구청 입구의 현판에 쓰여 있는 글귀입니다. 이 글귀는 민선 7기 성북구의 구정운영 슬로건이기도 합니다.

현장을 강조하는 저에게 어느 주민이 '대한민국에서 가장 넓은 구청장실을 가진 구청장'이라는 별명을 붙여주었습니다. 영광스러운 별명이라고 할 수 있습니다.

촛불혁명을 거치며 다양하게 분출된 시민사회의 요구가 정책으로 이어져 시민이 체감할 수 있는 혁신과 변화를 만들어 내는 것은 민선 7기 모든 지방정부가 직면한 과제였습니다. 그리고 이 과제를 해결하기 위해 제가 선택한 것은 현장이었습니다.

현장은 주민의 삶과 직접 연관되는 문제의 시작점이자 해답이 있는 곳입니다. 따라서 현장에서 주민들과 머리를 맞대어 직접 문제를 논의하고 최선이 아니더라도 차선의 해결방법을 찾아가는 것은 시민사회의 요구를 행정에 담아내는 아주 중요한 과정이라고 할 수 있습니다.

이러한 이유로 성북구에서는 민원이 곧 성북의 의제입니다. 거창한 담론이 아니더라도 어르신 한 분, 학생 한 명, 주민 한 분의 목소리를 통해 주민들과 현장에서 함께 고민하고 답을 찾는 과정이야말로 성북구 일상을 새롭게 변화시키는 원동력이 되었습니다.

민선 7기 3년 반 동안 주민과 행정간 소통을 위한 대표사업은 현장구청장실입니다. 현장구청장실은 저의 대표 공약으로 생생한 시민의 삶의 현장 속에서 지역 현안에 대해 경청하고 주민들과 정책을 함께 만들어 간다는 취지에서 기획된 사업입니다. 주민이 구청으로 힘들게 발걸음할 것이 아니라 구청장이 직접 주민 곁으로 가서 주민과 소통하는 곳, 그곳이 바로 현장구청장실입니다. 문재인 대통령께서도 국무회의에서 현장의 중요성을 강조한 것처럼, 주민의 삶의 현장은 생활 속 요구와 문제가 표출되는 곳이자 그 해결의 답이 공존하는 곳입니다. 따라서 '주민의 삶의 현장이야말로 최고의 구청장실'이라고 할 수 있습니다.

민선 7기 성북구청장에 취임한 이후 현장구청장실을 2018년 하반기에 6개 생활권역별로 나누어 20개 동 전체를 대상으로 진행했습니다. 그동안 내재되어 있었던 지역의 문제들이 날 것 그대로 생생하게 마치 봇물이 터지듯이 쏟아져 나왔습니다. 그 결과 지역발전을 위한 219건의 다양한 제안이 수렴되었습니다. 현장을 가지 않고서는 알 수 없는 생생한 제안들도 많았습니다.

2019년 현장구청장실은 2018년 6개 생활권역으로 나뉘어 실시된 것에서 확대하여 2019년 9월부터 10월까지 두 달에 걸쳐 20개 전 동에서 열렸습니다. 주민 1만여 명이 참석하여 500여 건을 제안하였습니다. 현장구청장실에서는 주차장 확충, 쓰레기 무단투기 단속 CCTV 설치, 자투리땅에 소규모 공원 조성 등 비교적 간단한 민원부터 도시철도 출입구 추가, 한국예술종합학교 이전, 청년문제 해결 등 굵직굵직한 사안까지 다양한 질문이 쏟아졌습니다. 주민 제안에 대해서는 시간과 질문 수에 제한을 두지 않고, 주민 질문 하나하나에 주민 갈증이 풀릴 때까지 성심껏 답했습니다.

정릉2동 1일 현장구청장실(2019.10.14.)

2021년은 코로나19가 장기화되자 주민과 현장 접촉이 어려워졌습니다. 그렇다고 주민과 공감소통을 멈출 수는 없었습니다. 먼저 시범으로 지난 1월 26일부터 2월 4일까지 주민자치 · 복지 · 전통시장 · 공동주택 4개 분야로 나눠 온라인 비대면으로 주민과 영상회의로 만나서 소통했습니다.

이어서 지난 5월 21일부터 6월 7일까지는 성북구 20개 동별 온라인 현장구청장실을 운영하며 유튜브로 실시간으로 방송을 하였습니다. 2만 8,000여 명의 주민이 접속하여 채팅과 댓글로 소통하였습니다. 유튜브 조회 수가 4만 3,580회에 달한 온라인 현장구청장실에서는 172건의 제안을 받아 100여 건을 현장에서 해결하였습니다. 지난 11월에는 민선7기 현장 · 소통 중심의 구정운영을 정착하고 민선8기 도약의 토대를 마련하기 위하여 온라인 현장구청장실을 운영하였습니다.

이처럼 지난 3년 반 동안 현장구청장실을 통해서 각 동별로 약 400~500여 명의 주민을 만났습니다. 총 1,043건의 주민제안을 받아 즉시 해결이 가능하여 현장에서 바로 해결한 250건을 포함하여 77%에 달하는 803건을 해결하였거나 해결하고 있습니다.

현장구청장실에 나온 주민제안과 민원은 실행 가능성을 면밀히 검토하여 추진상황을 점검하는 관리카드를 작성하고 홈페이지에 공개하여 현장에서 한 주민과의 약속이 실제 행정과 괴리되지 않도록 주민의견 수렴, 토론과 숙의, 정책반영으로 이어지도록 하고 있습니다. 장기적인 관점에서 시간과 예산이 많이 소요되는 제안은 성북구 전략과제체계에 반영함으로써 주민소통을 통한 민생중심의 문제해결력을 높이고 있습니다.

민원이 곧 의제다

자치광장

이승로
서울 성북구청장

'현장 구청장실'은 민선 7기 공약사업으로 2018년부터 이어 오고 있다. 코로나19 여파로 올해는 온라인으로 진행했다. 비대면이라는 낯선 환경 때문에 주민들의 무관심과 소통 방식에 대한 부적응을 두고 걱정이 컸던 것도 사실이다. 기우였다.

올해 상반기 현장 구청장실은 지난 5월 21일 성북동에서 시작해 6월 7일 석관동에서 마무리됐다. 성북구청 공식 유튜브 채널을 통해 관심 있는 주민이라면 누구나 실시간 채팅을 통해 소통에 참여할 수 있었다. 영상 회의 참여자는 1980명이고, 유튜브 조회수는 4만 3580회에 달했다.

이런 높은 관심과 참여는 주민들이 삶의 변화를 체감했기 때문이라고 생각한다. 2018년부터 올해까지 현장 구청장실의 주민제안(민원)은 총 726건(2018년 219건, 2019년 332건, 2021년 175건)이다. 주제도 도로교통, 환경, 교육문화, 코로나19 등 삶의 전 분야를 아우른다.

주민들이 제안한 부분에 대해서는 즉시 현장을 방문하고 관계 부서와 간부들이 머리를 맞대고 토론한다. 다양한 입장의 주민 의견을 수렴하고 해결 방안을 제시하는 방법으로 진행한다. 도저히 해결 방안을 찾기 어려운 민원도 있다. 이때는 주민에게 솔직하게 말한다. 주민 대부분 비난이 아닌 이해를 한다. 현장 구청장실을 통해 최선을 다하는 모습을 지켜봤기 때문이라고 생각한다.

이런 노력으로 전체 주민 제안 중 77%에 달하는 559건을 해결했거나 해결 방안을 마련했다. 시간이 필요한 민원은 관련 부서가 주민들에게 정기적으로 진행 사항을 보고하고 있다. 현장 구청장실 주민제안 사업은 최우선적으로 예산에 반영하고 있으며 역시 제안자에게 처리 상황을 서면과 유선으로 안내하고 있다.

성북구와 45만 구민은 현장 구청장실을 통해 함께 문제를 해결하고 많은 변화를 이끌어 냈다. 전국에서 가장 많이 구축된 스마트 도로열선 시스템은 주민은 물론 택시 운전사, 집배원, 택배 노동자의 안전까지 지켜 주고 있다. 불법 유해 업소가 밀집했던 삼양로는 청년 창업 거리로 변신해 도전하는 청년들의 아지트가 됐다.

성북의 변화는 민원에서 시작되고 민원이 곧 정책 의제가 된다. 하반기에도 현장 구청장실을 통해 주민으로부터 구정 방향을 잡아 나갈 것이다.

기고문 – 민원이 곧 의제다(서울신문, 2021.8.23.)

현장구청장실을 통해 현장은 주민의 일상의 삶이 있고 생활 속 면면의 요구가 표출되는 곳이자 모든 정책수요의 근원이며 그 해결의 답이 공존하고 있음을 다시 한 번 확인할 수 있었습니다. 맥양집이라고 불리던 불법유해업소가 밀집해 있던 길음동 삼양로가 청년창업거리로 변모하게 된 것도, 청년 일자리와 어르신의 주거안전 문제를 동시에 해결하는 고령자 맞춤형 주거관리서비스 같은 민선 7기의 주요 사업들을 발굴할 수 있었던 것도 모두 현장구청장실이 있어서 가능했습니다.

오래된 민원이나 어려운 숙원사업이라도 현장에서 주민과 의논하다 보면 비록 실행을 하지는 못하더라도 주민에게 대안을 제시하고 협의의 과정을 통해 소통이 가능하게 되었습니다. 이런 진심이 통해서일까요? 이제는 주민들께서도 보여주기식 행정이 아닌 현장에서 소통하려는 진정성을 알아주시는 분들이 많아졌습니다. 그래서 일방적으로 주장을 앞세우기보다는 제 얘기도 경청해주시고 또 의견도 적극적으로 제시해주는 분들을 많이 볼 수 있습니다. 주민들은 구청장과 현장에서 소통함으로써 주민의 제안이 정책으로 연결되는 모습을 보고 성북이 발전해가는 과정을 확인할 수 있었습니다.

미래 100년 성북의 기틀을 마련하다

문재인 정부는 '풀뿌리 민주주의를 실현하는 자치분권'에 발맞춰 32년 만의 지방자치법 전면개정과 지방일괄이양법 제정, 자치경찰법 개정을 통해 자치분권 2.0시대를 준비할 수 있는 기틀을 마련하였습니다. 동선동과 종암동의 주민자치회 시범사업은 서울시 최초로 주민자치계획을 수립하고, 전국 최초로 주민자치회에 주민자치계획 지원방안을 직접 제가 전달함으로써 주민과 행정이 협력하여 주민자치회의 역사를 새로이 써내려갔습니다.

주민자치회가 직접 지역사회 문제를 해결할 수 있다는 가능성을 확인한 이후 2021년에는 20개 전동에 걸쳐 주민자치회를 구성하였습니다. 주민들은 주민자치회를 통해 생활현장 속에서 직접 의제를 발굴하고 사업을 실행함으로써 정치적 효능감을 체감하고 생활자치를 경험할 수 있었습니다.

성북구 돌봄SOS센터를 통해 긴급 돌봄이 필요한 주민에게 2,500여 건의 맞춤형 돌봄서비스를 제공하며 일반 주민은 물론 취약계층에게 든든한 버팀목을 만들었으며, 어르신들의 여가활동에 대한 지속적인 욕구 증대에 맞춰 어르신들이 건강하고 활기찬 여가생활을 즐길 수 있도록 성북노인종합복지관 리모델링과 별관 신축, 삼선 실버복지센터 건립, 석관실버복지센터 리모델링을 통해 어르신 복지관을 지속적으로 확충하였습니다.

아울러 어르신들에게는 안전한 주거공간을 청년들에게 취업기회를 제공하는 고령자 맞춤형 주거관리서비스를 전국 최초로 시행하여 2020 주거복지문화대상에서 기관부문 종합대상을 수상하였으며, 우리동네키움돌봄센터 확충을 통해 초등학생들에게 공적 돌봄서비스를 대폭 확대함으로써 지방정부를 중심으로 공적 돌봄체계를 전국 최초로 만든 성북구 명성을 재확인할 수 있었습니다.

성북구 어디에서 거주하든지 균등한 삶의 편리를 누릴 수 있도록 도시의 균형발전을 추진한 결과 민선7기 3년 반 동안 성북구는 장위 석관 보건지소, 서울성북 미디어문화마루, 종암동 박스파크 등 80여 곳이 넘는 생활밀착형 사회기반시설이 마련되었습니다.

도심 주택 밀집 지역의 주차난을 해결하기 위해서 추진한 주차장 공유사업은 관내 많은 시설의 협조를 통해 23개소, 334면의 주차장을 공유할 수 있었습니다. 주차장 공유사업을 통해 절약한 예산은 공영주차장 건설에 투자하며 6개소 210면의 공영주차장을 건설하여 선순환 투자를 이어나갈 수 있었습니다. 이를 바탕으로 '공공자원 개방·공유서비스 지방자치단체 실적평가'에서 2020년은 전국 2위, 서울시 1위, 2021년은 전국 1위라는 성과의 밑거름이 될 수 있었습니다.

우리 성북구는 전국에서 대학을 가장 많이 품은 도시로 인적자원이 풍부한 점을 활용하여 창업과 도시재생이 결합한 새로운 모델인 캠퍼스 타운사업도 순조롭게 진행 중입니다. 불법 유해업소가 즐비했던 삼양로가 길음청년창업거리로 변신하여 청년 창업의 거점으로 탈바꿈하였으며, 사회적경제제품 우선구매는 7년 연속으로 목표 구매액을 초과 달성하면서 사회적 기업이 스스로 자립할 수 있는 기반을 확고히 다져나갔습니다.

한국과학기술연구원, 고려대, 경희대, 서울과기대 등 핵심기관을 중심으로 홍릉 강소연구개발특구 지정을 추진하여 그 결과로 유치한 종암·안암·월곡 일대에 첨단분야 스타트업을 적극 지원하고 바이오의료 산업 클러스터를 조성하여 성북을 넘어 대한민국의 신성장 거점을 마련하였습니다.

시의원 때부터 관심을 갖고 목소리를 높여왔던 교통 문제도 해결의 실마리를 보이고 있습니다. 상습 정체지역으로 지역 주민들의 출퇴근길을 괴롭게 만들었던 월곡역 주변은 월곡 하향램프 설치를 통해 교통량 분산의 해결책을 마련하고 있으며, 시의원 시절 긴급간담회와 주민 설명회까지 개최하며 정상 추진을 위해 노력했던 동북선 도시철도로 현재 순조롭게 건설 중입니다. 강북횡단선 도시철도 추진, 동북권 대표 시민문화공간이 될 시민청 조성, 재개발 해제구역의 주거지 정비를 통해 지역 활성화를 위한 균형발전 과제들을 차질 없이 이행하여 성북구민이라면 누구나, 어디서나 균등한 삶의 편리를 누릴 수 있는 미래 성북 100년의 초석을 다져나갔습니다.

서두에서 말씀드린 세종대왕의 애민사상으로 글을 마무리할까 합니다. 세종대왕의 애민사상은 음악에도 잘 나타나 있습니다. 세종대왕은 음악가로서도 자질이 뛰어나 우리 음악을 만들어 여민락(與民樂)이라는 이름을 붙였다고 합니다. 여민락은 백성과 함께 즐긴다는 의미를 담고 있습니다.

성북의 미래를 결정해야 하는 순간마다 책임이 무거웠지만 이 책임을 이겨낼 수 있었던 것은 함께 고민하고 힘과 용기를 주신 성북구민들이 있었기 때문에 가능했습니다. 앞으로도 성북구민의 삶의 현장에서 주민과 함께 기쁨과 슬픔을 나누는 동반자가 되겠다는 다짐으로 글을 마치겠습니다.

태풍과 함께 시작했던 구청장 임기 첫날의 초심을 잊지 않고 우리 주민의 삶의 현장인 마을 어귀에서, 동네 골목에서 다시 찾아뵙겠습니다.

차례

추천사

서 문

제1장

사진으로 보는 민선7기 성북

❶ 시민과 함께 희망백신을 만들었습니다

❷ 공존－더 가까운 이웃

❸ 균형－더 편안한 동네

❹ 풍요－행복 성북

1

시민과 함께 희망백신을 만들었습니다

대한민국은 '참 이상한 나라'입니다. 위기 때면 공동체를 위해 연대와 협력으로 힘을 모으는 '참 이상한 나라'입니다.

코로나19가 대구에서 한참 기승을 부리던 2020년 3월 길음2동 기초수급자 한분은 7년 유지하던 암보험을 해지하여 118만 7,360원을 대구를 위해 성금으로 기탁하였습니다. 이 소식을 들은 대구시민이 다시 똑 같은 금액을 기초수급자 분에게 보냈습니다. 지역을 넘어 대한민국 차원으로 사회적 연대가 이루어졌습니다.

초등학생 2학년부터 78세 어르신까지 주민 400명이 '보문 희망마스크'를 만들었습니다.

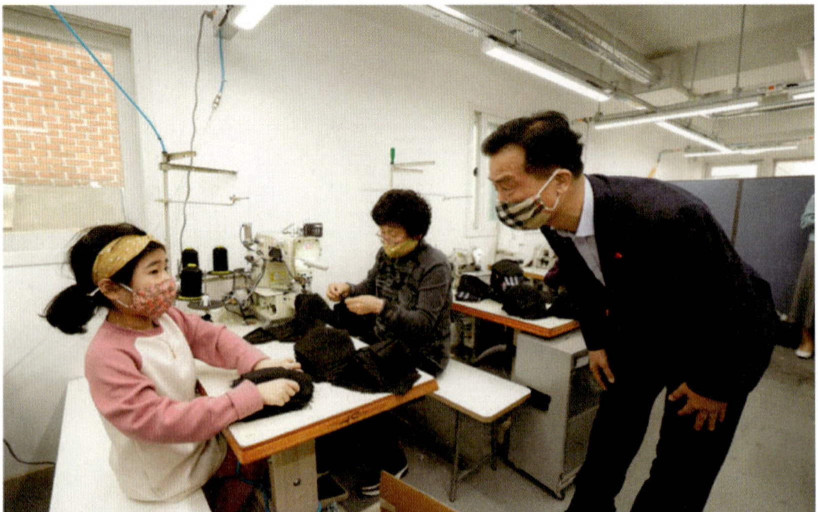

2020년 3월 코로나19로 마스크 품귀현상이 일어나자 보문동 주민 400명은 성북구 패션봉제지원센터에서 2주일 만에 수제 면마스크 1만 6천장을 만들어 보문동 전 주민 1만 6천 명에게 배부하였습니다.

총 30만 장의 국민안심마스크 제작으로 봉제업체의 일거리를 만들었습니다.

마스크 대란 속에서 국민안심마크스로 우리 구 20만 장, 강서구 10만 장을 선주문하여, 성북구 패션 봉제업체에 가뭄의 단비와도 같은 일감을 만들어냈습니다. K방역에 대한 세계적인 극찬으로 마스크 추가주문이 이루어졌으며, 이어서 전 세계가 열광한 넷플릭스 드라마 '오징어게임'으로 봉제공장의 미싱도 신나게 돌아갔습니다.

성북구 패션봉제업체와의 협업은 국경을 넘는 나눔으로 확대되었으며, '독립운동가의 도시 성북'답게 마스크를 통한 나눔의 선순환이 이루어졌습니다.

국민안심마스크 제작으로 받은 도움을 성북구 패션봉제업체들이 형제의 나라 터키에 마스크 1만장을 기부하여 국위을 선양하고 국격을 빛냈습니다. 아울러 저를 포함하여 지역 주민들이 2020년 재난지원금에 사비를 더하고 지역 패션봉제업체들도 협업하여 독립유공자들에게 '대한민국 만세 마스크'를 기부하였습니다.

착한 임대인사업을 통해 위기를 함께 이겨내는 상생의 가치를 확인하였습니다.

코로나19가 길어지면서 매출급감으로 고통을 받고 있는 소상공인과 자영업자를 위해 '착한 임대료' 동참을 권하는 편지를 보냈습니다. 서울시에서 두 번째로 많은 임대인이 참여하여 소상공인과 자영업자에게 큰 힘이 되었습니다.

'종교의 자유'도 중요하지만 '사랑의 의무'에도 충실해야 한다는 어느 목사님의 말씀처럼 공동체를 위해 헌신하는 종교계에 늘 감사를 드립니다.

성북구교회연합회는 '성북구 대면예배제로 캠페인'으로 소규모 교회에 기술 장비와 인력을 제공하여 비대면 예배를 지원하였으며, 불교계 또한 지역주민을 위해 지속적으로 성금을 기탁하였습니다.

2020년 8월 성북구에서 처음으로 발생한 집단감염을 시민과 함께 슬기롭게 이겨냈습니다.

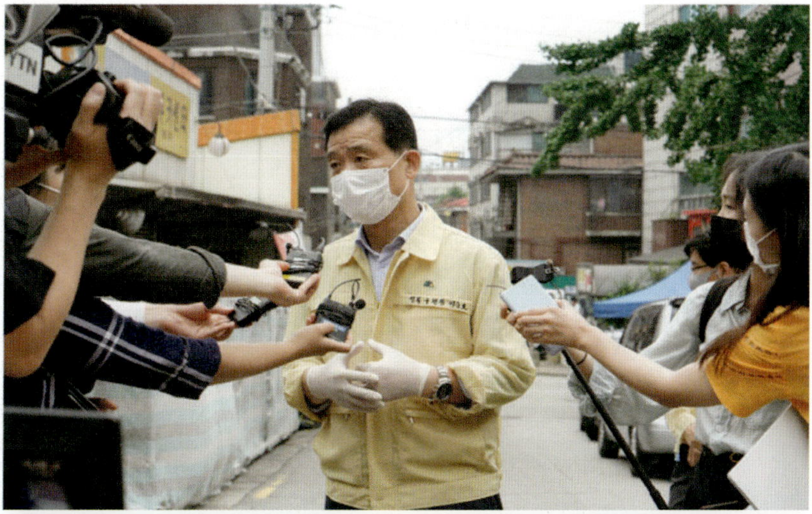

방역당국으로부터 대면예배 금지명령을 여러 차례 위반한 어느 교회에 대하여 2020년 8월 13일부터 8월 27일까지 시설폐쇄명령을 내렸습니다. 성북구에서 발생한 첫 집단 감염 사례를 시민과 함께 연대를 통해 이겨낼 수 있었습니다.

서울시 최초로 민관군 합동방역단을 구성하고, 20개 전 동에서 합동방역단을 운영하였습니다.

방역물품 공유서비스로 주민의 자발적인 방역을 이끌어내 코로나19에 선제적으로 대응하였습니다. 그 결과 행정안전부가 주관한 공공자원 개방 · 공유서비스 평가에서 2020년은 전국 226개 지방자치단체 중에서 2위, 서울시에서 1위, 2021년은 전국에서 1위가 될 수 있었습니다.

K방역의 숨은 영웅들, 의료진과 공무원들에게 감사의 말씀을 드립니다.

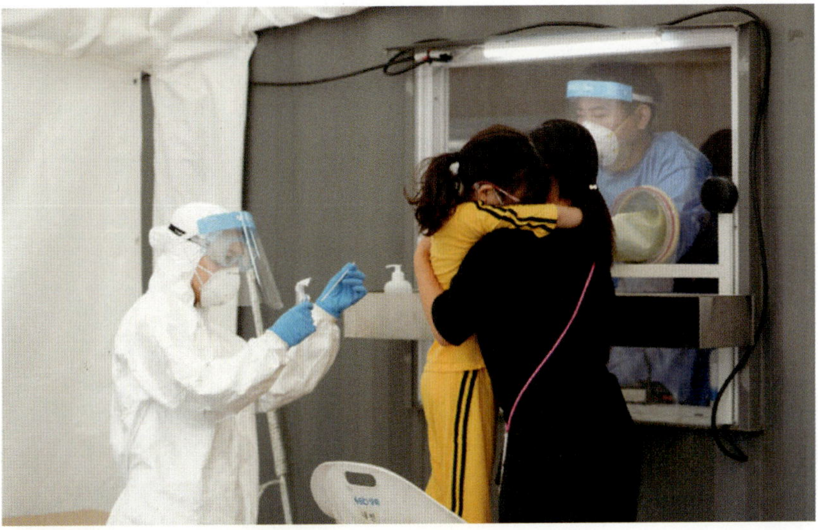

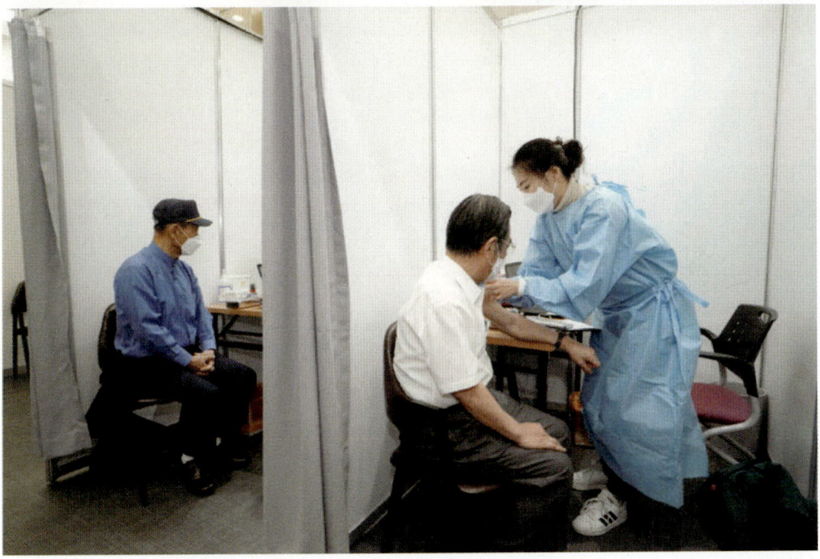

전 세계가 주목한 K방역의 이면에는 위기가 왔을 때 슬기롭게 마음을 모아 행동한 국민이 있었습니다. 그리고 현장에서 몸을 아끼지 않고 헌신한 의료진과 궂은 일을 도맡아 했던 공무원들이 있었습니다.

2021년도 서울시 재난대처 역량강화 평가에서 1위를 차지하여 최우수 기관으로 선정되었습니다.

성북구는 정릉가스 폭발, 길음아파트 화재 등 대형 재난사고에도 성북구 재난안전대책본부를 중심으로 유관기관과 함께 신속한 초동대응을 통해 재난사고를 조기에 수습할 수 있었습니다.

2

공존 – 더 가까운 이웃

주민의 삶의 현장이야 말로 최고의 구청장실입니다.

현장은 주민의 삶과 연관되는 문제의 시작점이자 해답이 있는 곳입니다. 따라서 성북구에서는 민원현장이 곧 성북의 정책의제입니다.

더불어민주당 서울시당 자치분권위원회 초대 위원장으로 자치분권을 확대하였습니다.

지방자치 30년은 대한민국의 살아있는 민주주의 역사입니다. 지방자치는 평화로운 정권교체의 밑거름이 되어 민주주의 발전과 행정서비스 향상에 기여하였습니다. 코로나19에서 확인한 것처럼 지방정부는 시민사회와 협업을 통해 K방역의 일등공신이 될 수 있었습니다.

주민자치회가 서울시 최초로 자치계획을 수립하고, 성북구는 전국 최초로 자치계획 지원방안을 직접 전달했습니다.

주민자치회 시범사업 기간 동안 주민총회를 거쳐 서울시 최초로 주민자치계획을 수립하고, 전국 최초로 주민자치계획 지원방안을 전달하여 성북구는 주민자치회의 성공모델로 그 이름을 떨칠 수 있었습니다.

2021년 성북구 20개 전 동에 주민자치회를 구성하여 자치분권 2.0을 열어나가고 있습니다.

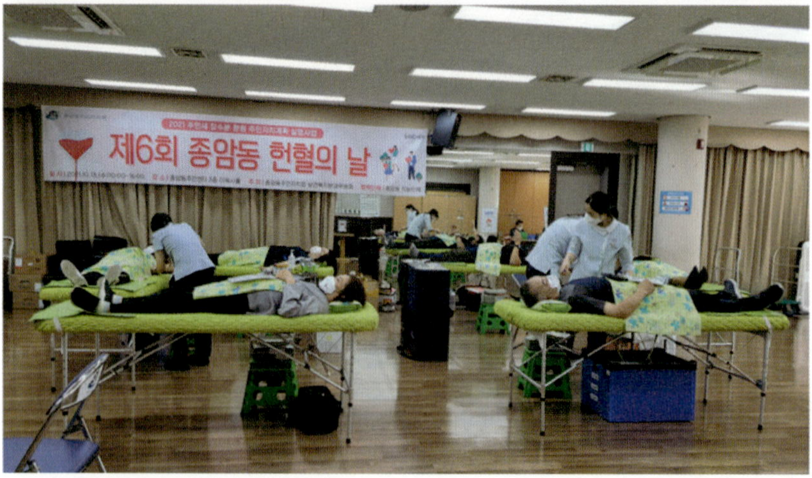

주민자치회를 통해 주민들은 생활현장에서 직접 의제를 발굴하고 실행하면서 일상적으로 주민참여가 이루어지는 생활자치를 경험하였습니다. 자치분권이 시민권력으로 이어지는 진정한 자치분권이 될 수 있도록 성북의 생활자치를 일궈나가겠습니다.

진정한 민주주의 꽃은 생활현장 속에서 시민의, 시민에 의한, 시민을 위한 생활자치입니다.

진정한 자치분권은 정책결정에 주권자로서 지속적인 영향력을 행사하는 생활자치가 굳건하게 뿌리를 내리고 있어야 합니다. 주민참여의 선두주자로서 보다 많은 시민들이, 보다 열린 참여가 이루어질 수 있도록 생활자치를 구현하겠습니다.

상생하는 아파트 공동체는 주민자치의 기반입니다.

급속한 도시화에 따라 아파트는 도시공동체의 주요한 단위가 되었으며, '공동주택 근로자에 대한 갑질 방지선언'은 상생하는 아파트 공동체의 출발점입니다. 아파트 공동체를 통해 주민들이 스스로 지역문제에 참여하여 주민자치가 이루어질 수 있도록 아파트 공동체를 활성화하였습니다.

청소년의 목소리도 소중한 현장의 목소리입니다.

2018년 8월 3일 정수초등학교 4학년 2반 어린이들이 사회교과 '지역문제와 사회참여' 단원을 배우며 지역 내 문제점과 원인, 해결방안이 적힌 편지를 보내와 일일교사로 참여하였습니다. 전국을 선도하는 아동친화도시 성북은 아동청소년 참여예산제 운영, 어린이 청소년 의회 등을 통해 청소년이 직접 정책의제를 발굴하여 구 정책에 반영하고 있습니다.

"청렴은 목민관의 근본이고 모든 선의 원천이며, 모든 덕의 근본"입니다.

목민심서의 글귀처럼 국민을 위해 봉사하는 공무원에게는 청렴이 근본입니다. 국민권익위가 주관한 2020년도 공공기관 청렴도 평가에서 전국 자치구 중에서 가장 높은 종합청렴도 2등급을 달성하였습니다. 이를 기념하여 성북구청 사내방송 '청렴 그 아름다운 이야기'에 출연하여 성북구청 직원들을 격려하였습니다.

성북구에는 얼굴 없는 천사가 있습니다.

성북구 얼굴 없는 천사는 2011년부터 한 해도 거르지 않고 12년째 쌀 300포대를 기부하고 있습니다. 모두 더하면 총 3,600포로 시가는 2억여 원에 이릅니다. 성북구는 얼굴 없는 천사를 비롯하여 유치원생들의 고사리 손에 이르기까지 한 마음으로 따뜻한 공동체를 일궈나가고 있습니다.

항상 공동체를 향해 열려있는 종교계는 성북구의 소중한 자산입니다.

종교계는 코로나19라는 미증유의 위기 때는 물론이고 평소에도 우리 이웃들에게 항상 손을 내밀고 포용했습니다. 성북구라는 따뜻한 공동체를 만드는 소중한 자산입니다.

성북 돌봄SOS센터는 맞춤형 돌봄서비스로 주민의 든든한 버팀목이 되었습니다.

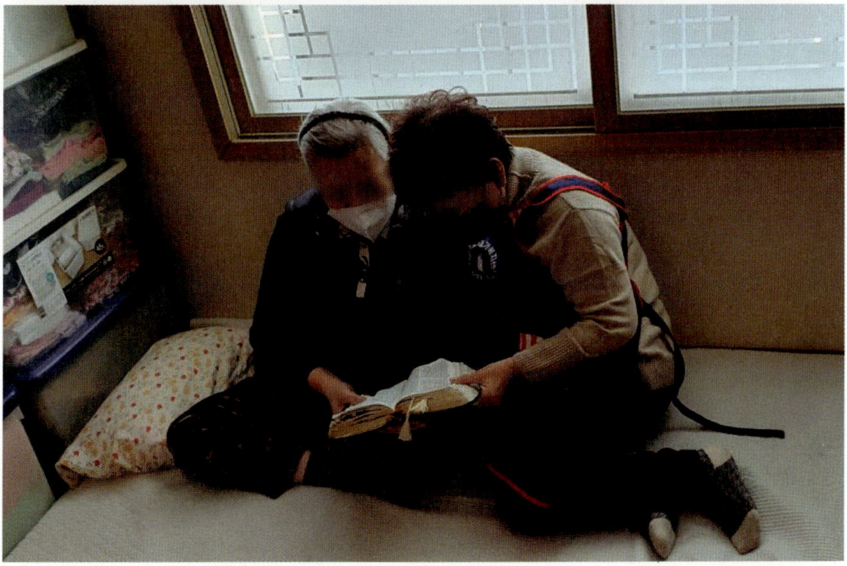

2021년 8월부터 성북 돌봄SOS센터는 51개 돌봄SOS서비스 제공기관과 함께 지난 1년 동안 2,500여 건의 맞춤형 돌봄서비스를 제공하였습니다. 2022년에는 전 동에 돌봄 SOS센터를 설치하여 보다 촘촘한 돌봄서비스를 제공하고 있습니다.

우리동네키움센터 10개소를 개소하여 보편적 돌봄을 실현하였습니다.

지방정부를 중심으로 한 공적 돌봄체계를 전국 최초로 구축한 성북구답게 우리동네키움센터 10개소를 개설하여 공적 돌봄서비스를 확대하였습니다.

전국 최초 고령친화 맞춤형 주거관리서비스로 청년이 고치고 어르신들이 살다.

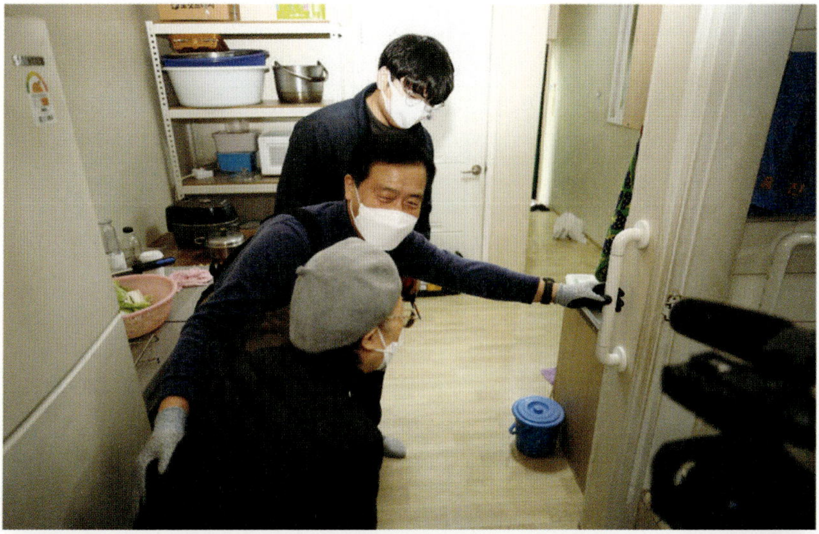

어르신에게는 안전한 주거공간을, 청년들에게는 취업기회를 제공하는 고령자 맞춤형 주거관리서비스 사업을 전국 최초로 시작하여 2020 주거복지문화대상에서 종합대상을 수상하였습니다.

활기찬 노후를 위해 어르신 여가시설을 대폭 확충하였습니다.

어르신의 여가활동은 건강과 삶의 질을 결정하는 주요한 요소입니다. 건강하고 활기찬 노후 여가생활을 즐길 수 있도록 성북 노인종합복지관 본관을 리모델링하고 별관을 신축하였으며, 삼선실버복지센터 신축 등을 통해 구립 실버복지센터도 시설을 대폭 확대하였습니다.

3

균형 – 더 편안한 동네

생활밀착형 사회기반시설 80개소를 확충하여 성북의 균형발전을 이루었습니다.

성북의 균형발전 차원에서 서울성북 미디어문화마루, 장위석관 보건지소, 종암 박스파크 등 생활밀착형 사회기반시설 80개소를 확충하여 성북 구민 누구나 균등한 삶의 편리를 누릴 수 있도록 하였습니다.

공유를 통해 자원의 한계를 뛰어넘어 공공자원 개방 · 공유 전국1 위가 되었습니다.

방역물품 공유서비스, 유휴주차장 공유사업, 공유주차장 운영, 성북마을관리소 늘품집 운영을 통해 공공자원 개방 · 공유서비스 평가에서 2020년 전국 2위, 2021년 전국 1위를 달성하여 공유도시 성북의 이름을 드높일 수 있었습니다.

시의원 시절부터 목소리를 높였던 동북선은 순조롭게 공사가 진행 중입니다.

시의원 때부터 긴급간담회와 주민설명회를 개최하며 정상추진을 위해 노력했던 동북선은 순조롭게 공사가 진행 중입니다. 2025년 동북선이 개통되면 획기적으로 대중교통 접근성을 향상하고 지역발전에 크게 기여할 것입니다. 강북 횡단선도 차질 없이 진행될 수 있도록 모든 역량을 집중하겠습니다.

공유주차장과 신규 주차장 조성을 통해 고질적인 주차문제를 해결하였습니다.

주차장 공유사업을 통해 23개소 334면의 주차장을 확보하였으며, 이를 통해 절감한 예산으로 공영주차장 6개소 주차장 210면을 확충하였습니다.

주민의 마음까지 녹인 성북의 도로열선, 장안의 화제가 되었습니다.

서울시에서 가장 많은 17개소 5.8km에 달하는 도로열선으로 2021년 1월 두 차례의 폭설에도 우리 성북구는 단 한건의 교통사고도 발생하지 않았습니다.

'2021 올해의 SNS'에서 블로그와 유튜브 2개 분야에서 대상을 수상하였습니다.

성북구는 코로나 시대에 비대면 소통을 강화하여 제7회 2021 올해의 SNS에서 '올해의 유튜브'와 '올해의 블로그' 2개 부문에서 대상을 수상하였습니다. 주민과 보다 더 공감하며 보다 더 소통하는 성북구를 만들어가겠습니다.

4

풍요-행복 성북

코로나19의 위협에서 골목상권을 지켜냈습니다

주민들은 최대 성북사랑 상품권을 10% 할인된 가격으로 구매하고, 상인들 입장에서는 가맹점 수수료가 없어서 큰 사랑을 받고 있습니다. 코로나19로 침체된 소비를 촉진하고 골목상권 활성화를 위해 2020년 185억 원, 2021년 606억 원의 성북사랑 상품권을 발행하였습니다.

주민과, 대학과 함께 전통시장을 활성화하였습니다

전통시장은 지역경제의 중요한 한 축입니다. 장위전통시장이 전국 최초로 전통시장-주거지 연계 도시재생에 선정되고, 국민대와 한성대가 골목상권과과 전통시장 활성화에 나섰습니다. 신명나는 전통시장이 될 수 있도록 더욱 지원하겠습니다.

청년과 함께 성장하는 성북, 청년들의 꿈을 지원하였습니다.

청년은 혁신성장동력이자 미래 경제의 주역입니다. 길음 청년창업거리 조성, 청년에게 사무공간과 주거공간을 함께 제공하는 도전숙, 10년 연속 최고등급을 받은 1인창조기업지원센터, 고령친화 맞춤형 주거관리서비스를 통해 청년들의 꿈을 이룰 기회를 제공하였습니다.

어둠의 맥양집 거리가 길음 청년창업거리로 바뀌었습니다.

일명 맥양집이라는 불법유해업소가 밀집했던 길음동 삼양로거리를 길음 청년창업거리로 조성하여 창업, 활력, 포용의 공간으로 만들었습니다. 그 중심에는 청년창업가게, 청년공간 길:이음, 직주혼합협 공공임대주택인 도전숙, 문화예술창작소가 있었습니다. 청년창업에 지속적인 투자와 4차 산업지원센터도 조성하여 청년창업의 중심거리로 만들겠습니다.

전국을 선도하는 캠퍼스타운으로 청년창업과 지역의 상생발전을 추진하였습니다.

2017년 전국에서 최초로 고려대에서 시작하여 한성대, 동덕여대, 서경대, 한성여대에서 캠퍼스타운이 진행 중입니다. 새로운 도시재생 모델인 캠퍼스타운사업을 통해 청년창업과 지역의 상생발전을 추진하겠습니다.

서울 도심 관광협의회 회장으로 성북을 새로운 관광 중심지로 부각하였습니다.

전 세계가 대한민국을 주목하고 있어 관광 한류를 발전시킬 절호의 기회입니다. 종로, 중구 등과 함께 서울 도심 관광협의회를 구성하여 회장구로서 성북구를 도심과 연계한 관광명소로 부각시켰습니다.

지붕 없는 박물관 성북을 편안하게 관람할 수 있는 성북시티투어버스를 마련하였습니다.

성북시티투어 버스를 타고 5가지 테마로 구성된 성북동과 정릉동 일대 다양한 역사문화자원을 체험할 수 있습니다. 간송미술관, 우리옛돌박물관, 한국가구박물관 등 역사문화자원을 활용하여 문화도시 성북구로 비상하도록 하겠습니다.

독립운동가의 도시 성북이 독일의 소녀상을 지켜냈습니다

독일 베를린 평화의 소녀상이 철거위기에 처해지자 계성고를 비롯한 26개 중고등학생들의 조막손들이 모두 3,600통의 손편지를 작성하여 평화의 소녀상을 지켜냈습니다. 과거를 성찰할 수 있어야 더 나은 미래를 만들어 갈 수 있습니다.

인촌로를 고려대로로 도로명을 바꾸어 역사의 이정표를 바로 세웠습니다.

바른 역사는 바른 이름에서 시작합니다. 친일행위 대법원 확정 판결을 계기로 도로명 '인촌로'를 '고려대로'로 개명하였습니다. 도로명 개정이 있기까지 우리 성북구 지적과 직원들이 주민 9천여 명을 방문하는 숨은 노력이 있었습니다. 앞으로도 독립운동가의 도시 성북답게 친일잔재를 청산하고 독립정신을 기리는 일에 앞장서도록 하겠습니다.

제2장

코로나는 대한민국을 이길 수 없습니다

1

'참 이상한 나라' 대한민국

하루아침에 바뀐 세상 – 코로나가 바꿔놓은 것들

2020년과 2021년의 키워드를 찾는다면 단연 신종 코로나바이러스(코로나19)임에 이견이 없을 것입니다. 아무도 예상하지 못했던 코로나19의 전 세계적인 대유행(팬데믹)으로 우리는 소중한 일상을 잃어버렸고 한 걸음 더 멀어진 거리두기의 시대를 살아가고 있습니다.

2020년 1월 12일 국내에서, 그리고 같은 달 31일에 우리 구에서 첫 번째 확진자가 발생했을 때까지만 해도 코로나19가 이렇게 오래갈 것이라고는 상상도 하지 못했습니다. 성북구의 방역을 책임지는 재난안전대책본부장으로서 발 빠르게 민관군 합동방역단을 운영하며 지역사회 곳곳을 꼼꼼하게 챙기다 보면 혼란의 시기도 금방 지나갈 것이라고 믿었습니다. 그러나 우리의 기대와 달리 코로나19는 여전히 현재진행 중입니다.

코로나19는 정말 많은 것을 바꿔놓았습니다. 느닷없이 우리에게 찾아온 바이러스는 우리의 일상을 빼앗았고 사람들과의 거리를 만들었습니다. 하루가 다르게 증가하는 확진자 수는 국민에게 불안과 불신을 안겨주었습니다. 마스크 없이는 어디도 갈 수 없고 수많은 사람이 격리되거나 입원하는 것이 일상이 되었습니다. 영화에서나 봤을 법한 일들이 현실이 된 것입니다.

가구당 소비 지출은 큰 폭으로 떨어졌고 경제는 휘청거렸습니다.

코로나19 직격탄은 특히 저소득층에게 더 아픈 상처를 남겼습니다. 가게 문을 닫거나 일자리를 잃는 이들이 생겼고, 일을 하더라도 수입이 줄어드는 현상이 주로 저소득층에게 집중되면서 사회경제적 불평등이 더욱 커졌습니다.

체감하는 삶의 질이 떨어지다 보니 마음의 병도 깊어졌습니다. 우울, 불안, 자살 충동 등 정신건강 문제가 심각해진 가운데 여러 조사를 통해 젊은 층과 여성, 저소득층이 큰 고통을 겪고 있는 것으로 밝혀졌습니다. 코로나19 방역의 최전선에서 피땀 흘리고 있는 많은 보건소 직원들은 우울감과 불안감을 더욱 크게 느끼며 일부는 극단적 선택까지 생각하는 것으로 조사되기도 했습니다. 집단 감염이 발생한 곳에서는 구성원들을 향한 비난이 쏟아지기도 했고 확진자들은 원치 않는 사회적 낙인이 찍히기도 했습니다.

코로나19는 성장기 어린이와 청소년들에게도 큰 영향을 끼쳤습니다. 밖에서 한창 마음껏 뛰어놀지 못하는 아이들은 신체 능력이 떨어졌고 마스크를 끼고 생활하다 보니 언어 발달이 더뎌졌습니다. 사회적 거리두기는 정서와 사회성 발달에도 안 좋은 영향을 끼쳤습니다. 등교 수업이 재택 원격수업으로 바뀌면서 학력 저하 현상이 벌어지기도 했습니다.

2020년과 2021년 지난 2년은 많은 이들에게 가혹했던 위기의 시간이었음이 분명합니다. 다른 한편으로는 우리 성북구의 저력을 다시 한번 확인할 수 있는 소중한 시간이기도 했습니다.

코로나19 초기부터 우리 성북구가 추가 감염 확산을 막기 위한 비상방역에 모든 역량을 집중할 수 있었던 데에는 오직 건강과 안전을 최우선 목표로 구청 공무원과 주민들이 끊임없이 소통하여 협력하고,

주민들끼리도 연대했기 때문이라고 자신있게 말할 수 있습니다.

숨 고를 틈조차 아껴야 했던 우리 성북구의 코로나19 현장에는 마스크 대란에 맞서 국민안심마스크를 만든 지역의 봉제업체, 영세 자영업자를 위해 착한 임대료 운동에 동참한 임대인, 공익을 위해 공적 마스크 판매에 나선 약사, 주말도 없이 이웃의 파수꾼이 되어 동네 방역에 앞장선 주민방역단, 필요로 하는 곳 어디든 찾아간 의용소방대와 주민 봉사자까지 누가 먼저랄 것도 없이 앞장섰던 주민이 있었습니다.

'참 이상한 나라'

2020년 3월 문화체육관광부 산하 해외문화홍보원이 제작한 4분짜리 영상이 수백만 건의 조회 수를 자랑하며 전 세계에 큰 울림을 주었습니다. 대한민국의 코로나19 극복기를 소개한 '참 이상한 나라(Korea, Wonderland?)'가 그것입니다. 이어서 한 달 뒤에는 '참 이상한 나라에서 온 편지(A letter from wonderland)'를 통해 화합과 연대의 메시지를 전 세계에 공개했습니다.

정말이지, 대한민국은 참 이상한 나라입니다. 외환위기로 온 나라가 휘청거렸던 1997년에는 온 국민이 가지고 있던 금을 기꺼이 내놨고, 그로부터 10년 후 태안 기름 유출사고가 발생했을 때는 바다의 기름때를 닦기 위한 자원봉사 행렬이 줄을 이었습니다. 나라에 위기가 닥칠 때마다 공동체를 위해 묵묵히 힘을 모았던 우리 국민은 이번 코로나19도 예외가 아니었습니다.

투명한 시스템과 리더십으로 코로나19 위기에 맞서 싸운 대한민국(해외문화홍보원이 제작한 '참 이상한 나라'의 한 장면)

많은 나라가 굳이 감염자를 밝히지 않으려고 할 때도 계속해서 검사를 이어갔고 바이러스 전파를 막기 위해 모든 과정과 결과를 투명하게 공개하고 대책을 마련했습니다. 확진자가 나오면 카드 사용내역과 CCTV, 휴대전화 기록 등을 통해 동선을 추적하고 해당 지역에 거주·근무하는 사람들한테 문자메시지를 보내고 밀접접촉자들을 추적해 선제적 검사를 제안했습니다.

2015년 메르스 사태 당시 진단키트가 부족해 어려움을 겪었던 우리나라는 신속하게 키트를 승인하는 시스템을 마련했고, 그 어떤 나라보다 더 빨리, 더 많이 코로나19 검사를 진행한 한국은 빠른 진단 능력으로 확진자를 조기에 발견하고 감염원을 막았습니다. 드라이브스루 방식 등 검사 방식에도 다양한 아이디어가 동원되었습니다. 국민들은 너나 할 것 없이 마스크를 쓰고 사회적 거리두기를 지켰습니다. 국민 중 81%가 거리두기에 따른 피로감을 경험했지만, 97%의 국민이 모임을 취소하고 외출을 자제하여 사회적 거리두기를 지켰다는 2021년 2월의 여론조사는 정말 K방역은 우리 대한민국 국민이 희생과 인내를 통해 일궈낸 것임을 보여주고 있습니다.

2020년 코로나19의 세계적 대유행(팬데믹)으로 전 세계가 마비되어 미국에서는 대통령 예비선거가 멈추고, 프랑스는 지방선거 2차 투표를 잠정 중단하였으며, 영국은 지방선거를 아예 1년 미루기도 했습니다. 이처럼 세계 대부분의 국가에서 코로나19로 인해 선거를 제대로 치르지 못했지만, 대한민국은 평상시보다 오히려 더욱 높은 투표율을 기록하며 총선을 무사히 치른 첫 번째 나라가 되었습니다. 코로나19의 맹위 앞에 무릎을 꿇은 선진국가들과는 달리 대한민국은 자유주의와 민주주의를 절충하여 주목할만한 모범사례를 만들어 국가위상을 더 높였습니다.

대한민국이 코로나19 방역을 성공한 이유에 대해 로라 비커 BBC 한국 특파원의 '한국인들이 유교의 영향으로 사회적 거리두기를 잘 따른 것이 아니라 민주주의를 위해 싸우고 대통령을 탄핵한 나라라서 목소리 높여 권력자에게 책임을 추궁한 민주주의 국가라 가능'했다는 말은 대한민국이 으뜸가는 민주주의 국가라는 점을 정확히 짚어주는 말입니다.

이처럼 봉쇄(락다운) 없이도 코로나19가 확산되는 것을 막았던 한국의 방역 성과에 힘입어서 문재인 대통령은 2020년 5월에 열린 세계보건기구(WHO) 최고 의결기관인 세계보건총회(WHA)에서 "도전과 위기의 순간, 한국 국민들은 담대한 선택을 했습니다. 개개인이 가지고 있는 '자유'를 '모두를 위한 자유'로 확장시켰습니다."라고 말하며 '코로나 전쟁을 이길 강력 무기는 연대와 협력'이라는 한국의 경험을 공유하는 기조연설을 하기도 했습니다.

대한민국은 여전히 코로나19와 사투를 벌이고 있습니다. 하지만 위기를 극복하기 위해 힘들었지만 의미 있는 도전으로 세계가 부러워하는 K방역의 성과를 '함께' 만들어 간 참 이상한 나라의 사람들이 있는 한 우리의 내일도 흔들림 없이 지킬 수 있을 것입니다.

2

시민과 함께 만든 희망백신

위기를 연대의 기회로

우리 성북구에서는 2020년 1월 31일 관내 첫 확진자가 발생한 이후 2020년 8월 9일까지 주민 51명만이 코로나19 확진 판정을 받았습니다. 이 또한 해외 입국자들로 지역 내에서 감염된 확진자는 발생하지 않는 청정 지역으로 코로나19 방역 관리를 철저하게 했다는 자부심이 있었습니다.

성북구 소재 어느 교회에서 코로나19 집단감염이 발생하자 코로나19 검사 행정명령 시행 (KBS 시사직격 인터뷰 2020.8.24.)

그런데 8월 13일 성북구 소재 어느 교회에서 확진자가 발생하면서 상황은 완전히 달라졌습니다. 확진자가 폭발적으로 늘어나면서 9월 30일까지 334명을 기록했습니다. 불과 한 달 만에 8배 이상이 늘어난 것입니다.

어느 교회에서 시작된 집단감염으로 성북구 신규 확진자는 244명을 기록하더니, 8 · 15 광화문 집회와 체대 입시학원에서 발생한 집단감염 등으로 확진자가 지속적으로 늘어났습니다.

보건소 인력만으로 감당하기에는 역부족이었습니다. 확진자는 쏟아졌고 역학조사는 지체되었습니다. 심지어 일부 확진자의 경우에는 역학조사에도 비협조적인 경우가 많아서 더욱 쉽지 않았습니다. 집단감염이 발생한 교회에 대해 집합금지 명령을 내려 교인들의 출입을 막았지만 교회를 지켜야 한다고 주장하는 교인들과의 갈등을 피할 수도 없었습니다. 집합금지, 시설폐쇄 명령, 각종 고소 · 고발에도 이 교회는 계속해서 방역 수칙을 위반하며 대면 예배를 강행했습니다.

우리 성북구, 특히 장위동은 택배기사님들마저 방문을 꺼리는 지역이 되었고 거리에는 사람 그림자도 보이지 않는다는 말이 나올 정도로 지역상권은 초토화되었습니다. 집단감염이 발생한 교회와 관련이 없어서 굳이 코로나19 검사를 받을 필요가 없는 장위동 주민들조차 불안한 마음에 검사를 요청하여 코로나19 검사가 평소에 비해 5배나 증가하기도 했습니다.

그동안의 노력이 물거품이 되는 것 같은 절망감이 느껴졌습니다. 가장 심각한 것은 성북구민의 건강과 안전이 위협받고 있다는 점이었습니다. 이 위기를 극복하기 위해 성북구청의 모든 직원이 코로나

19 대응에 나섰습니다. 집단감염이 발생한 교회의 신도와 광화문 집회 참석자들에게 일일이 전화를 걸어서 검사를 독려했고, 집합금지 명령을 내린 교회를 24시간 점검하면서 추가 확산을 막기 위해 모든 행정력을 집중했습니다.

성북구 주민들도 가만히 보고 있지 않고 팔을 걷고 나섰습니다. 소상공인과 자영업자를 비롯해 많은 주민이 힘든 시간을 보내고 있었음에도 재확산의 위기 앞에서 스스로 방역단을 꾸려서 하루도 쉬지 않고 골목골목을 소독했습니다. 구청에서도 방역물품을 공유하며 적극적으로 지원했습니다.

자율 방역활동 이외에도 마스크, 도시락, 꾸러미 등 나눔 활동도 거의 매일 이뤄졌습니다. 먼저 나서서 일상의 방역을 담당하고 소외된 이웃을 살피고 돌봐준 주민 덕분에 구청에서도 코로나19 확산 방지에 모든 행정력을 집중할 수 있었습니다. 또한 요양병원 같은 고위험 시설의 직원들은 선제적 검사를 통해 더욱 안전한 근무 환경을 만들었습니다.

종교계가 나서다

어느 교회에서 발생한 집단감염으로 코로나19가 재확산하자 인근 지역 상권이 타격을 입었습니다. 가장 먼저 발 벗고 나선 이들은 우리 구의 교회였습니다. 젊은 개신교계 목회자들은 성북구 장위동 지역의 소상공인들을 위한 모금 운동 '오병이어 프로젝트'를 펼쳤습니다. 어느 교회에서 집단감염이 발생한 이후 개신교 전반에 대한 비판 여론이 확산되자 교계의 반성을 행동으로 실천한 것입니다.

성북구교회연합회는 '성북구 대면 예배 제로(Zero) 캠페인'을 실시하며 비대면 예배가 힘든 소규모 교회에 영상 예배에 필요한 기술 장비와 인력을 제공하고 월세를 지원하기도 했습니다.

대면 예배제로를 실천하기 위해 소규모 교회를 지원한 성북구교회연합회(성북구교회연합회와 간담회 2020.9.3.)

성북동의 덕수교회는 코로나19로 생계가 어려워진 저소득층을 위한 월세 지원과 보온·난방 나눔, 집수리 봉사를 펼쳤습니다. 하늘이음교회도 취업준비생을 포함한 저소득층에 상품권과 식품 꾸러미를 전달했습니다. 이 밖에도 동소문동 성일교회와 안암동 영암교회도 먹거리와 난방용품 나눔으로 따뜻한 겨울을 만들었습니다. 코로나19로 인해 아침 급식을 중단했던 성복중앙교회는 도시락을 청년들에게 전달했습니다. 우리 구의 성모수도회와 성가소비녀회의 수녀들은 지역 의료진과 근무자들을 위해서 정성이 담긴 간식과 손편지를 쓰기도 했습니다.

불교계도 예외는 아니었습니다. 성북구 사암연합회를 비롯하여 여러 사찰에서 코로나19로 인해 어려움에 처한 지역 주민들을 위해 성금을 기탁했습니다.

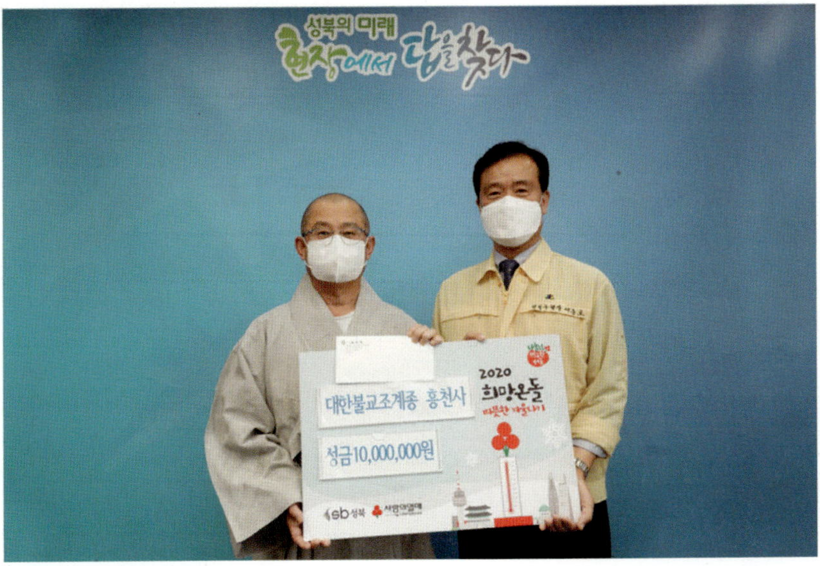

코로나19로 어려움에 처한 지역주민을 돕기 위해 지속적으로 성금을 기탁한 대한불교조계종 흥천사(성금을 기탁한 흥천사 정관스님 2020.9.9.)

코로나19 이전부터 어르신들에게 무료 급식배달을 진행했던 돈암2동의 적조사는 코로나19가 확산되자 식사를 거르는 홀몸 어르신들과 취약 계층 가구에 도시락 나눔을 실천했습니다. 개운사는 마스크와 손세정제를 기부하기도 했습니다.

주민의 연대로 릴레이 기부가 이어지다

IMF 시기에 온 국민이 그러했던 것처럼 국가적인 위기 앞에서 배려와 실천을 이어가는 성북구 주민들의 나눔과 기부 활동도 끊임없이 이어졌습니다.

마스크 품귀현상을 겪고 있던 2020년 2월 5일에 석관동 어느 주민이 석관동주민센터를 통해 마스크 500개를 전달했습니다. 성북구에서 마스크를 기부한 첫 사례였습니다. 익명을 요구하던 기부자는 주민센터 직원들의 계속된 권유에 '김선한'이라는 아기 이름만 밝혔습니다. '선한이 엄마'가 기부한 선(善)한 마스크는 자격기준이 안되어 마스크를 받지 못한 지역 독거노인 등에게 나눠주고 아동용은 지역 아동돌봄센터에 전달하였습니다.

코로나19가 대구에서 한참 기승을 부리던 2020년 3월에는 길음2동에 거주하는 기초수급자 남성이 돈 118만 7,360원을 들고 길음2동주민센터를 찾았습니다. 이 돈은 7년 동안 유지하던 암보험을 해지하여 마련한 돈으로 대구에서 고생하는 환자와 의료진을 위해 써달라며 성금으로 내놓은 것입니다. "몸뚱이만 성하면 당장 대구에 가서 뭐든 할텐데..."라는 이 남성의 묵직한 한 마디는 코로나19로 찢진 마음에 깊은 울림을 주기에 충분했습니다.

감동은 여기에서 그치지 않았습니다. 이 사연을 언론보도를 통해 알게 된 50대 대구시민이 이에 화답하였습니다. 이 대구시민은 길음2동주민센터에 감사의 마음과 함께 대구에 성금을 보낸 분에게 전달해 달라며 같은 액수인 118만 7,360원을 사회복지공동모금회에 기탁한 것입니다.

대구의 환자와 의료진을 위해 써달라며 암보험을 깨서 118만 7,360원을 성금으로 길음2동주민센터에 기탁한 기초생활수급자

서울에서 대구로, 대구에서 다시 서울로 응원의 힘이 전해지면서 지역을 넘어 대한민국 차원으로 사회적 연대가 이루어지는 순간이었습니다.

2020년 코로나19 초기에는 마스크 수급에 문제가 생기자 주민들이 앞장서서 마스크를 나누기 시작했습니다. 공적 마스크마저 구하기 힘든 시기에는 많은 주민이 수제 마스크를 직접 만들어서 기증하기도 했습니다.

위기일수록 빛나는 시민의식

자치광장

이승로
서울 성북구청장

지난 2월 코로나19의 급속한 확산으로 마스크와 손 세정제가 동나고 손님이 끊어진 골목에서는 한숨이 넘쳐났다. 시민의 건강과 안전을 지키기 위해 성북구 전 직원이 비상근무에 들어갔지만 경험하지 못한 질병에 대한 우려와 불안의 그늘은 생각보다 크고 깊었다.

그사이 석관동 주민이 마스크 500개를 기부했다는 이야기가 들렸다. 마스크를 구하는 일이 녹록지 않음을 경험한 주민은 그조차 구할 수 없는 소외 이웃을 떠올린 것이다. 이 미담은 엄청난 변화를 불러왔다. 성북구 전역에서 마스크와 손 세정제 기부가 이어진 것이다.

정릉4동 주민은 한발 더 나아가 방역단을 꾸렸다. 코로나19 대응을 위해 늦은 시간까지 불이 꺼지지 않는 주민센터를 보고 마을 주인인 주민이 나서 보자며 의기투합, 골목 구석구석을 방역하고 안심 스티커도 붙여 가며 이웃과 방문객을 안심시켰다.

임대료를 면제하거나 인하했다는 임대인의 소식도 들렸다. 정릉3동에서 시작된 착한 임대인 운동은 길음동, 정릉동, 석관동, 안암동 등 성북구 전역으로 퍼졌다. '하루하루 피가 마른다'는 임차인에게 착한 임대인의 배려와 결단이 주는 위로는 우리의 상상을 뛰어넘는다.

코로나19로 피해를 입은 대구시민을 위해 보험을 해약해 받은 돈을 기탁한 주민도 있다. 그는 자신을 기초생활보장수급자라고 밝혔다. 그동안 여러 사람의 도움을 받고 살아온 만큼 이웃이 어려울 때 작은 도움이라도 주고 싶다고 했다. 그의 이야기는 전 국민을 울렸다. 서울시민과 대구시민이 지역의 벽을 허물고 돕고 나누는 분위기가 확산됐다.

주목해야 할 것은 이 변화를 시민이 주도하고 있다는 것이다. 행정이 방역과 확산 방지에 집중하도록 시민이 사각지대를 메우며 함께 든든한 방파제를 만들어 가고 있다.

많은 사람이 코로나19라는 초유의 위기에 각자도생(各自圖生)을 예언했다. 그러나 우리 시민의 선택은 천하무인(天下無人·세상에 남이란 없다)이었다. 네가 쓰러지면 나도 쓰러진다는 공동운명체로서 위기 극복을 위해 마음을 모아 보자는 '천하무인'을 선택한 것이다.

세계가 감탄하고 있는 대한민국의 위기 대응능력 중심에 우리 시민이 있다.

기고문 – 위기일수록 빛나는 시민의식(서울신문, 2020.6.15.)

우리 구가 어려움에 처했을 때 전국 각지에서 성북구 방역팀을 향한 응원이 이어지는 가운데 주민들도 방역자원봉사대를 만들어 구청 직원들과 함께 방역봉사에 나섰습니다. 이에 질세라 우리의 이웃과 성북구에 자리 잡은 여러 단체와 기업들은 마스크를 비롯해 방역용품, 먹거리 등 다양한 물품과 성금을 전달하며 힘을 실었습니다.

청소년과 대학생들도 손편지를 쓰고 자신들이 받은 성금을 기부하는 등 모두가 각자의 자리에서 공동체 구성원으로서의 제 몫을 다해 주었습니다. 특히 우리 구에서는 코로나19 때문에 봉사활동이 어려워졌다는 고정관념을 깨고 목도리를 직접 뜨고 손편지와 서평을 쓰는 등 청소년들의 비대면 자원봉사도 늘어나면서 새로운 시대에 걸맞은 봉사활동의 형태를 만들었다는 평가를 받을 수 있었습니다. 친구들과 한창 어울려야 할 시기에 집에서 지낼 수밖에 없었던 청소년들이 내가 아닌 타인을 위한 나눔을 실천했던 소중한 경험이 건강한 성인으로 성장하는 큰 밑거름이 될 것이라고 믿어 의심치 않습니다.

무엇보다 제 마음을 울렸던 것은 그동안 사회적 약자로 도움을 받는 대상이었던 이들의 아낌없는 나눔 실천이었습니다. 한두 장씩 모은 마스크를 기꺼이 기부한 장애인, 매달 받는 생계비를 모아서 기부한 기초생활수급자 등 자신보다 더 힘든 이웃을 위해 온정의 손길을 내민 이웃이 있었습니다. 비록 기부 규모는 크지 않았지만 코로나19로 더 힘든 시간을 보내고 있는 이들까지도 한마음으로 기부 행렬에 동참한 모습을 보면서 가슴 한편이 저릿해지는 것은 어쩔 수 없었습니다.

저 또한 코로나19로 인한 주민들의 고통을 조금이라도 나누기 위해 급여의 일부를 서울시 사회복지공동모금회에 기부할 때 전혀 주저함이 없었습니다. 얇아진 통장보다 나눔을 통해 얻는 기쁨이 더 컸기 때문입니다. 그리고 그 이후에 이어진 주민들의 자발적인 기부 모습을 보면서 '함께 나눔'의 선한 전파력을 느낄 수 있었습니다.

주민 혼자서 애를 쓰며 극복하기에는 너무나 큰 시련의 시간이었습니다. 하지만 이웃들의 관심과 실천이 모이자 경제적 · 심리적으로 위기에 놓였던 또 다른 이웃들도 희망을 찾아가기 시작했습니다. 우리 모두가 작은 마음이 모여 큰 위기를 극복할 수 있다는 소중한 경험을 함께 나눈 것입니다. 그리고 이를 통해 사회적 연대가 이루어졌습니다.

지역경제 마중물, 성북사랑 상품권

한 교회에서 발생한 집단감염 사태로 인해 많은 주민이 어려움을 겪었습니다. 가뜩이나 경제가 위축된 상황 속에서 장위동 주변 상권과 전통시장은 그야말로 초토화되었습니다. 장위동 현장을 직접 가보니 더욱 참혹했습니다. 거리에는 드나드는 사람들이 거의 없었고, 마지못해 문을 열고 있는 상인들의 얼굴에는 근심이 가득했습니다. 그 모습을 보면서 방역과 함께 지역경제 살리기에 집중해야겠다고 생각하게 되었습니다.

우리 구의 공무원들이 먼저 실천에 나섰습니다. 구청과 각 동 주민센터 직원들이 지역 소상공인들을 응원하기 위해 매주 두 차례 이상 동네 작은 골목 식당과 전통시장을 찾아 점심을 먹었습니다.

이와 같은 마음의 응원을 넘어 지역 소상공인들을 직접 챙길 수 있는 다양한 사업도 진행했습니다. 성북사랑 상품권을 2020년에는 5회차에 걸쳐 185억 원을 발행했습니다. 이 중 약 50억 원을 장위동에 배정해서 숨통이 트일 수 있도록 했습니다. 2021년에는 성북시장 상품권을 4회에 걸쳐 490억 원을 발행하였으며, 이 외에도 상권회복 상품권 16억 원을 발행하여 606억 원의 모바일 상품권을 발행하였습니다.

이뿐만 아니라 우리 구의 2만 2천여 소상공인들을 위해 중소기업 육성 자금을 낮은 이자로 융자해 주고 소상공인들의 특별 보증을 서

주었습니다. 또 착한 임대인 지원사업과 자영업자 생존자금, 소상공인 새희망자금 등 다양한 사업을 펼쳤습니다. PC방, 노래방 등 사회적 거리두기가 이어지면서 영업을 중단한 사업장에는 휴업지원금도 신속하게 지급했습니다.

코로나19 확산을 막기 위해 노력해 온 공든 탑이 무너지지 않도록, 힘든 상황 속에서도 예방 수칙을 준수하며 방역에 동참해 준 우리 구의 많은 소상공인분들에게 고마움을 전하고 싶습니다.

주민들이 직접 만든 마스크로 희망을 나누다

많은 이들이 좌절과 상심에 빠졌던 코로나19. 그런데 우리 성북구에서는 갑자기 재봉틀 돌아가는 소리가 늘어나기 시작했습니다. 코로나19가 확산되면서 마스크가 부족해지자 주민들 사이에 마을 어르신들과 취약 계층을 위해 마스크를 직접 만들자는 의견이 모인 것입니다.

단체장칼럼

'상생'으로 코로나19 위기를 극복하고 있는 성북

이승로

성북구청장

코로나19 감염병으로 우리의 일상이 대변화를 맞이하고 있다. 그 중 가장 아픈 지점은 우리 경제의 대부분을 차지하는 지역 소상공인의 붕괴다. 성북구는 총 사업체의 94%가 10인 이하의 소기업이다. 때문에 코로나는 더욱 가혹하게 지역경제를 흔들어 놓았다. 특히 작년 8월 사랑제일교회발 2차 대확산으로 인한 인근 상권은 말 그대로 '초토화'였다.

참으로 암담한 상황이었으나 구민의 고통과 호소를 직접 듣고 소통하기 위해 온라인 현장구청장실과 전통시장 상인과의 간담회를 이어갔다. 주말도 반납하며 실의에 빠진 상인을 위해 장위동 골목골목을 찾았고 꿈을 잃은 청년을 위해 삼양로 일대를 누볐다. 이 모든 것은 구청장으로서 성북의 곳곳을 누비며 민생경제회복이라는 답을 현장에서 찾기 위한 노력이었다.

작년 큰 고통을 겪었던 장위, 석관, 월곡 지역은 40억 규모의 중소기업 융자지원, 총 426억 규모의 장석월 · 장위동상품권 등 지역화폐 발행 등 소상공인 지원정책을 통해 지역경제가 조금씩 회복되고 있다. 생기 없던 삼양로는 불법유해업소가 하나둘씩 폐업하고 그 공간에 청년창업가게가 들어서며 청년창업거리로 탈바꿈하고 있다.

정부 · 서울시와 협력해 추진한 대규모 공공일자리 사업, 긴급고용안정 정책, 재난지원금 지급, 확진자 방문 피해기업과 점포 재개장 지원사업 등의 정책들도 민생경제 회복에 보탬이 됐고 우리 구 직원들이 자진해 앞장섰던 전통시장 방문의 날 및 관내 식당 이용하기 날 캠페인도 십시일반 지역경제를 살리는 데 일조했다.

행정의 마중물 역할에 민간의 아름다운 활동도 이어졌다. 관내 봉제업체들과 지역주민이 협력해 면마스크를 제작, 코로나19로 인한 경영위기와 국민적 마스크 수급 대란을 함께 극복한 것이다. 2020년 6월에는 여전히 마스크 수급에 어려움을 겪는 형제의 나라 터키에 항균마스크 1만장을 전함으로써 국격까지 올렸다. 또한 지역 임대인 122명이 자발적으로 '착한임대인' 운동에 동참해, 총 7억이 넘는 임대료 인하를 통해 공동체에 대한 배려와 상생의 모습을 보여주기도 했다. 가장 큰 고통을 겪은 장위동 상인들은 하루도 쉬지 않고 시장과 골목을 소독하며 지역경제를 회복시키겠다는 희망의 끈을 놓지 않은 결과, 안심하고 방문하는 고객이 다시 늘기도 했다.

성북구는 '위드 코로나' 시대를 대비해 '민생경제추진단'을 구성, 코로나로 인한 경제위기를 조기 회복하고 포스트 코로나 시대를 대비하기 위해 '민생경제 활성화 추진 종합계획'을 수립 · 추진 중에 있다.

2023년까지 보조금 등 2239억원의 예산을 투입, 민생경제 · 일자리 · 노동취약계층 3개 분야에 걸쳐 총 30개의 세부사업을 통해 지역상권활성화, 지역특화산업육성, 사회적경제 육성지원, 맞춤형 일자리 창출, 창업지원, 노동취약계층 지원 등의 핵심과제를 추진할 계획이다. 올해에만 6213개의 일자리와 165개의 창업유도를 목표로 하고 있다.

쉽지 않은 여정이다. 그러나 사상초유의 재난 앞에서 성북구민이 보여준 성숙한 시민의식과 공동체에 대한 배려는 행정의 도전과 노력이 만나 시너지를 발휘할 것으로 믿는다. 코로나 이후 새로운 도약을 맞이할 성북이 기대되는 이유다.

기고문 – 상생으로 코로나19 위기를 극복하고 있는 성북(시정신문. 2021.9.9.)

코로나19 장기화로 마스크를 구하기 어려워지고 가격이 폭등하여 취약계층의 마스크 수급에 어려움이 발생하자 주민들이 직접 마스크를 제작하기 시작했습니다.

2020년 3월 성북동 주민자치회는 주민들과 함께 동주민센터에 공방을 차리고 재봉틀과 원단을 조달하기 시작했습니다. 각자의 집에 쌓여 있던 원단들이 하나로 모였고, 그 위에 본을 그리고 오려서 마스크를 만들었습니다. 처음 해보는 작업이었기에 쉽지 않았지만 쉴 새 없이 재봉틀을 돌리며 완성해 나갔습니다.

2020년 3월 성북동주민센터에 공방을 차리고 면마스크를 제작한 성북동주민자치회

"코로나 함께 극복" 보문동의 마스크 기적

주민·봉제업체 등 400여명 봉사
잠 못자며 3교대로 재봉틀 돌려
주민 수 같은 1만6000개 제작
'지역공동체 연대로 해냈다" 감격

서울 성북구 보문동 주민들이 성북구패션봉제지원센터에서 천마스크 1만6,000개를 다 만든 뒤 자축하고 있다. 김은미(첫째 줄 오른쪽 세 번째)씨는 "환경 보호 차원에서라도 재활용하는 천마스크를 계속 만들고 싶다"고 했다. 성북구청 제공

"드르르르륵~".

지난 2일 오후 3시 서울 성북구패션봉제지원센터 2층에선 재봉틀 소리가 100㎡(30평) 남짓의 작업실을 꽉 채웠다. 전문 재봉사가 아닌 평범한 보문동 주민 10여명이 발을 굴려 재봉틀을 돌리는 소리였다.

격자무늬의 천은 재봉틀 노루발 아래로 드르륵 소리를 내며 빨려 들어갔다. 흐느적거리던 타원형의 천 가장자리는 박음질로 단단해졌고, 두 겹의 천이 한데 묶여 마스크 모양을 제법 갖춰 나갔다. 신종 코로나바이러스 감염증(코로나19) 극복을 위한 천마스크 제작 현장으로, '비상시국'에 육중하게 돌아가는 재봉틀 소리에 사소한 농담은 낄 틈이 없었다.

진지했던 자리, 이날 200여개의 마스크 제작이 끝나자 한 여성이 재봉틀에서 일어나 창가로 향했다. "안 이러려고 했는데…" 김은미(53)씨는 창밖을 바라보며 눈물을 훔쳤다. 그에게 이날은 특별했다.

보문동 주민 수와 같은 마스크 1만6,000개를 제작. 주민 모두에게 차별 없이 마스크 1개씩을 나눠줄 수 있게 된 순간을 맞았던 것이다. 지난달 21일부터 이날까지 13일 동안 하루에 주민 25명이 3교대로 마스크 제작에 손을 보태 빛은 성과였다.

김씨는 "그동안 함께 고생했던 순간들이 떠올라 울컥했다"고 했다. 심재순(69)씨는 "이렇게 누구를 돕기 위해 주민들과 공동 작업을 해 본 건 처음"이라며 "코로나19를 극복하기 위해 다들 함께 모였고, 이 작업을 통해 각박한 세상에서 희망을 봤다"며 눈시울을 붉혔다. 천마스크 제작엔 보문동 주민 400여명이 참여했다. 코로나19가 장기화하면서 사회적 거리 두기 운동으로 사람들은 뿔뿔이 흩어졌지만, 이 공간에선 연대로 위기극복 기반을 다진 것이다.

보문동의 천마스크 '셀프 보급'은 정부 도움 없이 오롯이 지역사회의 힘으로 이뤄졌다는 데 의미가 있다. 골목 봉제 업체들이 없었다면 불가능했다. 보문동에 둥지를 튼 20여 봉제 가게에서 천마스크의 원단을 대고, 마무리 작업을 도왔다. 봉제 일을 하는 권여명(57)씨는 "제작에 참여한 주민 대부분이 재봉틀을 처음 써 봐 바늘도 쉬 부러뜨리고 바늘에 찔리기도 했다"며 "초보자들이 일정하게 박음질을 할 수 있도록 가르치고, 각 봉제 가게에서 쓰다 남은 원단을 십시일반으로 도움 받았다"고 말했다.

쑥스럽게 나온 말이지만, 지역 공동체의 코로나19 대응 미담으로 길이 남을 스토리를 썼다는 사실만큼은 명확했다. 시작은 소박했다. "약국에 오래 줄 서 기다리는 어른들 보기가 안타깝다"는 보문동 새마을문고 회원 15명의 마음이 통하면서 마스크 제작으로 뜻이 모였다. 입소문이 퍼지자 초등학생 2학년부터 78세 노인까지 다양한 주민들이 봉사를 자청했다. 낮엔 일하고 밤엔 마스크 제작 봉사에 참여한 '주경야봉'파도 있었다. 정정숙(60)씨는 "다들 너나 할 것 없이 아침부터 밤늦게까지 작업해 나도 퇴근 후에 일을 거들었다"며 "그 덕에 엄두도 못 낼 줄 알았던 일을 해낸 것 같다"며 웃었다.

보문동의 400여 '작은 영웅'이 만든 1만6,000개의 마스크는 15일 제21대 국회의원 선거가 끝난 뒤인 16일부터 지역 주민들에게 배포될 예정이다. 양승준 기자

'코로나 함께 극복' 보문동의 마스크 기적(한국일보, 2020.4.10.)

마스크 제작현장에 직접 가서 보니 그곳에는 몸은 힘들어도 마음만큼 기쁨으로 가득한 주민들이 있었습니다. 재봉틀을 잘 다루는 주민은 재단된 원단을 마스크로 완성하고, 또 재봉틀과 바느질 솜씨가 부족한 주민들은 실밥도 정리하고 고무줄도 넣고 포장을 하는

등 각자의 자리에서 자기가 할 수 있는 제 역할을 톡톡히 하고 있었습니다.

20여 개의 봉제업체들이 자리 잡은 보문동에서도 마스크 셀프 보급이 펼쳐졌습니다. 보문동 약 16,000명의 모든 주민에게 1개씩 나눠줄 수 있는 수제 면마스크를 직접 제작한 것입니다. 마스크 제작을 위해 20여 골목 봉제업체들은 천 마스크 원단을 대고, 마무리 작업을 돕는 가운데 자원봉사들은 초등학생 2학년부터 78세 어르신까지 보문동 주민 400여 명이 성북구 패션봉제지원센터에서 밤낮없이 마스크를 만들었습니다. 약 2주일 만에 완성한 1만 6천여 장의 수제 면마스크는 보문동 주민들 한분 한분의 손에 쥐어질 수 있었습니다.

이 같은 마스크 제작이 반가웠던 이유는 누가 요청하지 않아도 오직 주민들 스스로 의견을 모으고 재료를 조달하고 재봉 재능기부에 나섰다는 점입니다. 오롯이 주민들의 힘으로 완성된 나눔의 현장을 보면서 한층 더 따뜻해진 마을의 온기를 느낄 수 있었습니다.

국민안심마스크로 봉제 소공인들을 지원하다

우리 성북구는 1,500여 개의 봉제업체가 자리 잡고 있는 패션 봉제 사업의 중심지라 할 수 있습니다. 그런데 코로나19가 확산되면서 대부분의 봉제업체가 큰 타격을 입었습니다. 주문이 취소되거나 이미 준비한 물량은 수출길이 막히는 등의 손해가 이만저만이 아니었습니다. 아무리 열심히 뛰어다녀도 상황은 나아질 기미를 보이지 않았습니다. 봉제업체의 위기는 우리 구의 위기로 이어졌습니다.

'어떻게 하면 봉제업체를 살릴 수 있을까?'

총 30만장을 주문한 국민안심마스크의 제작에 성북구 30개 봉제업체가 참여(한겨레신문의 동행취재 현장 2020.3.26.)

고심 끝에 생각해낸 것은 국민안심마스크 사업이었습니다. 우리 구와 상황이 비슷한 지역을 찾아 9개 자치구가 참여하는 서울시 동북권 패션봉제산업 발전협의회와 국민안심마스크제작협의회가 손을 잡고 면마스크를 제작하기로 한 것입니다. 마스크 대란이 이어지고 있는 가운데 지역의 봉제업체들이 KF80 수준의 필터 교체형 면마스크를 제작하면 이를 공적 구매형식으로 사들였습니다.

먼저, 우리 구에서 20만 장, 강서구청의 의뢰로 10만 장을 선주문했습니다. 패션 봉제업체에게 국민안심마스크는 가뭄의 단비와도 같은 일감이었습니다. 제조사들은 멈췄던 재봉틀을 다시 돌리기 시작했고, K방역에 대한 세계적인 극찬이 이어지면서 마스크 추가 주문도 이어졌습니다. 안정적인 마스크 공급을 통해 주민들의 불안감도 해소되었고, 봉제업체들의 경제적인 어려움도 조금씩 극복되었습니다. 마스크 제작현장을 방문할 때마다 "일감을 주어서 고맙습니다."며 제 손을 꽉 잡아주시는 사장님과 노동자를 보며 국민안심마스크사업이 이들에게 단비와 같은 일감임을 깨달을 수 있었습니다. 아울러 방역복 임가공 일감도 생겨서 새로운 활로가 만들어지기도 했습니다. 이처럼 봉제업체의 일감을 만들기 위해 발로 뛴 결과 국민안심마스크 사업을 성공적으로 마무리할 수 있었습니다.

마스크 30만장 성북의 착한 일감 주문
소상공인들 방역 나눔으로 훈훈한 보은

현장 행정

봉제업체 대표들 만난 이승로 구청장

작년 지역 봉제업체 고사 위기 몰리자
구는 국민안전마스크 제작 의뢰 지원
상인들 1만장 기증… 정기적 방역 봉사
이 구청장 "어려움 속 나눔 주민에 귀감"

이승로(왼쪽 네 번째) 성북구청장이 지역에서 자발적으로 방역 활동하는 서울패션섬유봉제협회 소속 상인들에게 감사의 인사를 전하며 기념 사진을 촬영하고 있다. 왼쪽부터 정동택 서울패션섬유봉제협회 실장, 김성만 성진어패럴 대표, 오병열 서울패션섬유봉제협회 회장, 이 구청장, 예인환 수진섬유 대표, 박태호 아홀사 대표, 곽정숙 성북구 일자리경제과장. 성북구 제공

"마스크를 쉽게 구할 수 있게 됐으니, 이제는 동네 곳곳을 돌아다니며 방역 활동을 하고 있습니다. 이웃의 건강과 지역 사회의 안전을 지키는 데 조금이나마 도움이 되었으면 하는 바람입니다."

서울 성북구는 1600여개의 패션봉제업체가 집결된 패션봉제 산업의 중심지다. 봉제산업이 지역 경제의 근간이지만 지난해 코로나19 여파로 일감이 줄고 판로가 끊기면서 고사 직전에 이르렀었다. 임금은 물론 임대료조차 감당하기 어려울 정도로 위기에 몰렸던 봉제업체 소상공인들에게 기를 불어 넣은 건 성북구다. 구는 지난해 3월 국민안심마스크 사업을 통해 지역 봉제업체에 마스크 30만장을 주문·제작하는 착한 '일감 몰아주기'를 했다.

지역 봉제업체들로 구성된 서울패션섬유봉제협회(이하 봉제협회)는 구의 이같은 도움에 보답하기 위해 지난해 6월 마스크 1만장을 기부하기도 했다. 구는 6월 호국보훈의 달을 기념하며 터키 참전용사와 그 가족들에게 마스크를 전달했다. 당시 기부 마스크 제작에 참여했던 상인들은 이후에도 방역 활동에 꾸준히 참여하면서 지역 사회와 이웃을 위한 봉사를 이어오고 있다.

마스크를 기부한 지 딱 1년 만인 지난 17일 오병열 봉제협회장을 비롯해 김성만 성진어패럴 대표, 예인환 수진섬유 대표, 박태호 아홀사 대표, 정동택 봉제협회 실장 등 협회 관계자들은 이승로 성북구청장을 찾았다. 이 구청장은 "코로나19 위기로 어려운 상황에서 국격을 빛내며 나눔의 선순환을 몸소 보여주신 상인들 덕분에 지난 1년간 성북구 구성원들도 다시 힘을 낼 수 있었다"고 말했다. 오병열 봉제협회 회장은 "상인들이 자포자기할 만큼 고통스러운 시간을 보내던 지난해, 구의 단비같은 도움으로 웃으며 일할 수 있었다"며 화답했다.

이 구청장이 이날 상인들을 특별히 다시 만난 건 지난 1년간 코로나19 방역 활동을 위해 동네 곳곳을 누빈 상인들의 공로에 감사 인사를 전하기 위해서다. 상인들은 지역 사회에 나눔으로 보답하기 위해 자체적으로 방역단을 꾸려 정기적으로 봉사 활동을 하고 있다. 특히 봉제업체가 집결되어 있는 장위동, 석관동, 보문동 등을 중심으로 업체 내부를 비롯해 시장이나 버스 정류장, 골목 등 주민들이 많이 찾는 다중이용시설을 중심으로 소독 작업을 하고 있다. 지난해에는 태풍으로 수해를 입은 전북 남원의 주민들을 위해 2500여벌의 옷을 전달하기도 했다.

이 구청장은 "성북구 제조업의 70%를 차지할 정도로 지역 경제의 큰 축인 봉제업체가 여전히 많은 어려움을 겪고 있다는 걸 잘 알고 있다"면서 "그런 상황 속에서도 한 번의 나눔에서 멈추지 않고 보이지 않는 곳에서 마음을 나누며 주민들에게 귀감이 되고 있다"고 말했다. 이어 "지역 경제의 중심인 봉제업체들이 자생력과 경쟁력을 갖출 수 있도록 온라인 등 새로운 유통망을 구축하고, 작업 환경을 개선할 수 있는 방안을 모색하겠다"고 덧붙였다.

조희선 기자 hsncho@seoul.co.kr

마스크 30만장 성북의 착한 일감 주문(서울신문. 2021.6.22.)

어느 날 서울패션섬유봉제협회로부터 연락이 왔습니다. 저에게 감사패를 주겠다는 내용이었습니다. 패션봉제사업 발전과 관련하여 종사자의 경제적 자립도 향상을 위한 관심과 지원, 그리고 현장에서 뛰며 애써준 공로에 대한 감사패였습니다. 오히려 저는 봉제업체 사장님들에게 감사패를 돌려주고 싶은 마음이었습니다. 봉제업체에서 밤샘 작업까지 해가며 신속하게 마스크를 제작한 덕에 45만 성북구민의 생명과 안전을 지킬 수 있었기 때문입니다.

그뿐만 아니라 여기에서 더 나아가 어려울 때 받은 도움을 또 다른 나눔으로 되돌려 주었기 때문입니다. 국민안심마스크 사업으로 숨통이 트이자 이제는 봉제업체 사장님들이 나섰습니다. 자신들이 받은 도움을 돌려주고 싶다면서 그 보답으로 항균 마스크 1만 장을 제작해 형제의 나라 터키에 기부한 것입니다.

급한 불을 끄고 한숨을 돌린 서울패션섬유봉제협회 회원들은 국민안심마스크 주문으로 생긴 수익금을 활용해 마스크 1만 장을 만들어 기부하겠다는 의사를 알려왔습니다. 당시 그 시기는 우리 구에서도 구민들이 필요한 마스크를 충분히 확보한 상태였습니다. 어떻게 하면 마스크를 의미 있게 활용할 수 있을까를 고민한 끝에 해외로 눈을 돌리게 되었습니다.

2020년은 한국전쟁 70주년인 해였습니다. 그 의미를 살려 우리를 도와주었던 형제의 나라 터키의 이스탄불시 베이올루구에 기부하기로 했습니다. 마침 우리 구 우호도시였던 베이올루구에서 코로나19 극복 방법을 요청했을 때입니다.

국민안심마스크 제작으로 도움을 받은 패션봉제업체들이 형제의 나라 터키에 마스크 1만장 기부
(오병렬 서울패션섬유봉제협회장, 에르신 에르친 터키대사)

서울패션섬유봉제협회는 기부의 의미를 잘 살리기 위해 마스크 품질과 디자인에 더 신경을 썼습니다. 필터 교체가 필요 없는 항균기능 원단을 사용했고, 한국의 문화를 알리기 위해 디자인에 한글을 활용했습니다. 패션 마스크 모양에 한글로 '힘내라! 터키, 대한민국 성북구'와 태극무늬를 새겼습니다. 색상도 다양하게 흰색, 회색, 검정색으로 제작했습니다.

성북구를 넘어 대한민국이라는 이름으로 전달되는 것이니만큼 마스크 품질은 물론 포장에도 정성을 다했습니다. 터키 이스탄불 문화원에 도움을 청해 '대한민국 성북구의 45만 시민이 형제의 나라 터키를 응원합니다.'라는 터키어도 포장지에 새겼습니다.

이렇게 정성 가득한 마스크 1만 장을 성북구청에서 에르신 에르친 주한 터키대사에게 직접 전달했습니다. 에르친 터키대사는 한국말로 고마운 마음을 전하며 베이올루구의 참전용사와 가족들에게 전달할 것을 약속했습니다. 이어서 형제의 나라가 건넨 도움의 손길에 많은 터키 국민이 감동했다는 소식도 전해졌습니다. 이와 같은 우리 성북구의 마스크 기부는 터키 대통령에게까지 보고되어 레제프 타이이프 에르도안 터키 대통령이 문재인 대통령과 전화 통화로 K방역 공유와 마스크 기부에 대한 감사인사를 한 것으로도 알려졌습니다.

코로나19로 위기에 처한 봉제업체와의 협업은 국경을 넘는 나눔으로 확대되었고 국위선양과 우호 증진을 이끌어낼 수 있었습니다. 코로나19의 위기 속에서 국격을 빛내는 결과로까지 이어진 봉제업체 사장님들의 나눔 활동이야말로 많은 이들에게 희망과 위로를 주는 특별한 사례가 되었습니다. 지방정부가 마중물 역할을 하면서 주민들이 받은 도움을 자발적으로 사회에 돌려주면 얼마든지 코로나19를 극복할 수 있다는 본보기를 볼 수 있었습니다.

'대한민국 만세 마스크'로 봉제업체들이 다시 뭉치다

'한 번도 안 한 사람은 있어도, 한 번만 한 사람은 없다.'

이 말은 어쩌면 나눔과 기부 활동에도 해당하는 게 아닌가 싶습니다. 2020년 호국보훈의 달 6월에 '힘내라! 터키 마스크'를 제작하여 기부함으로써 대한민국의 품격을 높였던 우리 구에서는 제75주년 광복절을 맞아서 '대한민국 만세! 마스크'를 제작하여 관내의 독립유공자와 그 후손, 그리고 보훈대상자 4,500명에게 전달했습니다.

'대한민국 만세! 마스크'는 정부 재난지원금 기부금으로 제작해 그 의미를 더했습니다. 사연은 이러합니다. 2020년 정부에서는 소비 진작과 지역경제 활성화를 위해 재난지원금을 지급했습니다. 정부로부터 받은 재난지원금을 지역사회의 긍정적인 변화를 위해 사용하자고 마음먹은 김양순 민주평화통일 성북구협의회 지회장이 자신의 사비를 보태 기부했습니다. 이어서 윤재성 성북구 동지역사회보장협의체 위원장, 황영선 통합방위협의회 위원, 황하연 성북구새마을금고 이사장협의회 회장, 김재명 성북동비둘기회 회장까지 약속이나 한 듯 지원금에 사비를 보태서 내놓았습니다. 이 같은 기부 행렬에 저도 빠질 수 없었고 기꺼이 지갑을 열었습니다.

저를 비롯해 우리 구의 6명은 마음을 모은 기부금을 어떻게 활용할 것인가로 고민했습니다. 그 어느 때보다 행복한 고민을 한 끝에 '독립운동가의 도시 성북'답게 대한민국을 위해 숭고한 희생을 한 이들을 위해 사용하기로 합의하고 '대한민국 만세! 마스크'를 제작하기로 하였습니다. 그리고 이 소식을 접한 봉제업체 사장님들도 적극적으로 마스크 제작 동참의사를 밝혔습니다.

독립유공자 후손들에게 지급되는 마스크니만큼 특별히 신경을 써서 제작했습니다. 빨아서 사용할 수 있는 항균 마스크에 하단에는 '대한민국 만세! SB'라는 로고를 새겼습니다. 전달식에는 사회적 거리두기에 따라 소수의 관계자만 참석했지만 분위기는 그 어느 때보다 따뜻하면서도 엄숙했습니다.

이처럼 코로나19의 위기 속에서 국격을 빛내며 나눔의 선순환을 실천했던 봉제업체 사장님들의 활동은 지금까지도 이어지고 있습니다. 여전히 쉽지 않은 현실 속에서 자신들이 받은 도움을 돌려주기 위한 마스크 나눔에 이어서 지금은 열정적으로 지역 방역활동에 참여하며 이웃의 안전과 건강을 지키고 있습니다.

주민들이 자율방역에 나서다

코로나19가 발생하자마자 우리 구는 주민들이 중심이 된 민관합동 방역단을 구성하고 지금까지도 자율적인 방역활동을 펼치고 있습니다. 2020년 3월에는 서울시 최초로 민관군 합동방역을 추진하여 주민, 보건소, 동주민센터, 그리고 56사단 용마부대 장병이 함께 종교시설을 집중 방역했습니다.

이처럼 코로나19 초기 구청뿐만 아니라 동주민센터 직원들까지 감염 확산을 막아 주민의 안전을 지키기 위해 지역 곳곳에서 방역활동에 적극적으로 나섰습니다. 여기에 각 지역 단체구성원까지 합심하여 유동 인구가 많은 지하철역과 버스정류장, 시장, 소공원, 놀이터, 산책로, 마트, 빌라 밀집지역 등 다중이용시설물과 취약시설에 대해 방역활동을 펼쳤습니다.

서울시 최초, 민관군 합동방역단 방역(대한불교 진각종 2020.3.2.)

이러한 공무원들의 방역활동과 별개로 주민들이 직접 방역단을 꾸리고 지역 안전을 위해 적극적으로 나선 곳도 많았습니다. 정릉4동의 13개 주민단체도 생활방역단을 구성하고 동네 방역의 선두에 섰습니다.

코로나19가 장기화되면서 '우리 마을은 우리가 지킨다!'는 취지로 출발한 '긴급합동 방역단'의 활동은 지금까지 이어지고 있습니다. 합동 방역단은 방역물품이 부족하면 자신들의 주머니를 털어서 압축식 소독 분무기와 약품을 구입했고 언제든 사용할 수 있는 차량용 고압 분무기가 필요하다는 의견에 스스로 구매하여 동 주민센터에 기부했습니다.

방역을 완료한 가게를 안심하고 이용할 수 있도록 '안심상가' 인증 스티커 부착

주민들로 구성된 방역단은 매일매일 사람들이 많은 곳을 찾아가 소독을 했습니다. 지하철역 출입구와 에스컬레이터 손잡이, 공원과 실외놀이터 벤치와 어린이 놀이기구, 정릉천 산책로 안전난간 등은 물론 PC방이나 방문판매장 같은 밀폐된 실내시설과 종교시설까지 챙겼습니다.

생활방역이 자리를 잡은 후에는 음식점과 학원까지 챙겼고 '안심상가 스티커'를 자체 제작해 소독날짜를 적어 출입문에 붙이는 작업도 병행했습니다. 교회며 어린이집, 학교 방역을 하면서 직접 소독에 동참하도록 소독기 대여사업을 홍보하고 소독 방법을 가르쳤습니다.

코로나19 초기에는 보호장비도 부족한 상황에서 스스로 앞장선 주민들의 활동에 힘입어 성북구 전체 동에서 합동 방역단이 구성되었고 이후 서울시 대부분 자치구에서도 민관합동 방역단이 출범했습니다. 계속해서 참여 인원이 늘어나고 어려운 이웃을 위한 성금과 물품 기부도 늘어나는 선한 영향력이 우리 성북구에서 시작한 것입니다.

민관합동 특별방역단으로도 활동하고 있는 장위3동 새마을 방역봉사단은 이번 여름에는 오토바이에 연무 방역기를 달고 자동차가 들어가기 어려운 골목골목을 누비면서 방역 소독에 나섰습니다. 합동 방역과 함께 여름철맞이 해충구제 활동까지 펼치면서 주민들의 불편 해소와 안전을 지키는 해결사 역할에 앞장서고 있습니다.

2020년 8월 서울 성북구는 코로나19 재확산의 진원지가 돼 우려의 중심에 있었습니다. 단 보름 만에 확진자가 500% 가까이 급증했고 장위동 일대는 사람이 다니지 않는 거리가 되었다고 해도 과언이 아니었습니다.

45만 성북구민이 피땀으로 쌓은 방역 방파제가 한순간 와르르 무너지는 것을 목격해야 했던 성북구 직원과 주민의 허탈감은 이만저만이 아니었습니다. 성북구는 코로나19 국내 유입 초기에 즉각적으로 태스크 포스(TF)를 꾸리고 행정 · 주민 · 민간이 삼위일체가 돼 적극적으로 대응한 덕분에 해외입국자와 타지역 감염 확진자를 제외하고는 단 1건의 지역 내 감염 없이 코로나 청정자치구를 지켜왔기에 이에 대한 자부심도 남달랐기 때문입니다.

하루가 다르게 급증하는 확진자, 90% 가까이 줄어든 골목상권 매출 등 위기의 상황에서 성북구는 그저 주저앉아 있지만은 않았습니다. 위기를 극복하기 위해 행정과 주민 그리고 민간이 마음을 모아 총력을 기울였습니다. 주민은 행정에 방역해달라고 요구하는 대신 스스로 할 수 있는 장비를 요청했고, 행정은 적극적으로 지원했습니다.

성북구는 20개 전 동 주민센터와 보건소에서 방역물품 공유서비스를 제공하였습니다. 주민 개개인이 고가의 방역물품을 갖추는 것은 비효율적인데다가 소독 약품을 안전하게 관리하기도 어렵기 때문입니다. 대신 누구나 신청만 하면 안전하게 사용하는 법을 알려주고 다양한 방역물품을 빌려주는 서비스에 대한 반응은 뜨거웠습니다. 20개 전 동 주민방역단이 동네 골목을 소독하거나 시장, 노래방, PC방, 음식점 등 점포에서 손님의 안전을 위해 방역소독을 할 때도 공유 방역물품을 이용했습니다. 공유를 통해 구성원 모두가 방역 요원으로 변신한 것입니다. 이 같은 상황은 행정이 긴급한 방역현장에 신속하게 대응하고 집중하는 데도 큰 도움이 되었습니다.

성북구는 공유누리포털을 통해 방역물품뿐만 아니라 회의실, 체육시설, 물품 등 성북구 관내 공유자원을 구민과 함께 사용해 왔습니다.

사회적 거리두기라는 시대적 노력에 부응하기 위해 행정분야에서 다양한 비대면 서비스를 도입한 결과 공유가 강력한 힘을 발휘한 것입니다.

공공자원 개방·공유 1위의 성북 노인복지·청년문제 해법 찾았다

현장 행정

공유행정 '늘품집' 찾은 이승로 구청장

코디네이터가 공구 대여·수리 상담
어르신 낙상 예방, 노후주택 개조도
청년에겐 맞춤 교육 … 일자리 제공
"자원 한계 뛰어넘은 정책 좋은 평가"

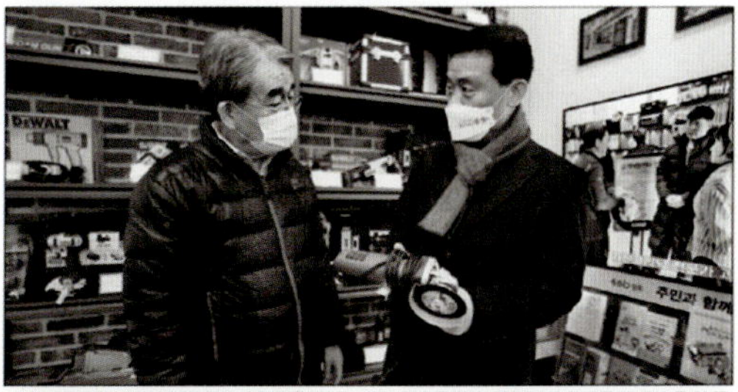

이승로(오른쪽) 서울 성북구청장이 정릉동에 있는 주민 공유 공간 '늘품집'에서 공구를 빌리러 온 한 주민과 대화를 나누고 있다. 성북구 제공

서울 성북구 정릉동 주민 김정배씨는 지난 27일 집 인근에 있는 성북마을관리소 '늘품집'을 찾았다. 벌어진 창틈을 메우는 데 필요한 공구를 빌리기 위해서다. 김씨는 "실리콘 건 같은 공구는 일 년에 한두 번 쓸까 말까 한데 사기에는 아까웠다"면서 "늘품집에서는 장비를 어떻게 사용하는지 자세히 알려주고 무료로 3일 동안 빌려주니 정말 편리하다"고 말했다.

지난 10월 문을 연 늘품집은 '주민을 늘 따뜻하게 품어주는 집'이라는 뜻이다. 성북구의 '공유 행정'을 대표적으로 보여주는 장소다. 주민을 위한 공유 공간인 늘품집에는 주거 코디네이터들이 상주하고 있어 집 수리에 대한 상담을 해주거나 전동 공구를 무료로 대여해 준다. 또 동네 어르신들의 낙상 사고 예방을 위해 노후주택 개조 상담과 신청도 받고 있다. 미끄럼 방지 시공이나 안전 손잡이 설치, 문턱 제거 등 어르신들의 집 수리를 위한 서비스는 지역 청년들이 담당하고 있다. 이날 늘품집을 찾은 이승로 성북구청장은 "지역 청년들을 대상으로 집 수리 전문 교육 과정을 운영해 고령자 맞춤형 주거 환경 전문가를 양성했다"며 "어르신께는 안전한 일상이라는 복지를, 청년들에게는 일자리 기회를 제공하고 있다"고 설명했다.

구는 향후 늘품집 같은 마을관리소를 저층 주거지역을 중심으로 확대할 예정이다. 이 구청장은 "주거 관리 서비스뿐만 아니라 주민들을 대상으로 전등·문고리·수도꼭지 교체 등 간단한 집수리 교육도 할 예정"이라며 "향후 아파트의 마을 관리소와 비슷한 역할을 제공해 주민들이 안전하게 생활할 수 있도록 돕겠다"고 말했다.

구는 늘품집 이외에도 다양한 분야에서 공공자원을 활용한 공유 서비스를 선보이며 대내외적으로 호평받고 있다. 미디어 콘텐츠를 제작하는 주민들을 위해 성북미디어마루 내 서울시청자미디어센터 등 문화 시설에서 스튜디오와 각종 미디어 장비를 공유하고 있다. 또 안 쓰는 공간을 주민 주차장으로 활용하고, 동 주민센터와 보건소 등 공공기관에서는 방역물품과 생활 공구를 빌려준다.

이승로 서울 성북구청장이 주민 공유 공간 '늘품집'을 찾아 기념 사진을 촬영하고 있다.

주민들이 일상 곳곳에서 공유의 혜택을 누릴 수 있도록 힘쓴 덕분에 성북구는 행정안전부가 주관한 '공공자원 개방·공유서비스 지방자치단체 실적 평가'에서 전국 226개 기초 지방자치단체 중 1위로 선정됐다. 지난해 2위에 이어 올해 1위에 오르면서 2년 연속 최우수기관으로 선정되는 영예를 안았다.

이 구청장은 "공유를 통해 자원의 한계를 뛰어 넘은 정책들이 좋은 평가를 받은 것 같아 뿌듯하다"며 "앞으로도 주민들의 의견을 반영한 신규 공유 사업을 발굴하겠다"고 말했다.

조희신 기자 hsncho@seoul.co.kr

공공자원 개방·공유 1위의 성북 (서울신문. 2021.12.29.)

모두의 우려와 달리 성북구의 코로나19 확산 속도는 빠르게 진정되었습니다. 여기에는 일회성 방역이 아닌 일상의 방역으로 패러다임의 변화를 불러온 방역물품 공유와 코로나19 확산을 막는 것이 다른 누구의 역할이라 미루지 않고 너도나도 팔을 걷고 나선 성북구 구성원의 능동성이 있었습니다.

주민의 안전을 위해 행정이 선도적으로 공유자원을 개방함으로써 주민의 자발적인 방역을 이끌어냈을 뿐 아니라 이를 통해 코로나19 확산에 선제적으로 대응한 성북구는 행정안전부에서 주관한 '2020년 공공자원 개방 · 공유서비스 지방자치단체 실적평가'에서 전국 226개 기초자치단체에서 2위, 서울시 25개 자치구에서 1위라는 영광을 안을 수 있었습니다.

아울러 2021년 공공자원 개방 • 공유서비스 평가에서는 전국 226개 기초지방자치단체 중 1위로 선정되었습니다. 우리 성북구는 다양한 공유사업을 활성화하여 공유주차서비스 이용, 주민맞춤형 정보공유 플랫폼 구축, 온라인 현장구청장실과 성북TV 등 온라인 소통채널 구축 등 다양한 공유사업을 펼쳐왔습니다. 2000년 전국 2위에 이어 2021년에는 1위에 오르면서 평가가 시작한 이래 2년 연속 최우수기관으로 선정되면서 명실공이 공유도시 성북으로서 이름을 드높일 수 있었습니다. 특히 2021년에는 국민평가단을 모집하여 대한민국 국민이 직접 서비스의 이용편의성, 친절도 등 체감 만족도를 평가한 점에서 그 의미가 크다고 할 수 있습니다.

행정안전부 장관 표창을 받은 동네도 있습니다. 바로 석관동입니다. 2011년에 만들어진 석관동 자율방재단은 그동안 재난 취약 위험 시설물 관찰, 풍수해 대비 빗물받이 청소, 안전 점검의 날, 골목길 대

청소 참여 등 주민생활과 밀접한 봉사활동을 쉬지 않고 이어왔습니다.

코로나19가 발생한 이후로는 매주 목요일을 '석관동 자율방역의 날'로 지정하고 수백 명이 동참해 방역활동을 펼쳤습니다. 관내 전역을 누비며 방역 소독활동을 펼치는 마을 안전보안관을 한 역할을 인정받아 '코로나19 대응 유공' 행정안전부 장관 표창까지 받을 수 있었습니다. 이 표창은 지자체 방역활동 참여 민간인과 단체를 대상으로 코로나19 대응 장기화에 따른 피로감을 줄이고 사기진작과 그간의 노력에 대해 감사를 표하기 위해 수여되는 상으로 주민 참여 활동의 값진 결실이라 할 수 있습니다.

이렇게 자발적으로 동네 방역단을 꾸려서 골목을 누비면서 방역활동에 나선 주민들이 있었기에 우리 구의 공무원들은 위기 상황에서 삶을 지키는 지방정부의 역할을 제대로 수행할 수 있었습니다.

우리 성북구는 2020년 10월에는 서울지방경찰청이 주관하여 '코로나 방역수칙위반 112신고 및 지자체-경찰 간 공동대응' 우수 자치구로 선정되기도 했습니다.

2021년 7월 1일에는 특별한 행사와 함께 민선 7기 3주년을 기념하기도 했습니다. 성북천 분수마루에서 방역봉사대 발대식과 성북천 정화 활동으로 20개 전체 동의 주민과 공무원들이 함께 방역활동을 펼치면서 민선 7기 3년 차를 시작한 것입니다. 방역봉사단은 현재까지 교회나 노인요양시설 등 감염병 집단 발생지역과 취약지역, 지하철역과 버스정류장 등 주민 이용 밀집지역과 민원요청 지역을 집중 방역하며 주민들의 안전과 건강을 살피고 있습니다.

여전히 우리는 코로나19와 언제 끝날지 모르는 힘겨운 싸움을 이어가고 있습니다. 그러나 주민이 필요한 곳이라면 어디든 달려가는 우리의 이웃이 있기에 한 걸음 더 나아갈 수 있다는 기대를 가져봅니다.

착한 임대인운동으로 온기를 나누다

"존경하는 성북구민 임대인 여러분. 지난해부터 시작된 '착한 임대인' 운동은 영세 소상공인들에게 큰 용기와 희망을 주고 얼어붙은 지역 경제에 온기를 불어넣어 주고 있습니다. 한시적으로 몇 개월만이라도 착한 임대인으로서 과감한 용기와 배려를 결단해주신다면 코로나19와의 긴 싸움에 지친 어려운 소상공인이 다시 일어설 수 있는 큰 힘이 될 것입니다."

2021년 2월 저는 우리 구의 임대인들에게 친필로 쓴 편지를 보냈습니다. 코로나19 직격탄을 맞은 영세 소상공인들의 경제부담을 조금이라도 덜어주기 위해 임대인들에게 임대료 인하 동참을 부탁했습니다. 소상공인과 자영업자가 얼마나 어려운 상황에 있는지를 자세하게 알리고 임대인들이 임대료를 인하하거나 면제하는 결단을 내려서 희망과 용기를 주기를 바란다는 내용이었습니다.

사실 편지 한 통에 얼마나 많은 임대인이 동참할 것인가 하는 의구심이 없었던 것은 아닙니다. 하지만 하루하루 피가 마른다는 자영업자와 소상공인들을 보면서 제가 할 수 있는 일을 해보자는 마음으로 보낸 것입니다.

깜짝 놀랄 일이 벌어졌습니다. 저의 의구심을 비웃기라도 하듯이 생각보다 많은 임대인이 착한 임대료 동참 권장편지에 화답을 해 주었습니다. 성북구 전역에서 짧게는 1개월에서 길게는 코로나19 상황 종료 때까지 기존 임대료의 30%에서 100%까지 인하하거나 면제하겠다는 착한 임대인이 대거 등장한 것입니다. 성북구가 2차례에 걸쳐 진행한 착한 임대인 지원사업을 통해 임대인 기준으로는 서울시에서 두 번째로 많은 총 122명의 임대인이 참여하여 약 7억 5천만 원의 임대료를 인하해 코로나19로 어려움을 겪고 있는 218명의 임차 소상공인의 경영상 부담을 덜 수 있었습니다. 물론 착한 임대료 운동은 단순히 임대인들의 온정에만 기댈 수 있는 것은 아닙니다. 임대료가 주요 수입원인 건물주에게는 임대료 인하가 실질적인 소득 저하로 이어지기 때문입니다. 그래서 착한 임대인 운동에 동참한 임대인에게 다양한 인센티브를 제공하였습니다. 임대료를 내린 임대인에게 성북사랑상품권을 지급하고 임대료 인하액의 최대 70%를 소득세와 법인세에서 공제받을 수 있도록 했습니다.

또한 건물 보수나 전기 안전점검, 방역비용을 지원하기도 했습니다. 본인의 사업 또한 어려움을 겪고 있는 임대인도 많은 상황에서 함께 극복하자는 상생의 노력에 기꺼이 동참해준 것이 그저 고마울 따름입니다.

착한 임대인 운동이 확산되면서 우리 구는 서울형 착한 임대인 지원사업을 계속해서 이어갔습니다. 임대인들을 위한 다양한 인센티브와 더불어 더 많은 임대인의 참여를 독려하기 위해 전화 한 통으로 신청이 가능한 찾아가는 착한 임대인 접수팀을 운영해 전화 한 통으로 신청부터 접수까지 원스톱으로 진행할 수 있도록 했습니다.

이승로(왼쪽) 서울 성북구청장이 지역의 대표 '착한 임대인' 나기선 고덕건설 대표에게 감사 팻말을 전달하고 있다.

성북구 제공

"소상인 위해 임대료 내려 주시길…" 임대인 울린 구청장 손편지 3000통

현장 행정 **이승로 구청장, 친필로 '착한 임대인' 동참 호소**

자발적 인하 땐 상품권 100만원 지급
액수 최대 70% 소득·법인세 세액공제
'솔선수범 사례로 지역경제 회생 기대"

"존경하는 성북구민 임대인 여러분. 지난해부터 시작된 '착한 임대인' 운동은 영세 소상공인들에게 큰 용기와 희망을 주고 얼어붙은 지역 경제에 온기를 불어 넣어주고 있습니다. 한시적으로 몇 개월만이라도 착한 임대인으로서 과감한 용기와 배려를 결단해주신다면 코로나19와의 긴 싸움에 지친 어려운 소상공인이 다시 일어설 수 있는 큰 힘이 될것입니다."

이승로 서울 성북구청장은 지난 2월 초 지역 내 임대인들에게 임대료 인하 동참 운동에 부탁하는 친필 서한 3000여통을 보냈다. 코로나19 직격탄을 맞은 영세 소상공인들의 경제 부담을 조금이라도 덜어주기 위해서다. 이 구청장은 26일 선뜻 먼저 임대료를 인하해 지역의 모범 사례로 꼽히는 착한 임대인 나기선 고덕건설 대표를 만나 자신의 친필 서한을 전했다.

이 구청장은 이 자리에서 "지역 주민들과 어려운 고통을 함께 나누는 나 대표의 선행이 구민들에게 모범이 된다"면서 "임대인들도 어렵지만 그 가운데 파격적인 큰 도움을 주신 큰 뜻이 다른 임대인들에게도 전해지길 바란다"고 말했다.

2005년 성북구 동선동에 터를 잡고 회사를 운영해 온 나 대표는 2008년부터 지금까지 매년 1000만원의 성금을 성북구에 전달해왔다. 코로나19가 한창 확산하기 시작한 지난해 2월부터는 사옥에 입주한 식당, 수영장 등 업체 8곳의 임대료를 30%에서 최대 50%까지 자발적으로 인하했다.

이 구청장은 "지역 내 일부 임대인들은 본인들이 더 힘들다고 호소하기도 하지만 나 대표처럼 기꺼이 도와주시는 구민들 덕분에 지역 사회에 온기가 퍼지고 있다"고 했다. 나 대표는 "15년 전부터 사옥 건물에서 식당을 운영하는 부부가 최근 코로나19로 맥이 빠진 모습을 보면서 참 안타까웠다"면서 "임대료를 인하한 게 임차인들에게 큰 도움이 되진 않겠지만 모쪼록 서로에게 큰 위안이 됐으면 하는 바람"이라고 전했다.

구는 나 대표처럼 자발적으로 임대료를 인하한 임대인에게 성북사랑상품권을 30만원에 100만원을 지급한다. 올해 임대료를 인하했거나 또는 인하할 예정인 임대인이 대상이다. 또 착한 임대인은 임대료 인하액의 최대 70%를 소득·법인세에서 세액공제 받을 수 있다.

이 구청장은 "나 대표가 보여준 솔선수범 사례가 이곳저곳 전달돼서 다 같이 어려운 시기를 넘겼으면 좋겠다"면서 "지역사회 상생으로 소상공인들에게 희망을 주는 동시에 얼어붙은 지역 경제가 살아나기를 바란다"고 말했다.

조희선 기자 hencho@seoul.co.kr

임대인 울린 구청장 손편지 3000통(서울신문. 2021.3.1.)

소상공인과 자영업자들도 현수막으로 임대료 인하에 화답했습니다. 정릉시장 상인들과 석관상공인회 등이 임대료를 면제하거나 인하한 착한 건물주에게 감사의 마음을 전하는 현수막을 게시한 것입니다.

우리 성북구에서도 코로나19가 장기화되면서 위축된 지역경제를 살리기 위해 구 소유 공유재산의 임대료를 최대 50%까지 감면했고, 임대인 상가 건물의 방역과 착한 건물주의 상가를 '착한 임대인 건물'로 적극적으로 홍보하는 한편, 소상공인 고용유지지원금 지원사업 및 소상공인 기금 등 다양한 지원사업을 펼치고 있습니다. 자신의 손해를 감수하면서도 자발적으로 상생의 길에 동참해 준 주민들이 있기에 코로나19로 인한 어려움 속에서도 내일을 향해 나아갈 수 있는 희망과 용기를 가져봅니다.

3

K방역을 만든 또 하나의 힘, 의료진과 공무원의 헌신

선견지명(先見之明), 성북구 안전생활국 신설

구청장이 되어 구정을 이끌면서 제 머릿속을 한시도 떠나지 않았던 생각이 있었습니다. 바로 '주민의 안전과 행복한 삶'이 지역 발전의 출발이자 끝이 되어야 한다는 것이었습니다. 도시가 아무리 발전해도 나와 내 이웃의 안전과 삶을 책임져 주지 못한다면 아무 소용없는 법이기 때문입니다.

이와 같은 다짐으로 우리 성북구는 2020년을 맞이하면서 '안전 생활, 도시 관리 중심 행정'을 목표로 현장 중심의 조직 개편을 단행했습니다. 임시조직이었던 도시재생기획단을 폐지하고 다양한 국에서 운영되던 도시안전과, 청소행정과, 일자리경제과, 환경과를 하나로 모아서 '안전생활국'을 신설하였습니다. 이를 통해 안전재난관리 총괄, 지역경제, 환경 등 주민 생활과 밀접한 업무를 하나의 국으로 통합해 현장행정 중심 정책을 펼칠 수 있도록 대비했습니다.

'안전생활국'을 신설할 때만 해도 불과 두어 달 뒤에 코로나19라는 대재난을 맞닥뜨리게 될 거라고는 상상도 하지 못했습니다. 그저 조직 개편을 통해 더 많은 주민이 체감할 수 있는 '더 가까운 이웃, 더 편안한 동네, 더 행복한 성북구'를 만들기 위한 구체적인 실천을 시작한 것일 뿐이었습니다.

우리 성북구가 국내에서 첫 코로나19 확진자가 발생한 바로 다음 날인 2020년 1월 21일 설 연휴를 대비하여 선제적인 신종 코로나바이러스 비상방역대책을 수립하여 다른 구보다 빠르게 실행할 수 있었던 것도, 2020년 1월 24일 서울시에서 코로나19 확진자가 처음 발생하자마자 우리 성북구가 1월 27일 도시안전과를 필두로 해서 성북구 재난안전대책본부를 발 빠르게 설치하여 코로나19에 대응할 수 있었던 것도 바로 이러한 조직개편이 있었기 때문에 가능했던 일이었습니다.

또한 2021년 한 해 동안 성북구는 정릉가스 폭발, 길음아파트 화재 등 재난사고가 발생하였습니다. 이때마다 우리 성북구는 당황하지 않고 재난안전대책본부를 중심으로 사고발생시 신속한 초동대응과 즉각적인 재난현장 통합지원본부 설치, 성북소방서와 경찰서 등 유관기관과 적극 협력하여 재난사고를 조기에 수습하고 복구를 할 수 있었습니다.

결과적으로 구민 안전을 최우선으로 한 조직 개편이 코로나19는 물론이고 각종 대형 재난사고에 효율적으로 대응할 수 있게 해 준 효자 노릇을 톡톡히 해 주었으니 이것은 어쩌면 주민을 최우선으로 생각하는 성북구의 진심이 가져다준 선물이 아니었을까 하는 생각을 해봅니다.

K방역의 숨은 영웅들

코로나19 발생 초기에 확진자 수가 급증하면서 많은 우려와 불신, 불안 속에서 하루하루를 보내야만 했습니다. 그러나 얼마 지나지 않아서 많은 확진자 수 뒤에는 그 어떤 나라도 따라올 수 없는, 하루

수천 명 이상의 월등히 많은 검사 수가 있었다는 것을 알기에 안심할 수 있었습니다. 이어서 검사결과에 따른 선제적인 대응과 조치를 통해 코로나19 확산세가 잡히면서 빠르게 위기를 극복할 수 있었습니다. 그리고 곧이어 전 세계가 부러워하는 K방역의 자부심을 느끼게 되었습니다.

이렇게 전 세계가 주목한 K방역의 뒤에는 위기가 왔을 때 하나 되어 지혜롭고 슬기롭게 마음을 모아 행동한 국민이 있었습니다. 그리고 코로나19가 시작되자마자 현장으로 달려가 최전방에서 몸을 아끼지 않고 헌신한 의료진과 궂은 일을 도맡아 했던 공무원들이 있었습니다.

모두가 바쁘고 혼란스러웠던 시간. 전례를 찾아볼 수 없는 세계적 대유행(팬데믹) 속에서 보건소 직원들은 숨쉬기도 힘들고 화장실 가지도 쉽지 않은 레벨 D 방호복을 입고 선별진료소에서 검체를 채취하고 역학조사를 나갔으며, 확진자와 자가격리자를 관리하고 요양기관 같은 취약시설을 점검했습니다.

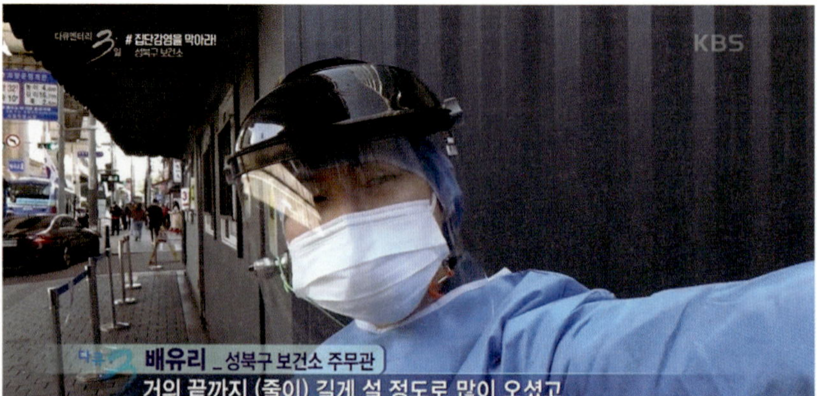

KBS 다큐 3일-악전고투, 그 후 서울 성북구 보건소 72시간(KBS, 2020.10.18.)

212일 쉼 없이 달려 접종률 80%… 성북구 예방접종센터 운영 종료(MBC, 2021.10.29.)

보건소에서는 백신을 접종하고 접종 후 이상반응도 확인하였으며, 방역을 한 영업장과 의료기관에 대한 손실보상 청구 업무도 처리했습니다. 아울러 코로나19 업무 외에 기존의 보건소 업무도 차질 없이 진행했습니다.

특히 우리 성북구는 2020년 어느 교회에서 발생한 집단감염 사태 이후 급격히 늘어난 확진자 수로 인해 코로나19 재확산의 근거지로 꼽히는 어려움을 겪었습니다. 말 그대로 성북구청 전체가 전시 상황실이 되어 공무원들은 연휴도 반납한 채 비상근무에 매달려야 했습니다. 하필 집중호우 복구까지 겹쳐서 많은 공무원이 이중고를 겪어야 했지만 우리 공무원들의 마음속에는 오직 '빨리 이겨내야 한다.'는 것밖에는 없었습니다.

저부터 다른 외부일정을 취소하고 코로나19 대응에만 매달렸습니다. 코로나19 관련 업무에 투입되는 직원을 크게 늘리고 비상근무에 들어갔습니다. 날로 늘어나는 확진자와 교회 측의 비협조로 인해 공무원들의 업무 부담은 커졌지만 우리 성북구는 서울시와 협조해 선별진료소를 추가로 설치하고 교회 측에 계속해서 협조를 요청하는 등 발 빠른 대책 마련에 나섰습니다.

코로나19 확산을 막기 위해 최대한 많은 인원을 투입했지만 그만큼 일도 늘어나서 쉽지만은 않은 하루하루가 이어졌습니다. 이 상황을 버티고 이겨낼 수 있었던 것은 더 이상의 지역 감염확산을 막고 주민의 불편을 막아야 한다는 공무원의 헌신이 있었기 때문이었습니다.

그 누구도 예상하지 못한 일이었기에 체계적인 매뉴얼조차 없는 낯선 상황 속에서도 각자의 자리에서 자신의 몫을 충실히 해내며 새로운 대응체계를 만들어가며 코로나19 종식이라는 하나의 목표를 향해 종횡무진 뛰어다녔던 의료진과 공무원들이야말로 보이지 않는 곳에서 방역을 위해 쉼 없이 노력하고 있는 숨은 영웅들이 아니었을까는 생각을 떨쳐버릴 수가 없습니다.

4

코로나19, 그 후를 준비하며

역시나 현장에 답이 있다

저는 대한민국에서 가장 넓은 구청장실을 가진 구청장입니다. 현장을 구청장실 삼아서 20개 동을 직접 누비면서 주민의 목소리를 듣고 지역 현안을 해결하고 있기 때문입니다.

'현장에 답이 있다'라는 슬로건은 코로나19 방역현장에서도 어김없이 그 힘을 발휘했습니다. 코로나19가 확산되면서 시작된 방역활동은 끝날 기약이 보이지 않았습니다. 눈코 뜰 새 없는 시간이 이어지면서 방역, 그 이상의 고민을 하게 되었습니다. 그중 하나가 감염위험이 높은 취약계층을 격리하는 것이 아니라 지역사회가 이들이 있는 곳으로 찾아가서 보듬고 돌봐야 한다는 것이었습니다. 저 또한 실제로 어려운 상황 속에서 스스로 역할을 찾아 실천하는 주민을 응원하고 소외된 이웃의 안부를 확인하는 일에는 바쁜 일정을 쪼개서라도 참여하려고 신경을 썼습니다.

우리 성북구에서는 코로나19가 확산되어 사회적 거리두기에 동참하면서 저소득 소외계층의 먹거리를 지원하기 위해 팔을 걷고 나선 이웃들이 많았습니다. 십시일반으로 반찬을 만들고 김치와 삼계탕을 만들어 나누는 주민들이 있는 곳에 저도 빠질 수 없었습니다. 앞치마를 두르고 현장에 찾아가 함께 수다를 떨면서 음식을 만들고 이웃에게 나누었습니다. 처음에는 앞치마를 두르는 것 자체도 어색했고 음식 솜씨가 없어서 민폐를 끼치는 건 아닌가 하는 걱정도 있었습니다. 그래서 식재료 다듬기부터 나눔, 뒷마무리까지 내가 할 수 있는 일은 눈치껏 찾아서 했습니다. 성북구 20개 동에서 주민들이 주도하는 음식 나눔 행사가 하루가 멀다고 이어지다 보니 제가 앞치마를 입는 날도 점점 많아지게 되었습니다. 다른 봉사자에게 지지 않기 위해 열심히 하다 보니 어느새 '장금이 구청장'이라는 별명도 얻게 되었습니다.

코로나19가 일상이 된 상황 속에서 그 어떤 지역보다 더 열심히 이웃사랑을 실천하고 있는 성북구. 행정과 민간, 주민이 삼위일체가 된 일상의 방역과 소통을 위해 저의 '앞치마 행정'은 앞으로도 계속 이어질 것입니다.

아울러 코로나19 장기화로 주민과의 현장 접촉은 어려워졌지만 온라인 비대면으로 영상회의를 통해 주민과 만났습니다. 동별 온라인 현장 구청장실을 운영하고 유튜브로 실시간 방송을 하며 주민과 채팅, 댓글로 소통했습니다. 여기에서 받은 제안의 절반 이상을 현장에서 해결했고, 그렇지 못한 민원의 경우에는 함께 의논하고 다양한 대안을 찾는 협의의 과정을 통해 구정을 공유하며 소통의 진정성을 느낄 수 있었던 시간이었습니다.

코로나, 그 후

2021년 2월 26일 의료계 종사자들을 대상으로 백신접종이 시작된 이래 2022년 1월 1일 기준으로 국민의 83%가 백신접종을 완료하였습니다. 국민들의 적극적인 관심과 참여를 통해 우리나라보다 더 먼저 백신접종을 시작한 주요 국가보다 빠른 속도로 높은 접종률을 달성할 수 있었습니다.

고령 어르신들을 위한 백신접종 셔틀버스 운행

우리 성북구도 백신 접종률을 높이기 위해 450여분의 통장님들이 직접 75세 이상 어르신들을 집집마다 찾아뵌 결과 동의하신 어르신 100%가 1, 2차 접종을 완료하는 성과를 이루기도 했습니다.

성북구 예방접종센터는 2021년 4월 1일 문을 열고 국가유공자분들을 최우선으로 백신을 접종하기 시작하여 10월 29일 예방접종센터가 문을 닫을 때까지 212일 동안 모두 12만 5천명에게 접종을 하였습니다. 특히 고령 어르신들이 백신을 접종하는 기간에는 예방접종센터로 빠르고 편리하게 이동할 수 있도록 셔틀버스를 운영하여 주민으로부터 많은 칭찬을 받기도 했습니다.

공무원과 민간단체, 그리고 주민들이 한마음으로 물리적 방역, 심리적 방역에 나선 결과 서울시민의 체감경기도 코로나19 발생 이전 수준으로 회복되었다고 합니다.

코로나19의 대유행이라는 낯설고 두려운 현실 속에서 우리 모두가 각자의 자리에서 일상을 지키기 위해 고군분투해 왔습니다. 정부와 지방자치단체의 선제방역과 전 국민의 적극적인 참여로 K방역의 성과를 만들었고 더욱 굳건한 신뢰를 만들 수 있었습니다. 우리 성북구가 주민의 건강과 안전을 최우선으로 하여 더 이상의 추가 감염이 없도록 비상방역에 모든 역량을 집중할 수 있었던 것은 주민의 신뢰와 연대, 협력이 있었기 때문입니다. 각자의 위치에서 묵묵히 제 역할을 다해 준 '우리'가 있었기에 국가적 위기를 헤쳐 나갈 수 있었고 지역사회 공동체의 힘을 확인할 수 있었습니다. 아울러 코로나19라는 재난현장에서 주민과 함께 호흡하고 대응하며 주민들에게 신속하게 필요한 서비스를 제공하는 지방정부를 통해 자치분권의 필요성도 인식할 수 있었습니다.

코로나19는 너무 많은 것을 바꿔놓았습니다. 정치, 경제, 사회, 문화 등 모든 분야에서 새로운 질서가 자리 잡는 계기가 되었으며, 동시에 지방정부도 신속한 위기 대응과 섬세한 지역사회 복원이라는 새로이 부여된 역할을 통해 자치분권 2.0시대를 준비할 초석을 마련할 수 있었습니다.

장기적인 관점에서는 코로나19 감염위험을 안전하게 통제하는 '코로나 일상'이 필요한 상황입니다. 이에 따라 우리 성북구는 주민 모두가 더 많은 정보를 공유하고 함께 누리는 디지털 민주주의를 실현하기 위해 더욱 노력하고자 합니다. IOT(사물인터넷), 비대면으로 대변되는 전문화된 스마트행정을 도입하여 주민수요 맞춤형 서비스를 제공하는 정책환경을 조성하는 과정에서 그 누구도 소외받지 않도록 디지털 취약계층을 온전히 보듬어 상생해 나가도록 하겠습니다. 아울러 시민과의 양방향 소통을 강화하여 지역사회에서 발생하는 현안과 위기, 재난관리 대응에 창의적으로 역량을 발휘할 수 있는 행정구조로 체질을 개선해 나가고 있습니다.

위기의 시간을 보내면서 우리는 반드시 이겨낼 수 있다는 공동체의 에너지를 발견했습니다. 저 또한 지금까지 그러했던 것처럼, 저 자신과 이웃을 위해 마음을 모은 공동체의 힘으로 더 행복한 성북을 만들기 위해 변함없이 매진하도록 하겠습니다.

제3장

공존의 가치 – 더 가까운 이웃

제1절 더 많은 시민참여로

1

자치분권은 주민자치다

코로나19에서 확인한 자치분권의 힘

코로나19의 세계적 대유행(팬데믹)이 장기화함에 따라 인간의 상호작용 방식, 사회적 관습과 산업구조, 나아가 글로벌 패권의 지형도까지 바뀌고 있습니다. 또한 '국가란 무엇인가?'라는 원론적인 질문과 중앙정부의 역할에 대해 재규정의 과정을 거치고 있습니다. 일찍이 경험하지 못한 위기상황에 대응하는 과정을 통해 중앙정부와 지방정부의 역할분담도 중요해졌습니다.

코로나19라는 지금껏 겪어보지 못한 국가재난에서 우리는 주요한 상황 때마다 지역 특성에 맞는 선제조치를 취하고 유연한 대응을 하는 지방정부를 볼 수 있었습니다.

선진국이라 자처하는 유럽과 미국이 코로나19 맹위 앞에 무릎을 꿇고 선거를 연기한 반면, 우리 대한민국은 사회봉쇄는커녕 민주주의와 자유주의의 균형을 통해 2020년 4월 총선까지 치러냈습니다. 전 세계가 주목하는 가운데 치른 총선에서는 코로나19 확진자 0명이라는 기록으로 세계의 부러움을 살 수 있었습니다.

성공요인을 여러 군데서 찾을 수 있습니다. 먼저 중앙정부의 선제대응과 의료진과 공무원의 헌신을 손꼽을 수 있습니다. 또 하나 빼놓을 수 없는 건 지방정부의 현장대응성과 창의성이 시민사회와 어우러져 만든 협업입니다.

코로나19 확진자가 급속도로 증가했을 때 서울시는 '잠시 멈춤' 캠페인을 통해 처음으로 사회적 거리두기 개념을 제시했습니다. 경상남도는 재난기본소득을 중앙정부에 처음 건의하여 지방정부의 창의성을 발휘하였습니다. 아울러 대구시에서 확진자가 대량 발생하여 병상이 부족했을 때는 달빛동맹을 맺은 광주시에서 병상나눔을 통해 나눔과 연대의 정신을 보여주었습니다.

이 외에도 경기도 고양시가 도입한 안심카 서비스, 전북 전주시가 시작한 착한임대료 운동을 통해 지역특성을 반영한 지방정부의 현장대응성을 여실히 확인할 수 있었습니다.

주민들도 나섰습니다. 스스로를 돌보기도 힘든 세상이지만 더 큰 고통과 어려움을 겪고 있는 이웃 사람들을 위해 팔을 걷고 일어선 것입니다. 일회용 마스크가 품절사태가 나자 면마스크를 제작하여 기부하기 시작했으며, 주민들은 공동체를 위해 십시일반으로 나눔과 연대의 정신을 보여주었습니다.

우리 성북구의 기초수급자 강○○씨는 7년 동안 유지해온 암 보험을 해지하여 118만 원을 들고 길음2동주민센터를 찾아와 코로나19로 피해를 입은 대구시민을 위해 기탁했습니다. 언론을 통해 이 사연을 접한 50대 대구시민은 길음2동주민센터에 감사의 마음을 전하면서 강○○씨에게 같은 액수를 전달해달라고 했습니다. 이 소식을 들은 저의 눈시울이 뜨거워진 것은 당연한 일이었습니다.

코로나19로 확인한 자치분권 필요성

자치광장

이승로
서울 성북구청장

'민주주의 국가에서는 기근이 발생하지 않는다'는 유명한 명제가 있다. 권위주의 국가와 달리 민주주의 국가는 정치지도자에게 책임을 물을 수 있기에 기근이 발생하지 않는다는 의미다. 이 명제를 바꾸어 보았다. '대한민국 같은 진정한 민주주의 국가는 전염병도 통제한다.'

선진국이라 자처하는 유럽과 미국도 코로나19 맹위 앞에 무릎을 꿇었다. 그런데 대한민국은 사회 봉쇄는 커녕 민주주의와 자유주의 균형을 통해 총선까지 치러내 세계의 부러움을 샀다.

여러 성공 요인을 찾을 수 있다. 먼저 중앙정부의 선제 대응과 의료진과 공무원들의 헌신을 손꼽을 수 있다. 또 하나 빼놓을 수 없는 건 지방정부의 현장 대응성과 창의성이 시민사회와 함께 어우러진 협업이다.

드라이브스루 진료소, 재난기본소득 논의, 착한 임대료 운동, 천 마스크 제작 기부가 모두 여기서 나왔다. 사회적 연대를 통해 코로나19를 이길 수 있다는 믿음은 공동체에 대한 신뢰감으로 이어져 사회적 자본이 됐다. 이 과정을 통해 중앙정부의 하부기관이 아닌 시민과 가장 가까이에서 시민의 삶을 책임지는 역량 있는 지방정부를 확인했다. 시민은 지방자치의 필요성을 말이 아닌 재난대응 현장을 통해 체득할 수 있었다.

하지만 여전히 지방자치 현실은 냉혹하다. 국세인 부가가치세 20%가 지방소비세로 전환됐어도 세금 중 지방세는 24.5%에 불과하다. 아직도 2할 자치라는 말을 벗어나기 어려운 실정이다. 32년 만에 전면 개정된 지방자치법안은 국회 상임위조차 통과하지 못했다. 자치경찰제를 실시하는 경찰법 개정안 역시 국회 문턱을 넘지 못했다.

더불어민주당 서울시당 자치분권 위원장과 성북구청장 경험을 통해 자치분권은 시민자치와 지방분권의 줄임말이라고 정의하고 싶다. 그렇다면 자치분권은 과도하게 집중된 국가권력을 지방정부와 나눠 시민이 자치를 한다는 뜻이다. 국가권력이 시민자치로 이어지기 위해서는 무엇이 필요할까. 먼저 자치분권 관련 법률이 신속히 입법화돼 제도에서 지방자치를 뒷받침해야 한다.

손바닥도 마주쳐야 소리가 난다. 문재인 정부 목표이기도 한 연방제에 버금가는 자치분권국가를 만들기 위해서 이제 제21대 국회가 화답할 차례다.

기고문-코로나19로 확인한 자치분권 필요성(서울신문, 2020.6.15.)

이외에도 마스크를 구하는 일이 녹록지 않음에도 소외이웃을 먼저 떠올려 석관동 주민은 마스크 500매를 기부했고, 정릉4동 주민들은 한발 더 나아가 방역단을 꾸렸습니다. 그리고 정릉시장에서 시작된 착한 임대인 운동은 성북구 전역으로 퍼져나갔습니다.

들불처럼 번지는 주민들의 연대와 나눔을 통해 코로나19에 대한 희망백신이 만들어지기 시작했습니다. 이 같은 사회적 연대를 통해 코로나19를 이길 수 있다는 믿음은 공동체에 대한 신뢰감으로 이어져 사회적 자본이 되었습니다.

이처럼 코로나19 같이 갑작스럽게 닥칠 수 있는 미증유의 국가재난 위기는 중앙정부의 힘만으로는 극복할 수 없습니다. 주민의 삶과 가장 가까이에서 행정서비스를 제공하는 지방정부가 있었기에 위기의 상황에서 더욱 강하게 연대하는 주민들과 협심하여 주민들에게 필요한 서비스를 신속하게 제공할 수 있었습니다. 코로나19 사태를 겪으면서, 그리고 이를 극복하는 과정을 통해 중앙정부의 하부기관이 아닌 시민과 가장 가까이에서 시민의 삶을 책임지는 지방정부를 확인했습니다. 지방자치의 필요성과 자치분권의 힘을 말이나 교과서가 아닌 코로나19라는 재난 대응현장을 통해 체득할 수 있었습니다.

코로나 이후의 시대는 우리가 지금까지 경험하지 못한 국가와 사회 모든 분야의 질서를 대폭 변화시켜 새로운 사회경제 환경을 가속하는 변곡점이 될 것으로 예상합니다. 지방정부 또한 행정, 재정 환경의 변화를 맞아 위기 대처, 불평등 해소, 지역사회 복원력 강화 등 그 역할과 책임성은 더욱 높아질 것입니다.

자치분권은 미래의 정치질서다

2021년은 1991년 지방의회 의원 선거가 실시되고 지방의회가 개원함으로써 지방자치가 부활한 지 30년이 되는 뜻 깊은 해입니다. 미래

학자인 앨빈 토플러는 지방분권은 미래의 정치질서이지만, 지방분권을 실행하는 과정은 전쟁이라고 표현하기도 했습니다. 이 말은 우리나라 지방자치의 발전과정에도 적용할 수 있습니다.

대한민국 지방자치의 역사는 이미 1948년 제헌헌법에 지방자치 규정을 둔 것과 함께 시작했습니다. 1949년에는 지방자치법이 제정되고 한국전쟁 중인 1952년에는 지방의회 선거가 치러졌습니다. 지금은 오래된 미래가 되긴 했지만 1955년에는 주민 직접선거로 동장을 선출하기도 했습니다. 당시 서울에서는 816명이 입후보해 동장 245명을 뽑았다고 합니다. 4 · 19혁명 이후에는 자치분권이 더욱 확대되어 시장, 읍장, 면장, 동장은 물론 이장까지 직선으로 선출하였다고 합니다.

이렇게 꽃을 피우려던 지방자치의 역사는 1961년 5 · 16 군사쿠데타로 인해 의회가 모두 해산되어 중단되었습니다. 심지어 박정희 정권은 1972년 유신헌법 부칙 제10조를 통해 '지방의회는 조국 통일이 이루어질 때까지 구성하지 아니한다.'라고 명시하여 지방자치의 명맥을 완전히 끊어놓았습니다.

지방자치는 6월항쟁과 민주화운동을 거치면서 그 필요성을 조금씩 인정받게 되고, 스스로 '미스터 지방자치'라고 불렀던 고 김대중 전 대통령의 13일에 걸친 단식투쟁을 통해 30년 만에 제도로 부활하였습니다. 결국 1991년에 제1회 지방의회 선거가 실시되고 1995년에는 자치단체장 선거가 이어질 수 있었습니다.

김대중 정부 이후 역대 정부들은 모든 것을 서울로 빨아들이는 '소용돌이의 한국정치'에서 벗어나 대한민국의 발전을 위해서는 지방자치를 통한 지방분권이 반드시 필요하다는 것을 인식하고 지방분권을 핵심과제로 추진해 왔습니다. 간략하게 살펴본 것처럼 지방자치 30년은 대한민국의 살아있는 민주주의 역사라고 할 수 있습니다.

2019년 2월 9일 더불어민주당 서울시당 자치분권위원회 발대식에서 저는 초대 자치분권위원회 위원장으로 임명장을 받았습니다. 이 자리에서 저는 자치분권의 필요성에 대해 다음과 같이 역설했습니다.

> 1990년 10월 김대중 대통령님은 13일간의 목숨을 건 단식으로 지방자치의 길을 다시 열었고 노무현 대통령님은 강력한 국가균형 발전정책을 추진했습니다. 그리고 2017년 9월 문재인 대통령님은 '지방자치의 날' 기념사에서 '강력한 지방분권 공화국을 국정목표로 삼겠다.'고 하셨습니다. 이후 정부는 작년에 '자치분권 종합계획'을 발표하고 '지방자치법 전면 개정안'을 입법예고 하였습니다.
>
> 이처럼 우리 더불어민주당의 역사는 민주주의와 자치분권을 확대한 역사라고 할 수 있습니다. 우리 당이 자랑스럽게 배출한 역대 대통령님들의 자치분권에 대한 관심은 더 이상 중앙집권식 통제로는 대한민국이 발전하기 힘들고 자치분권을 통해 지방의 역량을 강화하여 뿌리가 튼튼한 대한민국을 만들 수 있기 때문입니다.
>
> 더불어민주당 서울시당 자치분권위원회는 자치현장의 목소리를 담아 정부에 구체적인 정책들을 제안하고, 정책을 뒷받침하여 자치분권의 수준을 한 단계 높이는 중추적인 역할을 하겠습니다.

지방자치는 평화로운 정권교체의 밑거름이 되어 대한민국의 민주주의 발전에 크게 기여한 것은 물론 지역 주민이 행정의 주체로 나서면서 주민에 대한 행정서비스 질도 크게 향상될 수 있었습니다. 아울러 코로나19 사태에서 확인한 것처럼 지방정부는 시민사회와 협업을 통한 선제적인 대응과 창의적인 대안으로 K방역의 일등공신이 될 수 있었습니다.

더불어민주당 서울시당 자치분권위원회 초대 위원장 임명(2019.1.9.)

자치분권은 국가경쟁력의 원천

1987년 헌법에 기초한 지방자치와 지방분권의 토대는 매우 미약한 실정입니다. 대한민국 헌법 130개 조항에서 지방자치와 직접 관련된 조항은 2개 조항으로 헌법 조항 수에서 차지하는 비율은 1.5%에 불과합니다.

대한민국 헌법(지방자치 관련 조항)

제117조 ①지방자치단체는 주민의 복리에 관한 사무를 처리하고 재산을 관리하며, 법령의 범위 안에서 자치에 관한 규정을 제정할 수 있다.

②지방자치단체의 종류는 법률로 정한다.

제118조 ①지방자치단체에 의회를 둔다.

②지방의회의 조직 · 권한 · 의원선거와 지방자치단체의 장의 선임방법 기타 지방자치단체의 조직과 운영에 관한 사항은 법률로 정한다.

이처럼 헌법에서 지방자치와 관련된 건 두 조문뿐이라 지방자치에 대한 중요성을 담아내기에는 미흡한 것이 현실입니다. 프랑스는 헌법 제1조에 지방분권을 명시함으로써 단일국가이자 지방분권 국가임을 선언하고 있습니다. 하지만 아직은 머나먼 남의 나라 이야기일 뿐입니다.

또한 헌법에서 지방자치단체 종류를 법률로 정하게 함에 따라 지방자치단체의 존립 자체도 헌법이 아닌 일반법률에 위임하고 있는 실정입니다. 현행 헌법 자체가 중앙집권 권력구조를 정당화하는 구조라고 볼 수밖에 없습니다.

2017년 대통령 선거에서 5대 정당의 대통령 후보들은 지방선거와 연계하여 지방분권형 개헌을 약속했습니다. 시민의 기본권 향상과 자치분권을 강화하는 개헌이라는 약속을 이행하기 위하여 대통령에 당선된 후 문재인 대통령은 2018년 3월에 지방분권형 개헌안을 발의하였으나 다른 당들의 비협조로 결국 무산되고 말았습니다.

지방분권 개헌이 어려워지자 문재인 정부는 제도적 변화를 통한 '연방제 수준의 자치분권 실현'을 추진하기 위해 2018년 9월 '자치분권 종합계획'을 발표하고 6대 분야 33개 과제를 추진하였습니다. 문재인 정부의 지방분권 강화는 크게 3가지로 나눌 수 있습니다. 첫째 중앙권한 지방이양과 지방의 자치역량 강화, 둘째 강력한 재정분권 추진, 그리고 셋째가 주민참여 확대입니다.

문재인 정부는 그동안 상대적으로 소홀했던 주민의 권리확장에 주목하고 '풀뿌리 민주주의를 실현하는 자치분권'이라는 목표 아래 지방일괄이양법 제정, 지방자치법 전부 개정, 자치경찰제 도입 등 19개 관련 법률 제 · 개정을 추진하였습니다.

지방자치와 관련하여 대표 법은 지방자치법입니다. 지방자치법은 1988년 전부 개정 이후 큰 변화 없이 부분적 제도개선만 해왔으나, 2018년 10월 행정안전부에서 지방자치의 날을 맞아 30년 만에 지방자치법 전부 개정안을 발표하게 됩니다. 당시 지방자치법 전부 개정안의 핵심 개정방향은 첫째 주민주권 확립을 통해 실질적인 지역민주주의를 구현하고, 둘째 자치단체의 자율성을 확대하고 이에 상응하는 투명성과 책임성을 확보하며, 셋째, 중앙과 지방의 관계를 협력적 동반자관계로 전환하는 것이었습니다. 그런데 지방자치법 전부 개정과 경찰법 개정 등 자치분권 관련 법률이 여러 쟁점으로 입법이 되지 못하고 제20대 국회 임기종료와 함께 안타깝게도 자동폐기 되고 말았습니다.

코로나19 응원릴레이와 함께 '자치분권 관련법률 조속 입법촉구' 성명서를 발표한 더불어민주당 서울시당 자치분권위원회(2020.5.19.)

희망의 불씨는 4.15 총선과 함께 다시 살아났습니다. 4.15 총선 결과 전체 300석 중 더불어민주당과 더불어시민당이 180석을 차지하는 압승을 거두었기 때문입니다. 1987년 개헌 이후 전체의석의 5분의 3(180석)을 넘어서는 첫 단일정당이 되었으며, 이것은 개혁입법을 추진하진 위한 동력을 얻었다고 할 수 있습니다.

2020년 5월 19일 제가 위원장으로 있는 더불어민주당 서울시당 자치분권위원회는 2020년이 자치분권국가 원년이 될 수 있도록 제21대 국회 개원과 동시에 자치분권 법률을 제 · 개정할 것을 촉구하는 성명서를 만장일치로 채택하였습니다.

성명서가 나오게 된 배경을 살펴보면 다음과 같습니다. 문재인 정부는 자치분권 종합계획을 발표하고, 참여정부부터 추진한 지방일괄이양법을 16년 만에 제정하고 지방소비세율을 인상하여 1단계 재정분권을 완료하는 성과를 거두었습니다. 그런데 자치분권의 핵심법안이라고 할 수 있는 지방자치법 전부 개정안과 자치경찰제 실시를 위한 경찰법 전부 개정안은 제대로 논의조차 하지 못한 상태에서 20대 국회종료와 함께 자동 폐기된 상황이었습니다.

이에 더불어민주당 서울시당 자치분권위원회는 "코로나 19와 관련하여 지방정부의 창의성과 다양성이 시민사회와 어우러져 대한민국을 세계 속의 모범국가로 만들었듯이 자치분권은 국가경쟁력의 원천이자 성장 동력이므로, 제21대 국회는 개원과 동시에 자치분권 법률을 제 · 개정할 것을 촉구"한다고 결의한 것입니다.

포스트 코로나, 이제는 지방자치다

지방자치가 민주주의 발달에 기여한다는 앨빈 토플러의 말을 굳이

빌리지 않더라도 지금처럼 획일화된 국가중심의 중앙집권 방식은 다양성과 창의성을 존중하는 4차 산업혁명시대에는 걸맞지 않는 시스템입니다. 지방자치를 통해 지방정부는 다양한 창의적인 정책으로 주민의 삶의 질을 높일 수 있습니다. 아울러 지방자치는 중앙권력의 지방분산으로 민주주의와 지역발전을 가능하게 하며 국가 위기상황에서도 분산화된 시스템으로 효율성 있는 대응이 가능하도록 합니다.

특히 코로나19 사태에서 지방정부는 시민사회와 어우러진 현장대응성과 협업을 통해 미처 중앙정부가 여력이 닿지 못하는 시민의 삶을 직접 챙김으로써 지방자치의 중요성을 다시금 일깨워 주었습니다. 따라서 포스트 코로나 시대는 현장을 통해 주민의 목소리를 가장 가까이서 듣고 이를 통해 주민들을 살뜰히 챙길 수 있는 자치분권의 시대라고 할 수 있을 것입니다.

더불어민주당 서울시당 자치분권위원장의 활동과 지난 3년 반 동안의 성북구청장 경험을 통해서 저는 진정한 자치분권은 지방분권과 시민자치가 되어야 한다고 생각하고 있습니다. 이것은 지방분권을 통해 과도하게 집중된 국가권력을 지방정부로 나누고 지방정부는 시민과 함께 풀뿌리 민주주의를 구현하여 시민자치로 이어져야 한다는 의미입니다. 따라서 자치분권의 핵심은 시민자치라고 할 수 있습니다.

주민 스스로 자치의지를 가지고 자신의 삶이 구체적으로 이루어지는 현장에서 시민참여를 통해 시민자치가 이루어지기 위해서는 시민사회를 제도적으로 뒷받침할 수 있어야 합니다. 이를 대표하는 제도가 바로 지방자치법이라고 할 수 있습니다.

지방자치법 전부 개정안은 제20대 국회에서 국회의 문턱을 넘지 못하고 폐기처분되었으나 재발의된 후 21대 국회 첫 정기회에서 통과되었습니다. 1988년 전부 개정 이후 32년 만에 지방자치법이 전부 개정됨에 따라 자치분권 확대의 기틀도 마련되었습니다. 자치분권 2.0시대의 첫 출발점이라고 할 수 있습니다.

무엇보다도 획기적인 주민주권을 구현하기 위해 지방자치법의 목적규정에 주민자치의 원리를 명시하고, 지방의 정책결정과 집행과정에 대한 주민의 참여권을 신설하였습니다. 또한 지방자치법에 근거를 둔 주민조례 발안법을 별도로 제정하도록 함으로써 지방자치 단체장이 아닌 주민이 의회에 조례안의 제정, 개정, 폐지를 청구할 수 있도록 하였습니다. 아울러 주민조례 발안과 주민감사 청구의 인구요건을 완화하고, 참여연령을 19세에서 18세로 하향 조정하였습니다.

이외에도 전부 개정된 지방자치법에는 주민투표에 의한 기관구성을 다양화하는 근거를 마련하고, 인사권 독립과 정책인력 지원에 따른 지방의회 전문성과 독립성을 강화하였으며, 국가 중요 정책결정에 지방자치단체가 참여할 수 있도록 중앙-지방협력회의를 신설한다는 내용을 담았습니다.

이 같은 내용의 지방자치법 전부 개정과 함께 지방일괄이양법의 제정을 통해 400여 개의 사무가 지방으로 이양되었습니다. 또한 지방재정 자립을 위한 1단계 재정분권을 통해 지방소비세 재원을 국세인 부가가치세 11%에서 21%로 확대 이후 2단계 재정분권의 일환으로 부가가치세에서 지방소비세의 비중은 21%에서 25.3%로 확대됩니다.

국민의 세금 증가 없이도 연간 약 8조 5천억 원의 재원이 중앙에서 지방으로 이전되어 지방재정이 확충되었습니다. 실질적 자치분권을 실현하기 위한 현장 중심, 주민 중심의 자치분권의 토대가 마련된 것입니다. 지방자치의 패러다임이 지방자치단체장을 중심으로 하는 지방정부에서 주민 중심의 생활자치로 변화하는 자치분권 2.0시대가 도래했다고 할 수 있습니다.

이처럼 지방자치법 전부개정은 지방자치단체의 자치권과 역량이 대폭 확대하고, 주민주권을 강화하며 중앙과 지방이 협력적 동반자 관계로 발전할 제도적 기반을 마련하여 자치분권의 새 시대를 여는 기념비적인 사건이 되었습니다.

하지만 실질적인 주민자치를 이끌 주민자치회에 대한 조항은 제외되었습니다. 아쉽고 또 안타까울 따름입니다. 당초 정부안에는 주민자치회 본격 실시를 위한 조항이 포함되었으나 기존 제도와의 차별성 등 운영방안에 대한 추가적인 논의가 필요하다는 의견이 제기되어 이번 개정에서는 제외되었다고 합니다.

자치분권의 법제화를 촉구하는 자치분권지방정부협의회(2020.1.28.)

주민과 직접 대면행정이 이루어지는 최하위 행정조직인 동 단위에서 주민자치를 실질적으로 주도하는 주민자치회는 현재 지방자치분권 및 지방행정체제개편에 관한 특별법에 따라 행정안전부 장관이 시범적으로 설치 · 운영할 수 있도록 하였습니다. 이에 따라 시범사업 기간, 예산지원 등의 한계로 행정사무의 위임 · 위탁 등 법으로 명시된 권한 수행조차 제대로 이루어지기에는 힘든 구조입니다. 따라서 지방자치법에서 주민자치회 조항이 삭제된 것은 직접민주주의 강화라는 시대 흐름에 역행하는 것이라고 할 수 있습니다.

지방자치법 전부 개정에서 삭제되었던 주민자치회 관련 조항은 우리 구 성북갑 국회의원인 더불어민주당 김영배 의원이 주민자치 기본법 제정안을 대표 발의하여 법제화될 가능성이 생겼습니다. 주민자치 기본법 제정안에는 현재 우리 성북구에서 추진 중인 주민자치회 제도를 반영하여 주민총회, 자치계획, 추첨제 등의 법적 근거 마련과 국가와 지방자치단체의 행 · 재정적 지원을 주요 골자로 하고 있습니다.

현재 지방자치단체장 중심의 단체자치가 지방자치법이 담고 있는 주민 중심의 주민자치로 전환하기 위해서는 실질적으로 주민참여를 이끌어 내고 제도적으로 뒷받침할 수 있어야 합니다. 지역의 문제를 가장 잘 알고 있는 주민들이 자신들의 삶의 현장에서 마을의 문제를 발굴하여 해결해 나가고 있는 주민자치회를 통해 주민자치 시대를 열어갈 수 있도록 주민자치회에 관한 조항이 특별법의 시범사업이 아닌 일반법으로 법제화되기를 기원합니다.

2

자치분권 2.0시대를 선도하는 주민자치회

작은 생활자치로 큰 국민주권시대를 준비하다

더불어민주당 서울시당 자치분권위원장과 성북구청장 경험을 통해 자치분권은 시민자치와 지방분권의 줄임말이라고 규정하고 있습니다. 그래서 자치분권은 과도하게 집중된 국가권력을 지방정부로 나누는 지방분권, 시민이 자치를 한다는 시민자치의 의미를 담을 수 있습니다. 따라서 자치분권의 핵심은 시민자치라고 할 수 있습니다.

헌법재판소의 결정문(헌재 2009.3.26. 2007헌마843)에서도 '지방자치는 주민의 의사에 따라 지방행정을 처리하는 주민자치요, 단체자치를 포함한다.'라고 하여 주민자치를 지방자치의 주요 요소로 설명하고 있습니다.

2019년 7월 5일 '작은 생활자치, 큰 국민주권시대'라는 부제로 '주민자치회를 통한 자치분권실현 토론회'가 성북구청 성북아트홀에서 150여 명의 주민들이 참여한 가운데 성황리에 열렸습니다.

토론회의 부제를 '작은 생활자치, 큰 국민주권시대'로 이름을 붙인 건 문재인 정부의 '연방제에 버금가는 강력한 지방분권'추진에 발맞추어 지역 단위에서 상향식 자치분권을 추진하기 위해서입니다. 즉

주민자치회라는 작은 생활자치를 모아 자치분권을 통해 큰 국민주권 시대를 만들어 가겠다는 의미를 담은 것입니다.

이 토론회는 성북구 개청 70주년, 민선7기 1주년을 기념하는 자리였습니다. 아울러 성북구 주민자치회 시범사업이 종료됨에 따라 주민자치회 전반적인 실태를 진단하고 그 결과를 반영하여 성북형 주민자치회 발전전략과 실행계획을 수립하기 위해 마련한 공론의 장이기도 했습니다.

특히 이 토론회는 대한민국의 자치분권 정책을 수립하는 대통령소속 자치분권위원회 이재은 재정분권위원장이 좌장을 맡고, 주민자치제도연구에서 선두주자들인 대통령소속 자치분권위원회 정진헌 전문위원과 김필두 한국지방행정연구원의 연구위원이 발제를 맡았습니다. 아울러 전국시도의회의장협의회 지방분권TF 단장을 맡은 김정태 서울시의원과 직접 주민자치회 시범사업을 주도적으로 펼치고 있는 유재승 성북구 동선동 주민자치회장과 이병한 성북구 종암동 주민자치회장이 참여하여 명실공히 주민자치의 이론과 정책, 그리고 사례를 함께 살펴볼 수 있는 귀중한 자리였다는 평가를 받을 수 있었습니다.

저 또한 토론회에 참석하여 진정한 자치분권은 시민권력으로 이어져야 하며, 문재인정부의 31년 만의 지방자치법 전부 개정안 국회 제출, 지방일괄이양법 제정 추진 등 중앙정부의 자치분권 추진정책에 발맞춰 지방정부가 시민사회와 함께 실질적인 주민자치를 통해 상향식 자치분권을 추진하는 것도 매우 중요하다고 역설하였습니다.

성북구 주민자치회 시범사업을 진단하고 평가하여 성북형 주민자치회 발전전략을 수립하기 위해 개최한 '주민자치회를 통한 자치분권 실현 토론회'(2019.7.5.)

이날 토론자로 참여한 김정태 서울시의원이자 전국 시도의회의장협의회 지방분권 TF단장은 "토론회에 참가하기 전에는 성북구 주민자치회사업을 서울형 주민자치회 시범사업으로만 알았는데, 성북구의 사례를 보니 성북형 주민자치회라고 평가할 수 있다"라고 극찬하였습니다.

김정태 서울시의원이 성북구의 주민자치회에 대해 높이 평가한 건 바로 성북구가 분과별 의제발굴 및 실행체계를 통해 주민자치회를 지역문제 해결에 앞장서는 대표적인 주민자치기구로 자리매김했다는 점을 확인했기 때문입니다.

성북구 주민자치회 시범사업을 통해 마을문제를 가장 잘 알고 있는 주민들이 스스로 의제를 발굴하고 해결되는 과정을 보면서 주민들은 마을공동체를 만들 수 있다는 효능감을 확인할 수 있었습니다. 그동안 제도상으로만 알았던, 그리고 신문에서만 보았던 용어인 주민자치에 대해 친숙해지고 자신감도 가질 수 있게 되었습니다.

생활현장 속에서 주민자치를 실현하는 '생활자치 1번지 성북'을 목표로 주민자치회 시범사업을 비롯하여 주민참여사업을 적극적으로 추진한 결과 저 또한 주민들에게 영광스럽게도 '생활자치 전도사'라는 별명을 얻을 수 있었습니다.

주민자치회로 주민자치의 씨앗이 싹트다

주민자치회 역사는 박근혜 정부인 2013년 6월에 시작합니다. 2013년 개정된 지방분권 및 지방행정체제 개편에 관한 특별법에 따라 당시 안전행정부는 주민참여 확대를 통해 풀뿌리 민주주의를 정착시키기 위한 목적으로 읍면동 주민자치회 시범실시지역 31곳을 선정하였습니다.

동단위 주민자치기구인 주민자치회가 이전의 주민자치위원회와 다른 점은 주민자치위원회가 단순 참여 · 자문기구에 머물렀다고 한다면, 주민자치회는 기존 주민자치위원회 권한을 보다 확대하여 마을의 주인인 주민들이 직접 생활 속의 문제점을 확인하고 의제를 발굴하여 실행계획인 주민자치계획을 수립하며 직접 사업을 추진하는 동단위 주민자치조직이라는 점입니다.

주민자치회는 2013년도에 시범실시를 시작한 이래 2017년까지 47개 지역에서 운영되는데 그쳤습니다. 이후 서울시에서 서울형 주민자치회 사업을 본격 추진하고 지방분권 개헌과 맞물려 주민자치에 대한 중요성이 부각되면서 2018년도에는 95개까지 증가하였고 2022년 1월 기준 1,013개 지역으로 대폭 확대되었습니다.

성북구 주민자치회의 역사는 서울형 주민자치회 시범사업에서 그

뿌리를 찾을 수 있습니다. 앞에서 말씀드린 것처럼 주민자치회의 특징은 주민참여예산과 연계된 생활문제 해결방안을 담은 주민자치계획을 수립하여 최고의결기구인 주민총회를 통해 주민자치계획을 결정하고 이후 그 주민자치계획을 실행한다는 점입니다. 따라서 주민자치회는 생활현장이라는 주민 공간에서 직접민주주의를 실현하는 조직이라고 할 수 있습니다.

우리 성북구에서는 동선동과 종암동이 서울형 주민자치회 시범사업동에 선정되어 성동, 도봉, 금천구 3개 구와 함께 총 26개 동에서 서울형 주민자치회 시범사업을 시행하였습니다.

동선동 주민자치회는 안전환경 분과위원회, 복지 분과위원회, 자치회관교육문화 분과위원회, 1인 가구 분과위원회의 4개 분과위원회 48명으로, 종암동 주민자치회는 기획행정 분과위원회, 보건복지 분과위원회, 교육아동청소년 분과위원회, 생활안전환경 분과위원회, 문화체육 분과위원회의 5개 분과위원회 59명으로 구성하여 2017년 12월 18일 주민자치회 발대식을 가졌습니다.

기존 주민자치위원회에서는 신규 위원들은 동에서 구성된 주민자치위원 심사위원회에서 일방적으로 결정되었습니다. 반면 주민자치회에 위원으로 선정된 사람들은 주민대표 선정의 공정성과 주민자치회 구성의 다양성을 확보하기 위하여 모두 추첨으로 뽑힌 사람들입니다. 주민자치 분야에서 추첨제라는 민주적인 방식이 도입되어 새로운 주민자치의 역사가 쓰이는 순간이었습니다.

추첨제를 통해 구성된 주민자치회 위원들 연령대를 살펴보면 젊은층의 참여가 두드러지고 다양한 연령대가 참여하고 있음을 알 수 있습니다. 2019년 1월 현재 주민자치회가 구성되지 않은 성북구 18개

동의 주민자치위원회 위원이 60대 이상이 59%를 차지하는 반면, 동선동과 종암동에서 구성된 주민자치회는 40대 이하 26%, 50대 36%, 60대 이상 38%로 연령층이 다양해졌습니다.

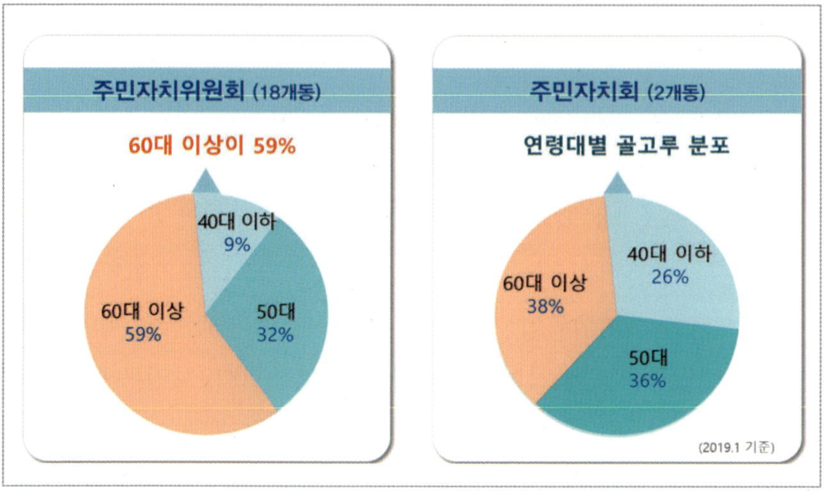

기존 주민자치위원회와 추첨제로 선출된 주민자치회 위원 연령대 비교

기존 주민자치위원회에서 활동하다 주민자치회에 참여한 위원들의 경험과 연륜이 새로이 주민자치회에 유입된 젊은 위원들의 패기와 어우러져 주민자치회 실행력을 높일 수 있는 기반이 마련되었다고 볼 수 있습니다. 이 외에도 주민자치회 위원이 아니더라도 분과원으로는 주민이면 누구든지 참여가 가능하여 지역 주민에 대한 대표성도 확보하였습니다.

주민자치회 분과는 분과 명칭부터 분과원 배정까지 모두 주민자치회 위원들이 직접 머리를 맞대고 만들었으며, 지역 특색을 반영한 것이 그 특징입니다. 예를 들면 동선동은 성신여대와 고려대가 가깝고

지하철역이 가까워 1인 가구가 많다는 지역 특색을 고려하여 1인 가구 분과위원회를 구성하였습니다.

종암동은 인구 4만을 자랑하는 성북구에서 제일 큰 동네이니만큼 인적자원이 풍부한 점을 활용하여 22개 직능단체원들이 주민자치회 위원과 분과원으로 참여하였습니다. 이처럼 동선동과 종암동 주민자치회는 지역 특성을 반영하여 분과를 구성하고 분과별 의제발굴과 실행체계를 통해 주민자치회를 강화하였습니다.

분과활성화로 주민자치회를 강화하다

중앙에서 권력을 독점하지 않고 지역이 중심이 되어 시민권력으로 이어지는 자치분권은 지방자치법의 전면개정이나 재정분권과 같은 법과 제도의 뒷받침도 중요하지만 무엇보다 중요한 건 주민들의 삶의 현장에서 주민들의 참여가 구조화된 생활자치라고 할 수 있습니다. 지방자치가 아무리 제도로 잘 뒷받침하고 있다하더라도 주민참여가 없이 주민자치로 이어지지 않는 지방자치는 빈껍데기에 불과하기 때문입니다.

우리 성북구는 지역 단위에서 자치현장의 변화를 이끌어 내고 주민참여를 구조화하는 방법으로 주민과 최접점인 행정동에서 주민이 주도하는 주민자치회를 적극 활용하였습니다.

기존 주민자치위원회와 달리 주민자치회는 분과위원회와 분과원을 둔다는 점에서 차이가 있습니다. 주민자치회 위원들은 사전교육인 주민자치학교 6시간을 이수한 뒤 공개추첨으로 선정됩니다. 이 과정에서 추첨에서 탈락하여 주민자치회 위원으로 뽑히지 않았거나, 적극적으로 주민자치회 활동은 부담스럽지만 주민자치회에 참여하고 싶은 사람들은 분과위원으로 참여가 가능합니다.

이 같은 주민자치회의 특징을 살려 성북구 주민자치회 시범사업은 주민자치회의 뿌리라고 할 수 있는 분과위원회의 강화에 역점을 두었습니다. 즉 '분과 활성화를 통한 주민자치회 강화'라는 실행전략을 적극 활용하여 주민자치회의 의제발굴과 실행체계를 주민자치회 각 분과별로 확립하도록 한 것입니다.

종암동 주민자치회를 예로 살펴보면, 기획행정 분과위원회는 종암동 자치회관 프로그램 운영지원과 함께 동주민센터에 위치한 북바위쉼터 카페를 위탁운영하여 카페수익금을 동복지사업에 활용하였습니다. 아울러 기획행정 분과위원회는 상권이라는 이해관계가 달려있어서 행정의 힘으로는 이전이 어려웠던 마을버스 정류장을 단 한 건의 민원도 없이 주민들이 이용하기 편한 넓고 안전한 곳으로 이전하는 큰일을 해내기도 했습니다.

종암동 주민자치회 기획행정 분과위원회에서 위탁운영하여 수익금을 동복지사업에 활용하는 북바위쉼터 카페

생활안전환경 분과위원회는 청포도가 자라는 마을환경 조성을 목표로 동네청소를 주관하면서 무단투기골목 환경개선 사업과 마을 안전진단사업을 담당하였습니다.

보건복지 분과위원회는 대한적십자사와 협약하여 전국 최초로 동 단위로 헌혈의 날을 연 2회 운영하고 있습니다. 아울러 종암동 행복한 가을나들이사업으로 기존 동 직능단체인 동복지협의체와 협력사업을 통해 자치와 복지가 결합한 최초의 사례를 만들어냈습니다. 주민자치회 보건복지 분과위원회와 동복지협의체의 기능이 중첩되다 보니 두 단체 간 갈등이 일어날 수도 있었지만 협력사업을 통해 이러한 우려를 종식시킬 수 있었습니다. 이를 통해 두 단체 간의 협력관계가 형성된 것은 물론이고 2018년 서울시 찾아가는 동주민센터 공감정책으로 선정되어 '공감상'을 수상할 수 있었습니다.

교육아동청소년 분과위원회는 시 '청포도'로 유명한 민족시인인 이육사님이 종암동에 거주하신 사실을 토대로 이육사 알알이 사업(알고 알리는 사업)을 추진하였습니다.

이처럼 성북구 주민자치회는 '분과활성화를 통한 주민자치회 강화'라는 전략을 통해 각 주민이 직접 지역 실정에 맞는 사업을 발굴하고, 의제를 만들어 주민참여예산과 자치기금을 활용하여 그 의제를 실행해 나감으로써 동단위에서 상향식 자치분권 추진이 가능하다는 점을 보여주었습니다.

그리고 이 과정을 통해 주민은 자신의 목소리가 공동의제가 되고 구 정책에 반영되어 실행되는 것을 직접 목격함으로써 정치적 효능감도 체감할 수 있었습니다. 삶의 현장의 문제를 직접 해결하는 주민의 경험이 누적되고 이것은 다시 사회적 자본이 되어 더 나은 공동체라는 미래를 꿈꿀 수 있게 되었습니다.

서울시 최초로 주민자치계획을 수립하고, 전국 최초로 지원방안을 전달하다

2018년 7월 민선7기 성북구청에 취임하자마자 현장에서 답을 찾는 현장행보를 펼쳤습니다. 현장행보로 찾은 동선동과 종암동은 여느 동과는 남다른 곳이었습니다. 다른 동들이 주민민원과 관련된 현장이었다고 한다면, 동선동과 종암동은 주민자치회에서 마련한 주민총회 자리이었기 때문입니다.

평소 현장에 답이 있다고 생각해 온 저에게는 주민총회야말로 생생한 주민자치의 현장이었습니다. 그래서 2018년의 사상 최대라는 폭염이 무색할 만큼 주민자치회가 준비한 주민총회의 뜨거웠던 열기는 아직도 잊히지 않고 있습니다.

성북구의 주민자치회 역사에서 제일 먼저 한 획을 그은 것은 2018년 7월 12일 종암동 주민자치회 주민총회였습니다. 이어서 17일에는 동선동 주민자치회의 주민총회가 개최되었습니다.

주민총회는 주민자치회가 6개월 동안 주민자치위원들이 각 분과별로 토론을 거쳐 선정된 의제를 다시 주민이 직접 기획한 토론방식으로 진행하는 공론의 장입니다. 그래서 이 자리는 투표를 통해 의제실행 우선순위와 실행방법까지 결정하는 자리였습니다. 따라서 주민총회에서는 주민들의 의견조정을 통해 정제된 의견은 물론 날 것 그대로의 주민의 생생한 목소리가 담긴 현장이라고 할 수 있습니다.

사상 최대라는 폭염만큼 뜨거웠던 종암동 주민자치회 주민총회 현장(2018.7.12.)

주민자치회는 동단위 주민 대표조직이라 할 수 있으므로 주민총회는 주민들의 의사결정 과정이자 공식결정이라고 할 수 있습니다. 따라서 주민총회에서 결정된 주민자치계획은 그동안 관이 결정하고 민이 따라오던 관행에서 벗어나 주민이 주체적으로 목소리를 내어 결정하고 행정이 지원하는 체계로 바뀌었음을 보여주는 상징적인 사건이라고 할 수 있습니다. 이러한 이유로 주민총회를 주민자치회의 꽃이라고 부를 수 있습니다.

동선동 주민자치회에서 주민총회에 상정한 실행안건을 살펴보면 주민이 꾸미는 우리동네 예술무대, 청소년 꿈드림 경제활동 지원, 동선동 생활정보 콘텐츠 만들기 등 10건, 종암동 주민자치회는 이육사 문학거리 조성, 이육사 기념관 주민자치 운영, 주민해설사 교육과 운영, 종암동 야외공연장 조성 등 15건으로 주민생활과 직접 관련 있는 생활의제는 물론 주민자치 역량을 강화하는 사업도 포함하고 있었습니다.

이 실행안건들은 주민총회를 통해 사업 우선순위가 결정되었습니다. 동선동 주민총회에서는 불법주차 및 열린 주차 공간제안, 마을아동놀이터 놀이올림픽, 주민이 꾸미는 우리 동네 예술무대 등이 우선사업으로 선정되었으며, 종암동 주민총회에서는 골목을 깨끗하고 안전하게 사업, 마을 공용주차장 건설, 재활용 교육과 환경실천단 사업 등이 주민자치계획의 우선사업으로 결정되었습니다.

동선동 주민자치회와 종암동 주민자치회는 주민총회에서 최종 선정된 실행의제들을 반영하여 주민자치계획을 수립하여 다시 주민자치회에서 최종 확정한 후에 성북구에 제출하였습니다. 당시 주민자치회가 성북구에 제출한 주민자치계획의 주요 내용을 살펴보면 ① 주민자치회 운영계획, ② 동 행정사무 협의계획, ③ 동 행정사무 수탁 및 추진계획, ④ 자치회관 운영계획, ⑤ 분과별 사업계획, ⑥ 동 주민참여예산 사업계획 등으로 구성되었습니다.

이렇게 동선동과 종암동 주민자치회에서 수립한 주민자치계획은 주민자치회 시범사업을 추진하고 있는 서울시 4개 자치구 26개동 중에서 최초의 기록입니다.

우리 성북구는 주민총회를 거쳐 주민자치회가 수립한 주민자치계획에 대해 실행가능성, 타당성 등을 검토한 후 지원방안을 마련하였습니다.

이어서 2018년 10월 16일 동선동 주민자치회 월례회의에서 구청장인 제가 참석하여 동선동 주민자치회에 주민자치계획 지원방안을 직접 전달하였습니다.

주민총회를 거쳐 서울시 최초로 수립한 주민자치계획에 대해 전국 최초로 지원방안을 마련하여 동선동 주민자치회 회의에서 직접 전달(2018.10.16.)

이 자리에서 저는 동선동 주민자치회가 수립한 주민자치계획 10개 사업에 대한 지원방안을 유재승 동선동 주민자치회장에게 직접 전달하면서 주민참여예산에서 탈락하여 예산이 확보 안 된 2개 사업에 대해서도 구비로 지원하여 주민자치회 시범사업을 전폭 지원하겠다는 약속을 하였습니다.

아울러 저는 주민자치회 시범사업을 활발하게 펼치고 있는 동선동 주민자치회를 격려하면서, 동선동 주민자치회가 서울시에서 최초로 주민자치계획을 수립하여 대한민국 주민자치 역사를 새로이 써가고 있는 만큼 동선동 주민자치회가 자부심을 갖고 선도적인 역할을 해 달라는 부탁을 드렸습니다. 동선동 주민자치회에 성북구 차원의 주민자치계획 지원방안을 전달한 것과 마찬가지로 2018년 7월 22일에는 종암동 주민자치회에도 종암동 주민자치계획 지원방안을 전달하였습니다.

주민자치의 시작이자 그 결실, 주민총회 개최

서울시 찾동 공감정책 선정 : 서울시 최초,
주민자치회-동복지협의체 협력사업 실시

서울시 주민자치회 시범사업 활동공유회 발표

서울시 최초, 주민자치계획 수립

전국 최초, 주민자치계획 지원방안 전달식 개최

행정안전부, 2018년 주민자치회 우수사례

성북구 주민자치회 시범사업(동선동 주민자치회, 종암동 주민자치회) 주요성과

이처럼 생활자치 1번지 성북을 표방하며 동선동과 종암동에서 추진한 주민자치회 시범사업의 성과는 놀라웠습니다. 종암동 주민자치회는 2018년 12월에는 행정안전부로부터 주민자치회 우수사례로 선정되었습니다. 당시 주민자치회를 운영 중이던 전국 95개 시군구를 대상으로 행정안전부가 우수사례를 공모한 결과 '주민자치회의 힘은 분과위원회에서 나온다.'라는 추진전략으로 각 분과별로 동 특성에 맞는 사업을 발굴하여 활발하게 자치활동을 펼친 결과를 높게 평가받은 것입니다.

대통령소속 자치분권위원회와 행정안전부가 주최한 '자치분권을 통한 포용국가 실현토론회'에서 발표하고 있는 종암동 주민자치회 이병한 회장(2019.5.10.)

또한 종암동 주민자치회는 문재인정권 출범 2주년을 맞아 대통령 소속 자치분권위원회와 행정안전부가 공동주최하고 지방 4대 협의체가 후원한 '자치분권을 통한 포용국가 실현 토론회'에서도 주민자치회를 통해 지역문제 해결사례를 발표하여 전국에서 당시 주민자치회를 실시하는 269개 읍면동 중에서 주민자치회의 성공모델로 그 이름을 떨칠 수 있었습니다.

전 동에 주민자치회를 구성하여 자치분권 2.0시대를 준비하다

동선동 주민자치회와 종암동 주민자치회의 주민자치회 시범사업을 통해 주민자치의 성공 가능성을 볼 수 있었습니다. 관에서 결정하면 주민들이 따라가던 이전 방식에서 벗어나 주민자치회를 통해 주민들은 직접 마을의 문제점을 확인하여 의제를 만들고 사업으로 연결하였습니다. 그리고 주민총회를 거쳐 사업실행까지 하는 과정을 통해 주민자치가 어렵지 않다는 것을 주민들은 실감할 수 있었습니다.

성공적인 동선동과 종암동의 주민자치회 시범사업의 경험을 바탕으로 2019년 9월과 10월에는 장위1동, 길음1동, 월곡2동, 성북동, 삼선동, 보문동, 석관동, 정릉2동에서 주민자치회가 구성되었습니다. 성북구 20개 동 중에서 10개 동에서 주민자치회가 구성되어 성북구의 절반이 주민자치회의 시대로 돌입한 것입니다.

주민자치회 시범사업 성과를 바탕으로 정릉2동을 포함한 8개 동에서 2019년 9월~10월에 새로이 주민자치회가 발족함(2019.10.14. 정릉2동 주민자치회 출범식)

이어서 2021년 1월에는 그동안 주민자치위원회로 남아있던 10개 동인 돈암1동, 돈암2동, 안암동, 정릉1동, 정릉3동, 정릉4동, 길음2동, 월곡1동, 장위2동, 장위3동에서 주민자치회가 구성되었습니다. 이에 따라 성북구는 2021년을 주민자치회를 통한 주민자치의 원년으로 삼고 6월 15일부터 7월 10일까지 거의 1달여에 걸쳐 20개 전 동에서 주민총회가 개최되었습니다. 주민총회 전에는 지난해에 이어 코로나19 상황을 감안하여 직접 대면 대신 다양한 매체를 활용하여 온·오프라인 사전투표를 진행하였으며, 주민총회는 온라인회의로 개최하여 주민공론장에 보다 많은 주민들이 참여할 수 있도록 하였습니다.

석관동 주민자치회에서 주최한 제2회 석관동 주민총회 사업선정을 위한 사전투표

20개 동의 주민자치회에서 주민들이 발굴한 생활의제는 모두 527건으로 이 중 주민자치회 분과위원회 회의와 주민자치회 전체회의를 거쳐 주민총회에 상정된 사업의제는 모두 199건이었습니다. 199건의

사업의제는 다시 주민총회를 거쳐 모두 183건의 사업의제가 주민자치계획에 반영되어 본격적으로 사업실행에 들어갔습니다.

한편 주민자치회 시범사업에서 전국 주민자치회를 선도하는 괄목할만한 역량을 선보인 종암동 주민자치회는 서울시에서 공모한 2020년 '주민자치회-자치회관 위 · 수탁 시범운영사업'에 선정되어 다시 한 번 그 진가를 발휘하였습니다.

이에 따라 우리 성북구는 종암동 자치회관 운영 민간위탁 추진계획을 수립하고, 2020년 12월 관련 조례 제 · 개정을 통해 사무 위 · 수탁 절차를 완료하였으며, 이어서 2021년 4월 15일에는 종암동 주민자치회와 자치회관 사무운영을 위한 위 · 수탁 협약을 체결하였습니다.

기존 주민자치위원회가 자치회관 프로그램과 관련하여 심의, 의결권에 그친 것에 반해 주민자치회는 성북구로부터 자치회관 사무를 위탁받아 직접 자치회관 사무를 운영한다는 의미입니다. 이것은 주민자치라는 도도한 물길의 흐름에서 물꼬를 트는 중요한 진전이라고 할 수 있습니다.

종암동 주민자치회는 주민자치회 시범사업 당시 이미 종암동주민센터와 협약하여 동주민센터 안에 위치한 북바위쉼터 카페를 위탁운영하여 카페에서 발생한 수익금을 동복지사업에 활용했습니다.

종암동 주민자치회가 성북구로부터 수탁 받은 종암동 자치회관 주요사무로는 자치회관 프로그램 운영, 공간운영, 지역 기반 특화사업입니다. 종암동 자치회관의 종암동 주민자치회 위탁에 이어 다른 동 주민자치회도 역량을 강화하여 주민자치가 활성화되면 자치회관 위탁을 추진할 예정입니다.

'환경 장터' 여는 주민모임의 큰 발걸음

행안부 장관상 받은 성북구 동선동 주민자치회 기후위기 실천모임 '너머'

11월10일 성북구 동선동 주민센터에 있는 동선동주민자치회 사무실 한쪽에 마련된 '동선나눔점방' 앞에서 실천모임 '너머' 회원 김가희(왼쪽부터)·이양희씨와 유재승 주민자치회장, 이지민 너머 대표가 활동물들을 보여주고 있다. 정용일 선임기자 yongil@hani.co.kr

행정안전부 장관상 받은 동선동 주민자치회 기후위기 실천모임 '너머'(한겨레. 2021.11.26.)

종암동 주민자치회와 함께 주민자치회 시범사업을 했던 동선동 주민자치회는 2021년 10월 29일 지방자치의 날을 기념하여 개최된 전국 주민자치박람회 우수사례 공모에서 최우수상인 행정안전부 장관상을 받았습니다. 올해는 기후위기와 코로나19와 관련한 자치활동 사례를 심사하는 특별공모분야가 신설되어 동선동 주민자치회가 그 영예를 안았습니다. 동선동 주민자치회 교육문화마을활력분과는 기후위기 주민실천 모임 '너머'를 구성하여 동선 나눔점방, 이별해 챌린지, 소문날 마켓, 탄소중립 활동가 양성 과정 등 다양한 활동을 끊임없이 활발하게 진행하고 있습니다. 이 같은 동선동과 종암동 주민자치회의 활약상을 보면 주민자치회 시범사업동이 제비뽑기식으로 무작위로 정해진 것이 아니라 주민의 역량이 남다른 곳이라 선정된 것임을 알 수 있습니다.

이처럼 성북구는 2018년부터 2개 동의 주민자치회 시범사업부터 2021년 성북구 20개 전 동에 주민자치회를 구성하면서 자치활동을 적극적으로 추진한 결과 주민자치의 가능성을 확인할 수 있었습니다.

'생활자치 열공' 성북 주민

이승로 서울 성북구청장이 예비 주민자치회 2기 위원들을 대상으로 하는 '온라인 주민자치학교' 수업에 참여해 주민들에게 인사말을 전하고 있다. 성북구 제공

온라인 깜짝 응원한 구청장

현장 행정

주민과 자치 소통 이승로 성북구청장

주민자치회 2기 예비 위원 수업 도중
"동네 의제 함께 고민하고 해결합시다"
삼선·석관동 등 8개동 주민 460명 교육
주민이 주인인 '자치 1번지'로 자리매김

"삼선동 주민 여러분 안녕하세요. 늦은 저녁 시간인데도 주민자치학교 수업에 참여한 여러분의 열정이 대단합니다. 주민들께서 열심히 논의하신 동네 의제에 대해 함께 고민해서 해결 방안을 마련할 수 있도록 애쓰겠습니다."

이승로 서울 성북구청장이 지난 15일 오후 7시 온라인 상에 '떴다'. 이 구청장은 이날 화상회의 프로그램 줌을 통해 삼선동 주민 55명을 만났다. 온라인에서 이 구청장과 '접속'한 주민들은 주민자치회 2기 위원이 되기 위해 주민자치학교 수업을 듣던 중이었다. 이 교육은 주민자치회 위원으로 선정되기 위해 이수해야 하는 필수 사전 교육이다.

이 구청장은 주민들에게 깜짝 인사를 건네며 "성북구는 '주민자치 1번지'라고 불릴 정도로 주민들이 스스로 지역 문제를 함께 논의하고 해결하는 과정이 활발하게 이뤄지고 있다"면서 "삼선동의 숙원 사업인 주민센터 이전 건립 문제를 비롯해 아동도서관 건립, 공영 주차장 조성 등 여러 동네 의제를 주민들과 함께 논의하며 실행해가겠다"고 말했다.

이 구청장의 말대로 성북구는 자타공인 '주민이 주인인 도시'다. 주민들을 대표하는 주민 위원들로 구성된 주민자치회가 다른 자치구에 비해 활발하다. 주민자치회는 주민들끼리 동네의 문제와 어려움에 대해 논의하고 해결 방안을 스스로 찾는 조직이다. 성북구는 2017년 동선동, 종암동을 시작으로 올해 20개 모든 동으로 주민자치회 활동을 확대한다. 구는 자치에 대한 구민들의 뜨거운 관심을 반영해 주민들의 자치 역량을 강화하고, 주민 자치에 대한 실질적인 이해를 높이는 주민자치학교를 운영하고 있다.

이달 초부터 오는 24일까지 진행하는 이번 교육 대상은 주민자치회 2기 위원을 구성하는 석관동·삼선동·성북동·보문동·정릉2동·길음1동·월곡2동·장위1동 등 8개 동 주민 460여명이다. 교육 내용은 ▲주민자치와 서울형 주민자치사업의 이해 ▲민주적인 회의방법과 공공예산의 이해 등 3시간씩 2강으로 구성돼 있다. 교육을 이수하면 다음 달 위원 추첨 과정을 거쳐 9월부터 주민자치회 위원으로 위촉되며 2년 동안 활동한다.

코로나19 확산 방지를 위해 현재 동별 주민자치학교는 온라인으로 진행하고 있다. 교육 시간대도 주간 및 야간, 평일과 주말 교육 등으로 다양하게 운영해 교육을 신청한 주민들에게 보다 많은 교육 기회를 제공한다. 주민자치학교에 참여한 한 주민은 "코로나19 상황 속에서 처음 접해보는 비대면 수업 방식이 낯설기는 하다"면서도 "이웃 460여명이 함께 교육을 받는다는 소식을 들으니 성북구 주민자치의 발전을 위해 동행하는 사람들이 많은 것 같아 든든하다"고 전했다.

이 구청장은 "앞으로도 현장 곳곳에서 주민이 주체적으로 마을의 문제를 고민하고 해결해 나갈 수 있도록 주민자치회의 성장과 발전을 함께 하는 든든한 지원자가 되겠다"고 밝혔다. 조희선 기자 hscho@seoul.co.kr

'생활자치 열공' 성북 주민 온라인 깜짝 응원한 구청장(서울신문. 2021.7.20.)

코로나19도 주민자치회의 자치활동의 열정을 꺾지는 못했습니다. 코로나19라는 미증유의 국가재난에서도 성북구 주민자치회는 주민들의 자발적인 협력을 이끌어 내고 이웃과 함께 나누며 어려운 시기를 이겨내는 공동체 효능감을 일궈냈습니다.

성북동 주민자치회는 2020년 4월 우울감에 빠진 소상공인들을 응원하기 위해 직접 만든 341병의 도라지 청을 소상공인들에게 전달하는가 하면, 2020년 10월에는 코로나19로 지쳐가는 주민들의 일상을 위로하기 위한 '나의 반려식물 만들기 행사'도 진행하였습니다.

이 행사는 두 개의 화분에 식물을 심은 후 화분 한 개는 반려식물로 자기 자신을 위해 선물하고, 다른 한 개는 이른바 위로식물로 이웃에게 나눠주어 마음을 전하는 방식으로 진행되었습니다. 당시 참여자들로부터 받은 소정의 참가비는 따뜻한 겨울나기 성금으로 전액 기부하여 일석삼조의 효과를 거두었다고 합니다.

이웃과 반려식물을 나누고 참가비는 따뜻한 겨울나기 성금에 기부하는 '나의 반려식물 만들기 행사'를 개최한 성북동 주민자치회

종암동 주민자치회는 자매결연 마을간 훈훈한 상생협력의 본보기를 보여주었습니다. 지난 2015년부터 종암동과 자매도시 관계를 이어온 횡성군 둔내면이 최근 코로나19로 감자 판로확보에 어려움을 겪자 종암동 주민자치회에서 감자 200박스를 판매하여 큰 도움을 주었습니다. 이에 대한 답례로 횡성군 둔내면 주민자치위원회에서는 종암동 주민들을 위해 손수 제작한 면마스크 150장과 필터 20여 장을 보내왔습니다.

장위1동 주민자치회는 어린이용 백신이 개발되지 않은 상황이라 아이들의 안전을 위해 마스크 키트 750세트를 제작하여 장곡초등학교에 전달하였습니다.

출생연도에 따라 요일별로 마스크를 구매해야 했던 마스크 5부제가 실시되자 보문동 주민자치회는 보문동에 위치한 성북구 패션봉제지원센터를 활용하여 주민들과 자원봉사자과 함께 직접 필터교체용 희망보문마스크 1만 6천개를 만들어 주민들에게 전달하기도 했습니다.

보문희망마스크 1만 6천개를 제작하여 전 주민에게 전달한 보문동 주민자치회

이처럼 주민자치회가 도입된 지 이제 4년여 밖에 되지 않았지만 주민들은 생활현장 속의 주민 요구를 기반으로 직접 의제를 발굴하고 실행하면서 일상적으로 주민참여가 이루어지는 생활자치를 경험하였습니다.

지방분권이 시민권력으로 이어지는 진정한 자치분권이 될 수 있도록 우리 성북구는 성북구 주민자치회와 함께 우보호시(牛步虎視)라는 말처럼, 소처럼 뚜벅뚜벅 걸어가지만 호랑이의 시선으로 흔들리지 않고 앞으로도 생활자치를 일궈나겠습니다.

3

보다 많은 시민, 보다 열린 참여

주민이 직접 만든 성북의 미래상, '미래 100년 성북선언'

성북구는 1949년 서울에서 9번째 구로 신설되었습니다. 서울의 한양도성에 인접한 변두리 달동네에서 지금은 인구 43만 명에 연간 8,800억 원에 달하는 재원을 운용하는 동북권 중심도시로 성장했습니다.

성북구는 1970년대에 구 경계를 갖춘 후 2000년대 초반에 길음·정릉뉴타운, 월곡미아지역 균형발전촉진지구, 장위뉴타운 재개발 지정 등 관 주도의 물리적 성장의 대장정이 시작되었습니다. 이 과정에서 여느 도시와 마찬가지로 베드타운형 공간구조로 인해 지역 활력성이 저하되고 도심 공동화 현상의 발생, 지역상권 침체라는 도시문제가 드러나기도 했습니다.

아울러 저출산·고령화 현상, 복지수요에 대한 증가, 4차산업혁명에 따른 시대의 변화로 다양하고 복잡한 도시문제에 직면하게 되었습니다. 이 같은 다양한 사회현상과 도시문제에 능동적으로 대응하고 이를 해결하기 위해서는 현안중심의 단기해결에 집중하는 정책방식은 신속성이나 효율성 면에서 적합하지 않을 수 있습니다.

미래 100년 성북선언문은 이를 극복하고 보다 장기적이고 구조적인 미래예측과 전망으로 주민이 바라는 성북의 미래상을 담아내자는 필요성에서 시작하였습니다. 이처럼 미래 100년 성북선언은 장기적이고 체계적인 미래 예측으로 성북구의 미래 방향을 설정하자는 취지로 주민 80여 명이 '미래 100년 성북선언 준비단'과 '미래 100년 성북선언 준비위원회'을 구성하여 직접 만들었습니다.

미래 100년 성북선언 준비단 1차 워크숍(2019.5.28.)

성북선언 준비단에는 주민 삶과 직결된 복지 · 경제 · 환경 · 안전 · 주민자치 · 문화 · 교육 등 7개 분야별 대표들이 위원들로 참여하였습니다. 성북선언 준비단은 성북의 미래 가치 지향점을 설정하고 두 차례의 워크숍을 통해 성북구에 거주하면서 직면했던 생활의 문제에 관련된 직접적인 사례와 해결 방향을 공유하고, 열띤 토론을 거쳐 미래 100년 성북선언문이 지향해야 하는 핵심가치와 도시의 실천과제를 선정하고 성북선언의 밑그림을 만들어냈습니다.

성북선언 준비단에서 도출된 미래 100년 성북선언문은 다시 구청

홈페이지 등을 통해 주민의 의견을 수렴하고 성북선언 준비위원회의 최종 확인을 통해 전문과 8개의 조문, 65개의 세부과제를 도출하여 바람직한 성북의 미래도시상을 제시하였습니다. 아울러 성북선언은 성북구가 지향해야 할 미래 핵심가치로 '풍요 · 공존 · 균형'을 제시하였습니다.

미래 100년 성북선언 준비단 2차 워크숍(2019.6.12.)

마침내 2019년 7월 2일 '성북구 개청 70주년 및 민선 7기 1주년 기념행사'를 개최한 자리에서 지역 주민이 성북의 미래상을 제시한 '미래 100년 성북선언'을 선포했습니다.

미래 100년 성북선언은 성북의 8대 미래상을 담고 있습니다. ① 관심과 참여로 소통하고 배려하며 다양한 가치가 존중되는 행복도시 성북, ② 인권과 존엄을 먼저 생각하는 복지도시 성북, ③ 생활하는 데 불편과 위험이 없는 살기 좋은 안전도시 성북, ④ 자율성 · 창의성 · 다양성이 존중되는 미래지향적인 교육도시 성북, ⑤ 일상에서 다양한 문화예술을 즐길 수 있는 풍성한 문화도시 성북, ⑥ 미세먼지 없는 쾌적한 환경을 보장하는 환경도시 성북, ⑦ 사람이 중심인 공정하고 따뜻한 공유경제도시 성북, ⑧ 세계인과 함께 더불어 살아가는 국제도시 성북입니다.

미래 100년 성북선언은 관이 주도하는 하향식 의사결정이 아닌 주민들이 집단지성을 통해 자발적으로 바람직한 미래의 도시상과 핵심가치를 이끌어냈다는 점에서 의미가 크다고 할 수 있습니다.

미래 100년 성북선언

우리 성북은 수려한 북한산, 맑은 물이 흐르는 성북천, 정릉천을 품은 역사와 전통이 살아 숨 쉬는 역사문화도시이다. 우리는 선조들이 물려준 아름다운 전통과 역사, 문화, 공동체 정신을 더욱 계승·발전시켜 명실상부한 동북권 중심도시 성북을 후손들에게 물려주고자 한다.

이에 우리 성북구민은 성북의 더 큰 발전과 미래를 만든다는 사명감으로 스스로의 참여로 만든 '미래 100년 성북 선언'을 다음과 같이 선언한다.

- 관심과 참여로 소통하고 배려하며 다양한 가치가 존중되는 행복도시 성북을 만들어 간다.
- 사회적 약자와 더불어 사는 공동체를 이루어가며, 인권과 존엄을 먼저 생각하는 복지도시 성북을 만들어 간다.
- 생활하는데 불편과 위험이 없는 살기 좋은 안전도시 성북을 만들어 간다.
- 자율성 · 창의성 · 다양성이 존중되는 미래지향적인 교육도시 성북을 만들어 간다.
- 주민이 일상에서 다양한 문화예술을 함께 즐길 수 있는 풍성한 문화도시 성북을 만들어 간다.
- 미세먼지 없는 쾌적한 환경과 여가시설을 공유할 의무와 권리를 보장하는 환경도시 성북을 만들어 간다.
- 사람이 중심인 공정하고 따뜻한 공유경제도시 성북을 만들어 간다.
- 글로벌 시민의식 함양으로 세계인과 함께 더불어 살아가는 국제도시 성북을 만들어간다.

아울러 주민이 도시의 주인이자 정치와 행정의 실질적인 주체로 역할 하는 진정한 지방자치를 실현한 멋진 사례라고 할 수 있습니다. 지방분권의 시대에 지역을 구성하고 있는 주체들이 직접 만든 미래 100년 성북을 통해 성북구는 대한민국에서 가장 경쟁력 있는 지속가능한 도시로 발전할 것을 확신합니다.

현장의 목소리를 참여예산으로 담아내다

코로나19에 대응으로 눈코 뜰 새 없는 바쁜 가운데 반가운 소식이 들려왔습니다. 바로 2021년 8월 30일 개최된 '2021 서울시 시민참여예산 한마당 총회'에서 우리 성북구가 시민참여예산 우수실행사업 선정에서 최우수상과 우수상을 받으며 2관왕의 영예를 안은 것입니다.

성북구, 서울시 시민참여예산 3년 연속 '최우수'

초등학교 통학로 개선사업 '최우수'
친환경 열선시스템 구축사업 '우수'

서울 성북구는 시민참여예산 우수실행사업으로 3년 연속 최우수상을 수상했다. (성북구 제공)

서울 성북구(구청장 이승로)가 '2021 서울시 시민참여예산 한마당 총회'에서 시민참여예산 우수실행사업 최우수상, 우수상을 수상하며 2관왕을 달성했다고 30일 밝혔다.

올해로 5회를 맞는 '서울시 시민참여예산 한마당 총회'에서는 주민의 편익을 높이고 도시문제를 해결하기 위해 선정된 시민참여예산 사업들 중에서도 노력도·수혜범위·기여도·지속성이 높은 사업들이 시민들의 투표로 선정됐다.

구는 최우수상과 우수상을 수상하며 3년 연속 시민참여예산에 좋은 성과를 냈다. 이는 주민 생활에 영향을 끼치는 현장의 다양한 문제들을 해결하며 주민의 편익을 높이는 사업을 추진하는 능력을 인정받은 것이다.

최우수상을 수상한 구의 '초등학교 학생들을 위한 안전한 통학로를 만들어주세요' 사업은 성신초등학교 앞 노후하고 평탄성이 불량한 통학로를 재정비하는 사업으로, 저학년이 이용가능한 계단높이로 조정하고, 급경사구간을 저항이 큰 보도블록을 설치하는 등 안전한 통학로를 조성한 사업이다.

우수상을 수상한 '동방고개 열선 설치로 차도 안전! 보행자도 안심!'사업은 경사가 급한 장위동 동방고개에 친환경 열선시스템을 구축해 겨울철 폭설시 선제적 초동제설로 도로결빙을 방지하는 사업이다.

이승로 구청장은 "성북구에서 시작한 사업이 마중물이 되어 서울시민 모두가 혜택을 받을 수 있는 사업으로 확대되기를 바라며, 현장의 목소리가 정책에 반영될 수 있도록 다양한 노력을 펼칠 것"이라 밝혔다.

박창복 기자 parkch@jeonmae.co.kr

서울시 시민참여예산 3년 연속 최우수(전국매일, 2021.8.31.)

올해로 5회를 맞는 '서울시 시민참여예산 한마당 총회'에서는 주민편익을 높이고 도시문제를 해결하기 위해 선정된 시민참여예산사업 중에서 노력도 · 수혜범위 · 기여도 · 지속성이 높은 사업들을 시민투표로 우수사업을 선정했습니다.

서울시민의 총 투표인원 16,614명 중에서 14,305표를 받아 최우수상을 받은 '초등학교 학생들을 위한 안전한 통학로를 만들어주세요'는 노후되어 평탄성이 불량한 성신초등학교 앞 통학로를 재정비하는 사업입니다. 통학로를 저학년 초등학생들이 이용 가능한 계단높이로 조정하고 급경사 구간을 저항이 큰 보도블록을 설치하여 안전한 통학로로 만드는 사업입니다.

전체 투표인원 16,614명 중에서 13,563표를 얻어 우수상을 받은 '동방고개 열선 설치로 차도 안전! 보행자도 안심!' 사업은 급경사인 장위동 동방고개에 친환경 열설시스템을 설치하여 겨울철 폭설이 내릴 때 선제적 초동제설로 도로결빙을 방지하는 사업입니다.

성북구는 올해까지 3년 연속 서울시 참여예산사업에서 최우수상과 우수상을 받으며 생활현장의 문제를 적시적절하게 주민편익사업을 추진하는 능력있는 자치구로 인정받고 있습니다.

우수사업 선정과 별개로 우리 성북구는 2021년도 서울시 시민참여예산사업에서 성북구민이 제안한 사업 49건 약 41억 원이 선정된데 이어, 2022년도 서울시 시민참여예산사업에 총 97개 사업 42억 원이 선정됨으로써 성북구는 서울시 시민참여예산사업에 10년간 총 353억 원을 확보하는 쾌거를 달성하였습니다.

2021년도 서울시 시민참여예산사업 선정, 모바일 투표(2020.8.14.)

성북구와 성북구민이 거둔 서울시 시민참여예산사업에서 독보적인 실적은 모두 현장의 목소리를 직접 경청하고 그 목소리를 정책에 반영하는 과정을 주민들과 투명하게 공유함으로써 주민참여를 활성화했기 때문이라고 할 수 있습니다.

서울시 시민참여예산사업 선정과 관련해서는 다른 자치구들이 성북구를 유독 견제한다는 소문까지 만들어질 정도였다고 합니다. 성북구와 성북구민들이 이러한 저력을 발휘할 수 있었던 것은 성북구 주민참여예산제도가 큰 작용을 했습니다.

주민참여예산제도가 우리나라에 가시화된 건 2002년 민주노동당의 선거공약으로 이 제도 도입을 주장하면서부터입니다. 2004년 광주광역시 북구 등 일부 지방자치단체에서 조례를 제정하여 시작되었으나 상위법령에 근거가 없는 상황이었습니다. 이후 2005년 지방재정법이 주민참여예산제도를 임의규정으로 규정한 후 전국에 확산되었으며, 2011년 3월에는 지방재정법에 주민참여예산제도를 의무규정으로 규정하여 모든 지방자치단체에서 도입하였습니다.

지방자치단체가 독점하고 있던 예산편성 권한의 일부를 주민에게 위임하는 주민참여예산제도는 주민이 직접 참여하여 협의를 통해 공동이익을 추구한다는 점에서 숙의민주주의 방식이라고 할 수 있습니다.

2020년도 주민참여예산사업을 최종 확정한 주민총회(2019.9.30.)

우리 성북구는 이미 주민참여예산제도가 의무화하기 전인 2010년부터 주민참여예산제도를 도입하여 주민참여 도시로 자리 잡았습니다. 제가 민선7기 성북구청장으로 2018년 7월 취임한 이후 2019년도 예산편성에서 성북구 주민참여예산사업에 배정한 예산은 11억 4천만 원이었습니다. 이 예산은 다른 자치구에 비해 규모가 작은 편이 결코 아니었음에도 2019년 1월에 추경으로 새로이 8억 원 규모의 주민참여예산사업을 파격적으로 추가하였습니다.

그 이유는 민선 7기 시작과 함께 직접 주민의 삶의 현장으로 달려가 지역의 숙원사업, 지역문제를 직접 경청하고 해결방안을 모색하는 '현장구청장실'을 운영한 결과 200여 건의 제안이 접수되었기 때문입니다. 현장구청장실 운영을 통해 지역 문제를 주민 스스로 찾아 해결하려는 높은 시민의식을 확인하고 주민참여예산 규모의 확대를 결정하게 된 것입니다.

선거는 민주주의의 꽃이라고들 합니다. 그런데 이 꽃을 피우기 위해서는 뿌리가 대지에 튼튼하게 뿌리박혀 있어야 합니다. 몇 년에 한 번씩 선거에서 행사하는 주권도 중요하지만 더 중요한 건 지역의 문제를 해결하기 위해 정책결정이나 의사결정에 주권자로서 주민이 지속적인 영향력을 행사하는 생활자치가 굳건하게 뿌리를 내리고 있어야 합니다. 참여예산제도의 선두주자로서 보다 많은 시민들이, 보다 열린 참여가 이루어질 수 있도록 생활자치를 구현해 나가겠습니다.

참여하고 상생하는 성북 아파트 공동체

"따뜻한 말과 감사의 마음이 무엇보다 중요하다."
"우월적 지위를 이용해 폭언이나 폭행 또는 막말을 하지 않는다."
"본연의 업무에 충실하도록 힘쓰며, 근무환경 개선을 위해 노력한다."
"정년을 연장하여 고용불안을 해소하고 안정적인 생활을 하도록 하며 서로 상생하도록 노력한다."

성북구아파트입주자대표연합회의 아파트 공동체의 상생의지를 담은 '공동주택 근로자에 대한 갑질 방지선언문' 선포식(2020.7.14.)

주변에서 한 번쯤은 들어봤을 법한 내용 같은데, 막상 구체적으로 들여다보면 어떤 상황에서 나온 것인지 종잡기가 어렵습니다. 바로 성북구아파트입주자대표연합회(성아연)에서 제정한 '공동주택 근로자에 대한 갑질(괴롭힘)방지 선언문'의 내용입니다. 성북구 관내 100여 개 아파트의 전·현직 입주자대표회의 회장들로 구성된 성북구아파트입주자대표연합회는 2020년 7월 14일 위 선언문을 제정하였습니다.

몇 년 전 어느 아파트에서 경비원이 입주민의 괴롭힘으로 인해 극단적인 선택을 하는 등 공동주택 근로자들에 대한 일부 몰지각한 입주민들의 괴롭힘이 사회문제가 되었습니다.

입주민에 의한 갑질사건은 입주민들이 낸 관리비가 공동주택 근로자들의 임금이 되기에 입주민들이 자신을 고용자로 생각해서 피고용인들을 함부로 대해도 된다는 잘못된 인식에서 비롯한 것입니다. 이 같은 인식은 아파트 근로자들의 열악한 근로환경으로 이어질 수밖에 없습니다.

밤샘 근무 사라졌다 '워라밸' 성북 경비원

현장 행정

성북구 공동주택 상생방안 토론회

"반 년간 퇴근제로 삶의 질 향상시켜"
인건비 유지하며 휴식 시간 확대 모색
"최저임금 인상 따른 고용 안정 추진"

"24시간 밤샘 근무에서 퇴근제로 바꾸니 옆 단지에 비해 내년 예상 임금이 많이 낮아졌다. 퇴근제가 경비원들에게 과연 행복을 가져다줄지 의문이다. 한두 시간 더 일하고 돈을 더 버는 게 행복하다고 생각하는 경비원들도 있을 것이다."

"6개월째 퇴근제를 시행하는데 큰 문제 없이 잘 되고 있다. 경비원들도 밤샘 근무가 없어져서 삶의 질이 좋아졌다며 만족해 한다."

지난 21일 오후 4시, 서울 성북구청 4층 성북아트홀에서 열린 '성북구 공동주택 상생 방안 열린 토론회'에선 최저임금 인상과 아파트 경비원 근무 형태에 대해 열띤 토론이 오갔다.

이날 토론회는 최저임금 인상으로 경비원들 고용 안정이 보장되지 않고, 일부 아파트에선 휴식 시간을 늘리는 식으로 인건비를 낮추는 꼼수까지 부려 아파트 입주민과 경비원 간 상생 방안 마련을 위해 개최됐다.

토론회엔 이승로 성북구청장을 비롯해 아파트 입주자 대표, 경비원, 관리소장, 일반 주민, 공무원 등 100여명이 참석해 저마다 합당하다고 생각하는 의견을 냈다.

성북구엔 현재 공동주택 151단지(7만 521가구)에 경비원 826명이 근무한다. 구는 지난 7월 민선 7기 출범 이후 '상생공동체'를 전면에 내세우고, 아파트 경비원 고용 안정 방안을 마련하기 위해 민관 공동 워크숍과 토론회 등을 개최해왔다. 지난 7월엔 서울시·성북구 노동권익센터와 경비원 근무실태 조사 등을 통해 밤샘 근무 없는 '아파트 경비원 근무제 개선안'을 도출해 일부 아파트에 시범 적용했다.

길음뉴타운 4단지(대림아파트)에는 이 안이 잘 뿌리 내려 지난 9월부터 경비원 14명이 오전 6시부터 오후 10시까지 일한 뒤 7명은 퇴근하고 나머지 7명만 오후 10시부터 다음날 오전 6시까지 밤샘 근무하는 것으로 변경해 경비원 절반이 밤샘 근무 없이 자택에서 휴식을 취할 수 있게 됐다.

구 관계자는 "대림아파트는 경비원 24명이 12명씩 2개 조로 나눠 근무하는데 이전엔 1개 조 14명 전원이 24시간 밤샘 근무를 했다"며 "이런 근무 방식이 경비원 삶의 질을 저해한다는 비판이 제기되자 대림아파트는 입주자대표회의에서 주민 의견 수렴을 통해 주민 스스로 근무 형태를 바꾸기로 했다"고 설명했다.

문종찬 서울노동권익센터 소장은 "성북구는 인건비를 줄이지 않고 상생하는 방안을 지속적으로 모색해왔다"며 "전국 지방자치단체의 모범이 될 만하다"고 했다.

이승로 구청장은 "이번 토론회에서 나온 의견을 토대로 '최저임금 인상에 따른 경비원 고용 안정 가이드라인'을 마련해 사회적 약자들이 행복한 삶을 살 수 있도록 하겠다"고 말했다.

김승훈 기자 hunnam@seoul.co.kr

밤샘 근무 사라졌다. 워라밸 성북경비원(서울신문, 2018.11.30.)

성북구아파트입주자대표연합회의 갑질방지 선언문은 이 같은 행태가 잘못된 것이며, 더 이상 공동주택 근로자는 아파트 관리비용이 아니라 입주민과 함께 상생하는 고마운 분이라는 인식전환에서 비롯한 것이라고 할 수 있습니다.

성북구아파트입주자대표연합회는 최저임금 인상으로 아파트 경비원들이 대량해고의 위기에 처했을 때도 근무형태 변경 같은 방법을 활용하여 경비원들의 일자리를 지켜왔습니다. 그리고 2016년에는 경비원에 대한 갑질을 막는 동대표 윤리강령을 제정하였으며, 2020년에는 코로나 극복을 위한 성금을 전달하는 등 함께 살아가는 아파트 공동체를 만들고 있습니다. 이 외에도 성북구아파트입주자대표연합회는 2021년 10월에는 경비원에 대한 갑질을 근절하고 상생문화 제고를 위해 입주민의 약속이라는 포스터와 현수막을 제작해 관내 아파트 130개소에 배포하여 아파트 입주민의 의식전환을 위한 홍보도 진행하였습니다.

급속한 도시화에 따라 아파트는 도시공동체의 단위가 되었습니다. 아파트 공동체는 혈연이나 지연에 기초한 결속형 사회적 자본뿐만 아니라 시민참여, 지역활동, 자원봉사활동에서 나타나는 연결형 사회적 자본의 축적이 가능한 곳입니다.

또한 아파트는 선거로 뽑히는 입주자대표회의, 자생조직인 부녀회 같은 주민조직이 존재하고, 사회경제적 수준이 비교적 비슷한 입주자들로 구성되어 있기에 아파트 단위로 공동체가 형성될 가능성도 아주 높습니다.

이러한 이유로 전문가들은 아파트 입주민과 근로자간 상생을 위해서도, 주민들이 스스로 지역문제에 참여하여 주민자치가 이루어지기 위해서는 아파트 공동체 활성화가 특히 중요하다고 강조하고 있습니다. 아파트 공동체가 활성화된 곳일수록 신뢰, 인적 네트워크 등의 사회적 자본이 쌓이게 되고 이를 통해 입주민들과 근로자간에 고용-피고용인의 관계가 아니라 서로 더불어 살아가는 아파트 공동체의 일부라는 점을 인식할 수 있기 때문입니다. 또한 아파트 공동체는 다시 도시공동체로 이어져 지역발전으로 이어질 수 있습니다.

저 또한 이 점에 동의하고 입주민과 관리원의 상생은 물론 입주민 간에도 서로 배려하는 아파트 공동체문화를 만들기 위하여 아파트 공동체 사업을 지속적으로 확대하였습니다.

공동주택의 주거환경 개선과 주민소통 활성화를 위해 2019년에는 1억 7,000만 원이던 아파트 공동체 사업비를 2021년에는 공동체 활성화사업(52개 단지), 열린 아파트사업(4개 단지), 어르신 보안관사업(51개 단지), 노후 공용시설 개선을 위한 관리지원사업(40개 단지) 4개 분야에 걸쳐 총 6억 500만 원으로 확대하여 총 95개 아파트 단지에 지원하였습니다.

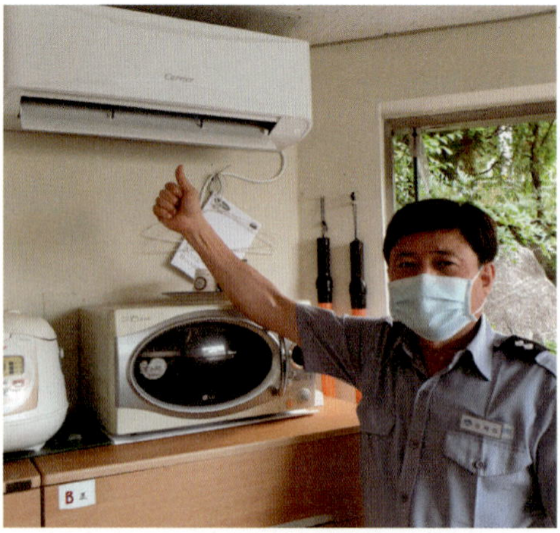

경비원 근무환경개선 지원으로 성북구 아파트 97개 단지의 경비초소 389개소 중 365개소(94%)에 에어컨설치

상생하는 아파트 공동체문화를 만들기 위한 예산지원이 씨앗이라고 한다면, 이 씨앗을 뿌리는 아파트 입주민의 역할도 매우 중요합니다. 해와 비와 바람을 가름하여 씨앗을 뿌리고 키우려면 경험

많은 농부가 필요하듯이, 상생하는 아파트 공동체 문화를 만들려면 역량 있는 시민으로서 아파트 입주민도 필수이기 때문입니다.

아파트 공동체 활성화사업으로 월곡 래미안루나밸리아파트에서 개최한 '코로나19로 지친 우리에게 전하는 희망음악회'(2020.7.17.)

우리 성북구는 아파트 공동체 활성화 공모사업을 체계적이고 효율적으로 이끌어나갈 주민자치 역량향상을 위한 공동주택 리더양성 아카데미를 운영하였습니다. 2011년부터 진행해온 공동주택 리더양성 아카데미는 제14기인 2021년에는 총 30명의 수료생을 배출하였으며, 누적 인원으로는 총 630명이 수료하였습니다. 아카데미는 공동체 이웃의 힘, 갈등관리 등의 특강과 아파트 공동체 우수사례 소개, 아파트 현장탐방, 공동체 활동프로그램 체험 등 총 5강의 다양한 교육 과정으로 구성하여 실질적인 사례교육이 될 수 있도록 하였습니다.

총 14기에 걸쳐 630명이 수료한 성북구 공동주택 리더양성 아카데미(2020.11.10. 제13기 공동주택 리더양성 아카데미 수료식)

성북구 아파트 공동체의 또 하나의 장점은 구청과 아파트 간에 그리고 아파트끼리 서로 네트워크로 연결되어 있다는 점입니다. 성북구는 2018년 10월부터 공동주택관리의 투명성을 높이고 아파트운영과 관련하여 주민참여를 높이기 위해 아파트 주민 소통앱(APP)을 시범운영했습니다. 시범사업은 주민설명회를 거쳐 관내 아파트 12개 단지를 대상으로 주민 소통앱인 e-아파트너를 통해 주민－주민, 행정－주민 간 상시적 소통채널을 구축하였습니다.

시범운영 결과 아파트 관리비를 상시적으로 손쉽게 확인할 수 있고 아파트 공동체 사업에 대한 정보는 물론 아파트관련 실생활 정보도 많아 주민만족도가 높게 나타났습니다. 이에 성북구는 2019년 2월 13일에 아파트 주민 소통앱(APP) 협력업체인 아파트너, 성북구아파트

입주자대표연합회와 함께 아파트 입주민 소통앱(APP) 구축 및 운영에 대한 협약을 체결하고 2019년부터는 이 사업을 본격적으로 추진하였습니다.

이 협약을 통해 아파트너는 성북구 관내 아파트에 콘텐츠를 무상으로 제공하고, 유지관리 보수, 콘텐츠 개발을 지속적으로 수행하며, 성북구는 각종 구정안내 등 공공정보를 제공하고 성북구아파트연합회에서는 사업관련 홍보와 앱관련 모니터링 역할을 수행하고 있습니다.

현재 아파트 주민 소통앱은 성북구 관내 99개 아파트 단지 중에서 72개 아파트단지 52,104세대가 사용하고 있어서 앱 커뮤니티 활성화를 통해 상생하는 아파트 공동체 문화를 만들어 가고 있습니다. 특히 코로나19로 비대면 서비스의 필요성이 강화되면서 입주자대표회의와 아파트 동대표 역량교육까지 비대면 회의로 대체되고, 동대표를 선출할 때도 전자투표 방식을 병행하면서 아파트 소통앱의 편의성이 주민들 사이에 입소문이 퍼지면서 소통채널로 확고히 자리 잡을 수 있었습니다.

앞에서 살펴본 것처럼 '공동주택 근로자에 대한 갑질방지 선언문'을 통해 아파트 입주민들과 공동주택 근로자들의 상생의지를 표명한 성북구아파트입주자대표연합회는 아파트 경비원의 근무능력 향상에도 힘을 썼습니다.

2015년에 이어 2021년 9월에도 성북구청의 공동체활성화 사업 지원금을 받아 경비원 수첩을 발행하여 성북구 관내 아파트 경비원 900여 명에게 배포하였습니다. 이 수첩에는 경비원 근무 일반수칙, 경비원 윤리강령과 함께 경비원 주요 업무로 방범활동, 경비실 근무, 지하주차장 방범활동, 범죄 기도자 발견 착안점, 경찰과 협력체제 유지, 엘리베이터 고장 시 대처방법, 입주민에 대한 친절 서비스 등의 가이드라인을 제시해 경비업무 이해를 돕고 있는 것이 특징입니다.

성북구아파트입주자대표회의 회장, 아파트 공동체활성화 단체회장, 관리소장 등이 참여한 비대면 '성북톡톡 열린구청장실–공동주택'편(2021.2.4.)

그리고 이 외에도 심폐소생술 및 자동제세동기(AED) 사용법, 분말소화기 및 소화전 사용법 등도 담아서 안전사고에 즉각적으로 대처할 수 있도록 하였습니다.

이처럼 상생하는 아파트 공동체 문화를 만들기 위한 성북구와 성북구아파트입주자대표연합회 그리고 아파트 입주민들의 협업 결과 성북구는 6년 연속 '서울시 공동주택 공동체활성화사업 우수사례에 선정되는 성과를 거둘 수 있었습니다.

특히 2020년에는 서울시 안에서 아파트 298개 단지가 참여하여 치열한 경쟁을 뚫고 월곡래미안루나밸리아파트가 영예의 대상을 수상하였으며, 2021년에는 273개 단지가 참가하여 서면 평가와 심사를 거쳐 종암SK아파트가 대상을 수상함으로써 2년 연속 성북구 아파트가 대상을 수상하였습니다.

월곡래미안루나밸리아파트는 공동체 활성화 단체인 '다나눔회'를 중심으로 2016년도부터 공동주택 공동체 활성화사업에 꾸준히 참여하면서 코로나 위기 속에서도 거리두기를 실천하며 돗자리 음악회를 개최하였으며, 경비원 갑질 문제가 사회적 이슈로 대두되자 '같이하는 밥상'으로 경비원 등 공동주택 근로자들에게 음식을 만들어 함께 나누면서 시대흐름에 맞는 공동체 활동으로 상생의 분위기를 이끌어 냈다는 평을 얻었다고 합니다.

2021년 서울시 공동주택 공동체 활성화사업 우수사례에 대상을 수상한 종암SK아파트의 공동체 활성화 프로그램 중 아나바다 장터

2021년 대상을 수상한 종암SK아파트는 1,318세대의 대단지로 공동체 활성화 단체인 SK투게더를 결성하여 '즐거움으로 하나되는 종암SK'라는 모토로 아나바다 장터, 도예교실, 환경영화제 등을 통해 꾸준히 공동체 활성화사업을 진행해 왔습니다.

이처럼 아파트가 도시의 삭막함을 대표하는 이미지에서 벗어나 주민들의 관심과 열정을 이끌어 내어 작은 아파트 공동체문화를 일궈내고, 또 이러한 아파트 공동체문화들이 맞물리고 모여서 서로 배려하고 상생하는 더 큰 공동체를 만드는 한 축이 되었으면 하는 바람입니다.

제2절 더 많은 시민이 누리는 복지

1

생애주기별로 돌봄을 약속하다

더 촘촘하게 더 세심하게, 성북 돌봄SOS센터

2021년 8월 3일은 성북 돌봄SOS센터가 1주년을 맞이한 날입니다. 2020년 8월 3일 첫 서비스를 시작한 성북 돌봄SOS센터는 지난 1년 동안 긴급돌봄이 필요한 주민에게 2,500여 건의 맞춤형 돌봄서비스를 제공하면서 일반 주민은 물론 취약계층의 든든한 버팀목이 되어 왔습니다.

돌봄 SOS센터가 제공하는 서비스는 독립적인 일상생활이 어렵거나 질병이나 사고 등 일시적 위기상황이 발생했음에도 도움을 받을 곳이 없는, 긴급돌봄이 필요한 주민을 위해 공공이 제공하는 맞춤형 돌봄서비스입니다.

돌봄SOS서비스는 돌봄이 필요한 어르신, 장애인, 50세 이상 중장년 주민이 이용할 수 있습니다. 혼자 거동하기 어렵거나 독립적 일상생활 수행이 어려운 경우, 수발할 수 있는 가족 등이 부재하거나 수발할 수 없는 경우 공적 돌봄서비스에서 탈락된 경우에도 이용할 수 있습니다.

51개 돌봄SOS서비스 제공기관 협약식(2021.6.18.)

성북구 거주 주민 중 1인 가구 비중이 40.6%에 달하면서 1인 가구 정책도 주요과제로 떠올랐습니다. 아울러 코로나19 장기화로 인한 돌봄 수요도 급증하고 가족 내 돌봄기능이 약화되면서 사회적 돌봄 욕구가 절실해졌습니다. 이러한 상황을 반영하여 우리 성북구는 신속하게 돌봄지원팀을 신설하고 구민의 다양한 복지 욕구에 대응하였습니다.

성북구 돌봄SOS센터는 사회적기업, 자활기업, 장기요양기관 등 51개 돌봄SOS서비스 제공기관과 업무협약을 통해 코로나 상황에서도 중단 없이 6대 서비스인 일시재가서비스, 식사지원서비스, 주거편의서비스, 동행지원서비스, 단기시설서비스, 정보상담서비스를 제공하고 있습니다.

성북구 돌봄SOS센터의 일시재가서비스로 일상편의를 제공받고 있는 어르신

성북 돌봄SOS센터의 주요 서비스는 돌봐줄 가족이 없는 홀몸어르신을 위한 일시재가 및 식사지원 서비스입니다. 사회적기업인 (주)트리플제이앤파트너스/띠앗나눔이 있습니다. 이 회사는 2015년부터 사랑의 열매, 굿네이버스, 관내 동주민센터와 협업을 통해 중증질환자를 위한 맞춤형 가정식을 지원하는 사업을 하고 있습니다. 사회적 가치를 추구하는 사회적경제의 특성이 주민에 대한 긴급돌봄이라는 지역사회의 필요성과 맞아 떨어져 돌봄SOS센터와 협약을 통해 대상자에게 서비스를 제공하고 있습니다.

이 기관에서 식사지원을 받는 대상자 중 A씨(82세)는 작년 위암 판정을 받고 현재 항암치료를 받고 있습니다. 위암 항암치료의 경우 속이 울렁거리고 구역질이 나는 오심, 구토, 손발 저림 등의 부작용으로 조리나 식사가 어려워 체중감소를 겪는 환자가 대부분입니다.

떠앗나눔은 긴급 식사지원서비스를 통해 항암 부작용으로 식사가 어려운 A씨에게 충분한 영양공급 관리와 함께 지속적인 안부 확인으로 A씨가 혼자서도 힘든 항암치료를 이겨낼 수 있도록 도왔습니다. 덕분에 A씨는 체중이 증가하고 일상생활에 활력을 회복하고 있습니다.

이뿐만 아니라 띠앗나눔은 동주민센터와 연계하여 저소득 취약계층 중 암이나 신장질환 등 질병으로 건강관리가 필요한 80가구에게 주 1회 맞춤형 관리식을 제공하고 있으며, 돌봄SOS 단기 식사지원이 끝난 대상자들이 필요하다면 신청을 통해 지속적으로 지원을 받을 수 있도록 돕고 있습니다.

2018년 성북구가 전국 최초로 시작한 고령친화 맞춤형 주거관리서비스를 확대한 주거편의서비스는 주거 취약가구를 대상으로 가정 내 집수리와 소독과 방역을 실시하여 높은 호응을 얻고 있습니다.

종암동에서는 저장 강박증으로 파지와 고철을 수집하며 집 내부에 쓰레기 더미를 쌓아 두고 살던 70대 남성 B씨의 경우가 그 대표적인 사례입니다. 기초생활 보장 수급자인 B씨는 저장 강박증이 있어 집 안에 쓰레기를 방치하며 생활해 왔습니다. 악취로 인한 민원이 계속 발생하여 이때 나선 것이 복지 플래너와 돌봄 매니저입니다. 이들은 B씨의 집을 여러 차례 방문하여 대화를 이어가면서 정리의 필요성을 인식할 수 있도록 하였습니다. 집을 정리하는 것에 대한 거부감이 높았던 B씨는 차츰 타인에 대한 경계심을 풀고 마침내 정리에 동의했습니다.

복지 플래너와 돌봄 매니저의 꾸준한 노력 끝에 집 정리를 허락받은 돌봄SOS센터는 관련 서비스 제공기관과 연계하여 방치된 쓰레기를 청소하였습니다. B씨는 쓰레기가 사라진 집을 둘러보며 "돌봄SOS

도움 덕분에 새 삶을 살아갈 기회가 생긴 것 같고 앞으로 집을 청결하게 관리하면서 살 것"이라고 다짐했다고 합니다.

B씨의 사례 외에도, 성북형 돌봄SOS센터는 정릉동 가스폭발 사고 수습과정에서도 피해주민의 주거편의를 위한 신속한 서비스로 호평을 받았습니다. 사고 발생 후 SH와 성북구는 피해주민을 위해 신속하게 인근 공가를 확보하고 임시거처를 마련하여 성북 돌봄SOS센터는 주말임에도 피해주민의 일상복귀를 위해 청소와 방역을 실시하여 긴급 주거편의서비스를 제공하였습니다.

성북, SOS 호소 어르신들에 효자 구실 톡톡

'돌봄센터' 1년 동안 2500건 긴급 서비스

홀몸 어르신 식사·백신 접종 이송 등 지원

서울 성북구의 '돌봄SOS센터'가 1년 동안 2500여건의 긴급 돌봄 서비스 제공하는 등 지역 주민의 사랑을 독차지하고 있다. 코로나19가 장기화하면서 지역 곳곳에 위기에 처한 주민이 많이 늘었다는 방증이기도 하다.

성북구는 돌봄SOS센터가 지난해 8월 이후 긴급 돌봄이 필요한 주민들을 위해 제공한 맞춤형 서비스만 2500여건이라고 18일 밝혔다. 구는 코로나19 장기화로 인한 돌봄 수요가 급증하는 상황을 감안해 지난해 돌봄 지원팀을 신설했다. 구 관계자는 "평소 보호자가 없어 일상 생활을 하기 어렵거나, 질병이나 사고 등 일시적인 위기 상황에 처해도 도움을 받을 곳이 없는 주민을 위해 돌봄 서비스를 제공하게 됐다"고 설명했다.

서울 성북구가 지난해 8월부터 긴급 돌봄이 필요한 주민들에게 맞춤형 서비스를 시작한 돌봄SOS센터가 1주년을 맞았다. 사진은 구청 관계자(오른쪽)가 홀몸 어르신의 집을 방문해 식사하는 것을 돕는 모습. 성북구 제공

특히 코로나19의 백신 접종이 본격적으로 이루어진 이후 어르신들을 위해 마련한 동행 서비스가 인기가 높았다. 이 서비스를 이용한 한 어르신은 "자녀들이 직장을 하루 쉬면서 백신 맞는 나를 챙겨야 한다는 점이 마음에 걸렸는데 구에서 백신 접종 장소까지 데려다주니 효자가 따로 없다"고 말했다.

평소 돌봐줄 가족이 없는 홀몸 어르신들을 위한 일시재가 및 식사지원 서비스도 반응이 좋다. 코로나19로 대면 서비스가 중단된 복지관이나 무료 급식소를 대신해 취약 계층 어르신들의 식사를 챙기면서 동시에 안부도 확인한다. 돌봄SOS서비스를 이용하고 싶은 주민은 거주지 동 주민센터에서 신청하면 된다. 기초생활수급자·차상위계층·중위소득 85% 이하 주민은 연간 이용한도 158만원 이내에서 무료로 이용할 수 있다. 이승로 성북구청장은 "성북구민이라면 누구나 위급한 상황에 신속하고 편리하게 공공의 돌봄을 받을 수 있도록 통합 돌봄 기반을 마련하는 데 힘쓰겠다"고 말했다.

조희선 기자 hsncho@seoul.co.kr

성북, SOS 호소 어르신들에게 효자 구실 톡톡(서울신문, 2021.8.19.)

본격적인 코로나19 백신접종과 함께 어르신의 백신예방접종을 위한 동행지원 서비스도 특히 인기가 높았습니다. 부모의 백신접종을 위해 생업을 미루고 하루를 쉬어야 했던 자영업자와 직장인 자녀의 호응은 물론 자녀에게 부담을 주지 않고 안전하게 백신접종을 마친 어르신들은 또 다른 효자이자 효녀라며 성북구를 칭찬했습니다.

6개월에 걸친 돌봄을 통해 코로나19 시대에 발생한 돌봄의 사각지대를 민과 관이 협력하여 해결한 사례도 있습니다. 이 사례는 2020년 보건복지부 산하 한국보건복지인력개발원에서 주최한 '코로나19 지역복지우수사례 공모전' 본선까지 진출하기도 하였습니다.

민과 관이 협력하여 돌봄SOS서비스를 제공한 성북구 돌봄SOS센터는 서울시 복지재단 조사결과 성북구민에게 종합 만족도 90.28점 평가를 받을 정도로 큰 호응을 얻었습니다. 구민의 건강과 복지 증진 차원에서 촘촘하고 통합적인 맞춤형 돌봄서비스를 제공한다는 점에서 돌봄SOS센터의 역할이 매우 크다고 할 수 있습니다. 2021년 1월부터는 20개 전 동주민센터로 동단위 돌봄SOS센터를 확대 설치하여 통합 돌봄의 기반을 마련하였습니다. 성북구민이라면 누구나 위급한 상황에 신속하고 편리하게 공공의 돌봄을 받을 수 있도록 하겠습니다.

방과 후가 달라졌어요, 우리동네키움센터로!

> "이전에는 퇴근 시간이 가까워지면 아이를 데리러 갈 생각에 조바심이 났는데, 지금은 우리동네키움센터에서 아이를 저녁 7시 반까지 돌보고 있어서 마음이 놓여요. 아이도 엄마, 아빠가 안심해서인지 잔소리가 줄어들었다고 좋아하네요."

성북구 우리동네키움센터 제1호인 별별 재미난 교실을 이용하는 초등학생을 둔 어느 아빠의 말씀입니다.

우리동네키움센터는 2018년 2월 서울시가 발표한 '청년의 사랑에 투자하는 서울'의 주요대책 중 하나로 아이를 낳고 기르는 문제를 개인의 책임으로 돌리지 않고 온 마을 돌봄체계를 구축하여 공공책임 보육시대를 열어가기 위해 추진된 사업입니다.

사실 우리동네키움돌봄센터는 우리 성북구에서 시작했다고 해도 과언이 아닙니다. 돌봄은 개인과 가정의 문제로 아니라 우리 사회가 풀어나가야 할 숙제라고 생각해서 이미 우리 성북구는 지방정부를 중심으로 하는 공적 돌봄체계를 전국 최초로 구축하였기 때문입니다. 그리고 이 모델을 서울시가 벤치마킹하여 우리동네키움센터가 만들어졌습니다.

우리 성북구는 2012년 전국 지방자치단체 중 처음으로 길음동 정인교회에서 길음동 꿈나무키우미 돌봄센터를 개소하고 이어서 삼선동, 석관동과 종암동에 구립 꿈나무키우미 돌봄센터를 설치하였습니다. 구립 꿈나무키우미 돌봄센터는 소득 수준에 상관없이 맞벌이 부부나 한부모 등 양육자의 여건으로 보살핌을 받기 어려운 초등학생들을 안전하게 돌보는 역할을 수행하여 방과 후 학습은 물론 특기·적성과 관련한 다양한 프로그램을 운영하고 있습니다.

2021년 6월에 한국보건사회연구원에서 발표한 '사회보장 분야 사각지대 축소와 부정적 지출 관리방안 연구'보고서에 따르면 초등학생 자녀가 있는 학부모의 23.1%는 돌봄이 필요하지만 돌봄을 받지 못하는 '돌봄 사각지대'에 있다고 합니다.

우리 성북구는 초등돌봄 외에도 생애주기별 서비스를 망라하여 통합시스템을 구축하였습니다. 성북구는 대도시 중 유일하게 행정안전부로부터 '저출산 극복 대응 선도 지방자치단체'로 선정되어 2018년 9월에 전국 최초로 저출산 극복을 위한 통합망 '성북 온가족 행복망(sbhappy.sb.go.kr)'을 구축하였습니다.

이 서비스는 중앙정부, 서울시, 성북구 등이 따로따로 제공하던 생애주기별 서비스를 총망라하여 통합 구축한 것으로 임신・출산, 보육・아동, 교육・청소년, 청년・일자리, 문화・건강, 생활・복지, 주거분야 관련 개인별 맞춤서비스를 제공하여 8개로 분류된 생애주기별로 메뉴를 회원 가입 없이 본인 나이, 아이 나이, 성별, 임신 여부 등 간단한 개인정보만 입력하면 이용할 수 있습니다.

영유아 돌봄 및 양육 지원 서비스가 전 계층을 대상으로 하고 있다면, 초등돌봄 서비스는 취약계층과 실수요층을 우선 공급대상으로 하고 있다는 점에 큰 차이가 있습니다. 그동안 우리나라는 0세부터 만6세까지는 어린이집으로 대표되는 영유아 중심 양육서비스에만 집중해 왔습니다.

우리나라의 초등학생에 대한 공적 돌봄서비스 제공률은 13.9%로 경제협력개발기구 평균 28.4%의 절반에도 미치지 못하고 있습니다. 영유아기와 초등학생 시기의 공적 돌봄서비스 공급환경의 차이는 부모의 일과 가정을 양립하는 어려움으로 이어지게 됩니다.

2019년 KB 금융경영연구소가 발표한 '2019 한국 워킹맘 보고서'에 따르면 고등학생 이하의 자녀를 둔 직장 여성 2,000명 중 95%가 퇴사를 고민한 경험이 있다고 답했으며, 이 중에서 50.5%가 자녀가 초등학교를 다닐 때였다고 합니다.

아울러 한국개발연구원에서 발표한 '여성 경제활동 증가에 대응한 초등돌봄 체계 개선방안'보고서에 따르면 자녀가 초등돌봄을 이용하면 여성의 근로 참여확률이 미이용자에 비해 7.8% 포인트 높아진다고 합니다.

우리 성북구는 돌봄 문제를 적극적으로 대응하기 위해 노원구, 도봉구, 마포구와 함께 우리동네키움센터 시범사업구로 선정되어 2016년부터 운영해 온 기존 틈새 돌봄기관을 전환하여 2018년에 제1호 '별별 재미난 교실'의 문을 열었습니다.

장곡초등학교 주택가에 위치한 별별 재미난 교실은 초등학생을 대상으로 생활 · 놀이 · 숙제 · 독서지도, 간식 제공 등 아이들이 건강하게 성장할 수 있는 환경을 제공하고 있습니다. 정원 32명이 항상 꽉 차 있고 10명 정도가 항상 대기할 정도로 인기가 높다고 합니다.

별별 재미난 교실을 이용하는 학생들은 골목청소단으로 직접 활약하며 키움센터 앞 가꿈주택길 가꾸기를 하고 있어서 지역구성원으로서도 한몫을 톡톡히 하여 박수를 받고 있다는 소식도 전해들을 수 있었습니다.

성북구 제1호 우리동네키움센터 '별별 재미난 교실'의 놀이 프로그램

성북구 우리동네키움센터 개설현황

연번	시설명	유형	행정동	주소	정원	개소연월
1	1호점	일반형	장위1동	돌곶이로37길32-4	29	2019.01.
2	2호점	융합형	석관동	화랑로214	35	2020.12.
3	3호점	일반형	동선동	아리랑로27-3	30	2021.09.
4	4호점		장위2동	장위로40다길10	30	2021.03.
5	5호점		정릉2동	아리랑로19다길12	30	2021.09.
6	6호점		돈암2동	아리랑로89 일신건영아파트내	30	2021.10.
7	7호점		길음1동	길음로118,404-101	20	2021.10.
8	8호점		길음2동	숭인로50,센터피스	26	2021.03
9	9호점		정릉4동	보국문로16길2,2층	29	2021.03.
10	10호점		종암동	종암로25길29 성북마을사회적경제센터내	30	2021.09.
11	거점형		종암동	회기로3길17	미정	2022.06.

표에서 볼 수 있는 것처럼 우리동네키움센터는 규모와 성격에 따라 일반형, 융합형, 거점형 센터가 있습니다. 일반형 키움센터는 소규모로 집과 학교에서 걸어서 10분 거리에서 방과 후 돌봄서비스를 집중적으로 제공합니다. 그리고 융합형은 중규모로 일반형의 돌봄 역할 외에 마을 돌봄자원을 연계하는 역할이 추가되었습니다. 거점형은 기존 초등돌봄시설보다 더 넓은 공간에서 문화, 예술, 체험 등 다양한 프로그램을 제공하면서 권역별 키움센터 뿐만 아니라 지역사회의 돌봄기관을 통합지원하는 지역대표형으로 조성됩니다.

우리동네키움센터는 부모의 소득수준과 상관없이 월 5만 원 이내의 저렴한 가격으로 맞벌이나 한부모 가정 초등학생 자녀들의 방과 후나 방학, 휴일 등의 틈새보육을 메워주면서 학부모는 물론 초등학생들에게도 큰 인기를 얻고 있습니다.

석관동에 소재한 우리동네키움센터 제2호의 우크렐라 프로그램

우리동네키움센터는 코로나19가 장기화된 상황에서도 긴급돌봄 해결사 역할을 톡톡히 하고 있습니다. 부모님은 모두 출근하고 학교도 문을 닫은 상황에서 센터가 오전부터 문을 열어 긴급돌봄을 제공하고 있기 때문입니다.

우리 성북구는 우리동네키움센터와 구립 꿈나미키우미 돌봄센터 이외에도 소득 수준과 상관없이 방과 후에 시간제 돌봄을 필요로 하는 초등학생을 대상으로 지역사회의 작은 도서관, 주민커뮤니티, 협동조합 등 아동이 생활하는 근거리 마을자원 14개소를 활용하여 틈새돌봄도 제공하고 있습니다. 틈새돌봄 역시 아동을 대상으로 생활 및 숙제지도, 책놀이 등 다양한 교육, 돌봄, 문화서비스를 제공합니다.

'초등 방과 후 돌봄서비스 이용 유형이 돌봄 공백에 미치는 영향'이라는 연구논문에 따르면 학원·과외 등 사적 서비스를 이용하는 경우 아동이 혼자 있는 시간이 증가하였지만, 공적 돌봄서비스를 이용하는 아동의 혼자 있는 시간은 감소하였다고 합니다. 또한 학원을 다니더라도 공적 돌봄서비스를 함께 이용하거나, 공적서비스를 여러 개 이용하는 경우에도 아동이 방과 후 혼자 있는 시간이 줄어들었다고 합니다. 이 연구의 결과처럼 아동의 방과 후 돌봄공백의 위험을 줄이기 위해서는 공적 돌봄서비스의 역할이 무엇보다 중요함을 알 수 있습니다.

아울러 공적 돌봄체계가 제한될수록 돌봄의 책임이 가족에게, 특히 여성에게 집중되기 때문에 사회의 정의, 민주주의 차원에서라도 돌봄에 공적 책임이 이루어져야 한다는 지적처럼 공적 돌봄체계가 지속적으로 확대되어야 합니다.

2021년 3월 기준으로 우리 성북구에서 돌봄이 필요한 초등학생은 24,120명입니다. 기존 구립 꿈나무키우미 돌봄센터 4개소, 지역아동센터, 초등학교 돌봄교실을 포함하여 민선 7기에 확충한 우리동네키움센터 10개소를 모두 더한다 하더라도 돌봄시설을 이용하고 있는 초등학생은 총 3,476명으로 초등학생의 공적 돌봄서비스 비율이 14%에 불과한 실정입니다.

우리동네키움센터를 포함한 돌봄서비스를 이용하는 초등학생은 물론 학부모까지 만족도가 매우 높은 만큼 공적 돌봄서비스를 지속적으로 확충하여 돌봄공백을 메우고 사각지대 없는 보편적 돌봄을 실현하도록 하겠습니다.

2

성북이 책임지는 활기차고 안전한 노후

청년이 고치고 어르신이 살다. 고령친화 맞춤형 주거관리서비스

성북구는 2018년 전국 최초로 고령자 맞춤형 주거관리서비스 사업을 시작하여 2020년까지 2년 동안 주거취약 어르신 255가구를 대상으로 모두 1,030건의 서비스를 제공했습니다. 시·구비 6억 5천만 원을 투입하여 어르신들에게는 안전한 주거공간을, 청년들에게 취업기회를 제공함으로써 고령사회를 대비하고 청년일자리 창출이라는 두 마리 토끼를 동시에 잡을 수 있었습니다.

고령친화 맞춤형 주거관리서비스 사업의 핵심은 가구와 복지시설 등을 중심으로 지원했던 무장애 기반 개조서비스를 어르신 가구로 서비스 대상을 확대한 것입니다. 이 사업은 집이 낡아서 수리하는 것과는 달리 사람이 연로하여 집을 고령친화 맞춤형으로 수리함으로써 고령 어르신의 안전을 위협하고 자립생활을 방해하는 요인을 제거하는 사업입니다. 아울러 일반적인 집수리 기술인력으로는 해결하기 어려운 고령자 주거문제를 서울시와 손잡고 창의적인 발상으로 청년 일자리와 연계하여 청년인재를 양성하는 휴먼서비스 기반 프로젝트입니다.

연세대학교 주거환경학과 이연숙 교수와 함께 고령친화 맞춤형 주거관리서비스사업 기자회견 (서울시청 브리핑룸 2019.6.25.)

이 사업은 관내 경로당으로 찾아가 어르신들을 만나면서 각종 사고를 당해 거동이 불편해진 어르신들이 요양원으로 떠나는 것을 보고 착안하게 되었습니다. 대부분의 어르신들은 자신이 살던 곳에서 계속 살기를 원하지, 인생의 말년을 요양원처럼 낯선 환경에서 보내길 원하지 않는다는 점을 알 수 있었습니다.

대부분의 어르신들에게 거주시설인 집은 여생을 보내고 싶은 위안의 공간이기도 하지만 낙상 등 주요 안전사고가 발생하는 위험한 공간이기도 합니다. 한국소비자원에 따르면 고령자 안전사고 가운데 63.4%가 주택에서 발생했다고 합니다. 이 중 56.4%가 낙상사고였으며, 또한 65세 이상 어르신의 약 30%가 적어도 1회 이상의 낙상을 경험한 것으로 나타났습니다.

서울의료원이 응급실을 찾은 낙상환자를 대상으로 한 설문조사는 안전사고를 겪은 고령자는 사고 재발에 대한 두려움으로 활동량이 현저히 줄어들어 삶의 질 저하를 겪었다고 보여주었습니다.

이 같은 상황임에도 어르신들은 낡고 불편한 주택을 개조하고 싶어도 제대로 된 정보를 얻기도 힘들뿐더러 금전부담이 크기에 주저하게 되는 것이 현실입니다.

이러한 여건을 반영하여 성북구는 고령자의 더 나은 삶을 위한 주택개조와 위생적인 주거환경을 지원하기 위해 고령친화 맞춤형 주거관리 사업을 실행할 청년 인재 16명을 선발하여 청년사업단을 만들었습니다.

이연숙 연세대 주거환경학과 교수도 이 사업에 참여하여 이론과 교육분야를 총괄하여 기초이론교육 140시간, 현장실습교육 160시간 총 300시간의 특화된 교육과정을 개발하였습니다. 아울러 지원대상자 상담과 조사를 위한 선정도구 등 일련의 실태조사-계획수립-시공에 이르는 표준화된 과정도 만들었습니다.

청년사업단은 사회안전문화재단, 두꺼비하우징, 도성하우징, 한국정리수납협회 등에서 초고령화 사회에 대한 이론적인 배경학습과 집수리, 정리 및 수납, 청소 및 방역 분야에서 총 300시간의 전문적인 주거관리 인력양성 프로그램을 이수하고 지역에서 주거환경개선이 필요한 저소득가구를 대상으로 현장 감각을 키워가며 고령친화 맞춤형 주거관리 전문가로 성장할 수 있었습니다.

성북구청이 고령친화 맞춤형 주거관리서비스를 시작하자 지역사회가 사업의 지속성과 확장성을 위해 모금을 제안하여 1,000만 원이라는 기금도 모았습니다. 그러자 동지역사회복지협의체도 나섰습니다. 협의체는 거동이 불편한 어르신을 찾아 생활물품을 지원했습니다.

청년이 고치고 어르신이 산다… 성북의 '쌍방향 복지'

현장 행정

주거복지문화 대상 받은 이승로 구청장

'고령친화 맞춤형 주거관리서비스' 사업
일자리 창출·공공서비스 확충 일석이조
"주거·돌봄 연계, 지역사회로 확산되길"

"고령자의 주거 지원과 돌봄서비스의 연계를 강화하는 성북구의 작은 도전이 지역사회 곳곳으로 확산되길 바랍니다." (이승로 성북구청장)

주거환경을 바꾸기 어려운 노인의 집을 찾아 맞춤형 시공을 해 주는 서울 성북구의 '고령친화 맞춤형 주거관리서비스'가 16일 2020 주거복지문화대상에서 대상을 받았다. 이날 시상식은 코로나19 확산으로 온라인으로 진행됐으며 주거복지문화운동본부가 주최하고 행정안전부가 후원했다.

고령친화 맞춤형 주거관리서비스는 성북구와 서울시가 협력해 새로운 일자리 창출과 공공서비스 확충을 위해 시작한 사업이다. 일반적인 집수리로는 해결하기 어려운 노인의 집을 청년이 참여해 개조, 위생적인 주거환경 조성 등을 수행하는 프로젝트다.

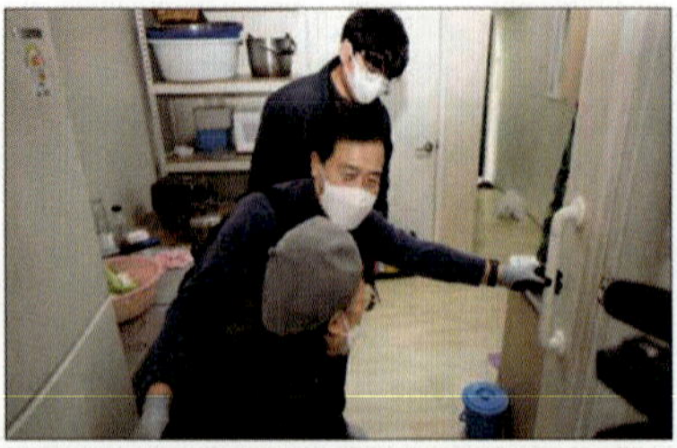

서울 성북구의 고령친화 맞춤형 주거관리서비스를 통해 청년사업단이 지난달 백모 할머니의 집 화장실 입구에 손잡이를 설치했다. 이승로(가운데) 성북구청장이 백 할머니에게 관련 내용을 설명하고 있다. 성북구 제공

성북구와 26명의 청년사업단은 지난해부터 주거 취약 노인 255가구를 대상으로 모두 1030건의 서비스를 제공했다. 낙상 예방을 위한 주택 개조와 생활밀착형 간편 집수리, 주택 에너지 효율 개선, 코로나19 예방을 위한 방역서비스 등을 통해 고령자 삶의 질을 높였다.

청년사업단은 노인의 장애유형, 주거유형, 이동방법, 주거생활 행위 및 공간 적합성 등을 조사하고 수요자 맞춤형 공사를 담당했다. 동 지역사회보장협의체는 노인들에게 생활물품을 지원하고 9개 민간 자원봉사단체도 청년사업단을 도왔다. 사고로 허리를 펼 수 없는 임모(83) 할머니를 위해 싱크대 높이를 낮추고 수전도 임 할머니에게 편한 위치로 옮겼다. 또 안방, 거실, 욕실 등에 안전손잡이를 달았다. 하체가 마비된 60대 아들과 함께 사는 조모(93) 할머니 집은 바닥의 단차를 없애고 안전손잡이를 달았다. 조 할머니는 "평생 피 마를 날 없던 아들의 무릎이 이젠 말끔해졌다"며 "어떻게 은혜를 갚아야 할지 눈물만 난다"고 말했다.

청년사업단으로 일한 김진구씨는 "집을 고치기 위해 어르신과 상담을 진행할수록 이 분야의 경력을 쌓는다는 느낌보다는 사람에 대한 이해를 더 깊게 하게 됐다"며 "이 경험을 바탕으로 보다 전문적인 분야로 성장시키고 싶어 사회적기업으로 창업을 준비하고 있다"고 말했다. 이승로 성북구청장은 "이번 상엔 주거복지 문화 확산에 더 노력해 달라는 당부의 뜻이 들어 있다고 생각한다"며 "앞으로도 현장 중심 행정을 통해 일상생활에 위험이 없는 안전한 성북을 만들어 가도록 노력하겠다"고 밝혔다.

윤수경 기자 yoon@seoul.co.kr

주거복지문화 대상을 받은 고령친화 맞춤형 주거관리서비스(서울신문. 2020.12.17.)

상월곡동 동아에코빌 아파트 주민들은 성북구 아파트 공동체 사업비를 지원받아 아파트에서 나온 폐가구를 재활용하여 침대 보조발판, 맞춤형 탁자나 의자와 같은 고령자 낙상을 방지할 수 있는 생활가구를 제작하여 후원했습니다. 이 외에도 성북구 자원봉사센터와 성북금우봉사단, 고려대 해비타트 등 9개의 민간봉사단체 회원 176명은 청년사업단과 연계하여 도배, 장판 교체, 싱크대 교체 등 집수리 봉사를 펼쳤습니다.

성북구의 지역사회가 함께 모여 복지생태계를 만든 것입니다. 아이를 키우려면 온 마을이 필요하다는데, 어르신 한 분의 안전을 지키기 위해 온 마을의 자원이 모였다고 할 수 있습니다.

청년사업단은 지원대상자와 소통을 하며 장애유형, 주거유형, 이동방법, 주거생활 행위 및 공간 적합성 등을 조사하여 수요자 맞춤형 시공계획을 수립하여 시공했습니다.

고령자 사고 중에 47.2%로 가장 많은 비율을 차지하는 것은 미끄러져 넘어지는 사고이고, 그 중 19.6%가 화장실과 욕실에서 발생한다는 통계를 감안하여 미끄럼 방지, 보행안전 손잡이 설치를 기본으로 하여 문턱 없애기, 수납공간 설치, 높낮이 조절 등 주택을 안전하게 개조하고 청소, 방역, 정리 수납까지 지원함으로써 위생적인 주거환경도 조성하였습니다.

주거관리서비스를 받은 어르신들은 본인의 신체 상황을 반영하여 주거생활에서 불편했던 부분을 해소한 것에 대해서 매우 만족했습니다.

하체가 마비되어 집안을 기어서 이동해야 했던 60대 아들과 함께 사는 96세의 조모 어르신의 집에는 문턱을 제거하는 시공을 했습니다. 시공 후의 모습을 본 조 어르신은 청년사업단의 손을 잡고 "이제 평생 무릎에서 피가 마를 날이 없었는데, 무릎이 멀쩡해졌다."라며 눈시울을 붉히며 고마운 마음을 전했습니다.

싱크대 높이 조정

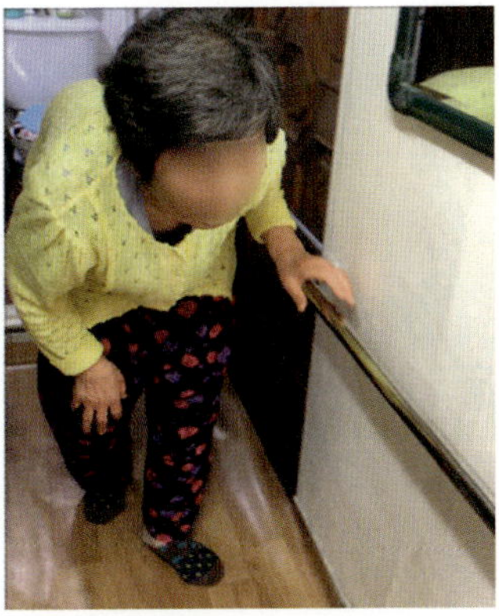

안전손잡이 설치

삼선동에 거주하는 83세의 임모 어르신은 교통사고로 척추와 골반을 다쳐 허리를 펼 수 없는 상태였습니다. 최근에는 의자를 딛고 올라서 싱크대에서 물건을 꺼내다가 떨어져 갈비뼈가 부러지는 사고를 당하기도 했습니다. 임 어르신의 주거환경을 살펴본 청년사업단은 싱크대 위치를 낮추고 수도꼭지도 사용하기 편리한 위치에 설치하였습니다. 안방과 거실은 물론 욕실에 동선을 따라 안전손잡이도 부착하였습니다.

지금까지 살펴본 것처럼 성북구 고령친화 맞춤형 주거관리서비스는 살던 집에서 품위 있게, 자립적으로 살면서 여생을 보내는 것을 선호하는 고령자의 바람과 고령사회 유망분야 취·창업을 지원함으로써 청년일자리 문제까지 동시에 해결하여 사회적 비용까지 줄일 수 있는 사업입니다.

주거관리서비스에서 이론교육 분야를 총괄했던 연세대 주거환경학과 이연숙 교수가 “고령자가 건강하게 자립으로 생활할 수 있도록 주거환경을 지원하면 안전사고로 인해 발생하는 약 1조 3000억 원의 의료비를 낮출 수 있을 뿐만 아니라 요양시설을 중심으로 대처했던 선진국 실패를 반복하지 않을 수 있다.”라고 강조한 것처럼, 고령자 맞춤형 주거관리서비스 사업에 드는 비용은 가구당 300만 원 정도가 소요되었지만 이 금액은 어르신들이 낙상사고로 입을 피해를 감안하면 사회적 비용을 아낀 예방비용이라고 할 수 있을 것입니다.

우리나라보다 먼저 초고령사회에 진입한 일본에서 약 300가구의 고령친화형 주택개조를 이끌어 온 오사카시립대학의 우에다 히로유키 교수는 성북구의 고령친화 맞춤형 주거관리 서비스 현장을 방문한 적이 있습니다. 이 자리에서 그는 “일찍이 초고령사회를 대비해

온 일본조차도 고령친화 주택개조를 위한 표준 매뉴얼은 마련하지 못했다."면서 "늦게 시작했으나 지방정부 차원에서 체계적으로 준비하는 성북구의 모습이 매우 인상적"이라고 평가하기도 하였습니다.

자신이 살던 동네와 집에서 필요한 돌봄을 받는 여생을 희망하는 고령자의 바람과 초고령사회 유망분야로의 취업과 창업을 바라는 청년의 희망을 연계하여 대한민국에 새로운 주거복지문화에 단초를 제공한 공로로 우리 성북구는 행정안전부가 후원하는 '2020 주거복지문화대상'에서 기관부문 종합대상을 수상하였습니다. 앞으로도 성북구는 초고령사회와 저성장시대에 대비하여 어르신 주거복지와 청년의 일자리를 연계하는 사업을 지속적으로 발굴해 나가도록 하겠습니다. 아울러 청년사업단으로 성북구 맞춤형 주거관리 분야에서 역량을 키운 청년들이 사회적 기업가로 성장할 수 있도록 아낌없는 후원을 약속드립니다.

어르신 여가시설 업그레이드 성북!

현대 사회는 의학기술의 발달과 건강관리에 대한 인식으로 평균수명이 늘어나 노령인구가 계속 증가하는 추세입니다. 이에 따라 오늘날 어르신들은 여러 가지 노인문제에 당면해 있으며, 평균 수명의 연장과 역할 상실로 인해 야기된 어르신의 여가는 노후의 생활시간 활용이라는 관점에서 큰 비중을 차지하는 노인문제로 등장하게 되었습니다.

어르신의 여가활동은 건강과 삶의 질을 결정하는 중요한 활동으로 정서적으로 긍정적인 영향을 미치게 하고, 여가활동은 사회적 역할 상실에 따른 고독감을 해소하고 자아 정체성을 유지하게 하는 아주 중요한 요소라고 합니다.

이에 따라 어르신들의 여가활동에 대한 욕구는 증가하고 있으나 이에 비해 제공되는 여가활동을 위한 시설은 질로 보나 양으로 보나 매우 미흡한 실정입니다.

대표적인 노인여가시설인 경로당은 어르신들이 거주하는 집과 가까운 곳에 위치하여 가장 손쉽게 이용할 수 있습니다. 하지만 시설이 협소하고 체계 잡힌 프로그램이 부족한 실정이라 경로당은 어르신들의 여가활동 욕구를 충족시켜 주기에는 부족합니다. 이에 비해 어르신 복지관은 접근성은 떨어질 수 있으나 지역주민의 다양한 욕구를 충족하는 대표적인 서비스 기관으로 다양한 복지서비스에 대한 욕구를 동일한 장소해서 해결 가능하다는 점에서 그 중요성이 커지고 있습니다.

우리 성북구는 이러한 상황을 인식하여 어르신들이 건강하고 활기찬 여가생활을 즐길 수 있도록 어르신 복지관을 지속적으로 확충하였습니다.

종암동에 위치한 성북노인종합복지관은 하루 평균 1,500명이 이용하는 성북구 유일한 노인종합복지관입니다. 1999년 문을 연 성북노인종합복지관은 개관한 지 20년이 넘어서면서 시설이 낡고, 이용하는 어르신들이 많아지자 공간도 협소해 시설을 확장하고 리모델링을 해달라는 요청이 계속 제기되어 왔습니다. 이에 따라 우리 성북구는 서울시와 협력하여 2016년 별관 건립을 결정하고 복지관 본관에서 멀리 떨어져 있지 않은 부지를 매입하여 2018년 10월 착공에 들어갔습니다. 이후 11개월에 걸친 공사를 거쳐 2019년 8월에 별관을 연면적 289.8m^2, 지상 3층 규모로 완공하였습니다.

성북노인종합복지관의 별관 1층에는 사무실 · 물리치료실, 2층에는 생활실 · 프로그램실, 3층에는 생활실 · 식당 · 조리실 · 세탁실이 조성되었습니다. 그리고 본관 4층 주간보호센터도 옮겨와 본관 4층의 활용도를 높일 수 있었습니다.

성북노인종합복지관 본관 리모델링 및 별관 신축개관식(2019.8.27.)

별관 신축과 함께 본관의 층별 공간 재배치와 리모델링 공사도 추진했습니다. 지하 경로식당 조리실과 식사공간을 확장하고 1층은 지니카페와 건강놀이터로 탈바꿈하였습니다. 2층은 어르신 바둑장기실을, 3층에 소강당 규모의 프로그램실을 만들고, 4층에는 탁구실과 물리치료실로 새롭게 꾸몄습니다.

성북노인종합복지관 본관 리모델링과 별관 신축과 함께 구립 석관실버복지센터의 리모델링도 추진하였습니다. 2009년에 처음 문을 연구립 석관실버복지센터는 현재 약 2,000여 명이 회원으로 등록되어 있으며, 하루 평균 어르신 250여 명이 이용하는 구립 어르신 여가복지 시설입니다.

2020년 4월 주민공청회를 통해 센터 이용자들로부터 회원 수가 늘어나 공간이 부족하고 로비가 협소해서 대기 공간이 없다는 의견을 확인하였습니다. 이후 주민참여예산사업을 통해 예산 6,500만 원을 확보한 후 코로나19로 인한 휴관기간을 활용하여 리모델링을 진행하였습니다.

기존 1층 강의실은 공간이 협소하여 프로그램 운영이 비효율적으로 이루어졌으나 증축을 통해 현재 33명이 수업 가능한 공간으로 조성되었습니다. 2층 테라스는 비와 눈 가림막을 새로이 설치하여 어르신 쉼터로 조성하였습니다. 강당은 복도와 구분 없이 하나의 공간을 반으로 나눠서 사용하던 것을 하나의 공간으로 통합하고 따로 복도를 내어 화장실과 테라스를 이용하던 어르신들로 인한 수업방해 요소를 제거하였습니다.

2019년 6월에는 구비 36억 원을 투자하여 삼선 실버복지센터가 새롭게 문을 열었습니다. 삼선 실버복지센터는 권역별 소규모 구립 노인복지관 건립의 일환으로 삼선동에 건립되었습니다.

삼선실버복지센터를 건립하게 된 배경은 성북노인종합복지관이 종암동에, 실버복지센터 4개소가 석관, 월곡, 장위, 정릉동에 위치하여 삼선, 성북, 보문동 지역에 어르신 여가복지시설이 부족한 실정이라 성북구의 균형발전 측면에서 추진하게 되었습니다.

삼선실버복지센터는 4층 규모로, 1층에 어르신 일자리와 연계한 카페와 어르신 DJ가 선곡하는 음악 방송실, 2층과 3층에는 프로그램실과 건강관리실, 그리고 4층 강당으로 이루어졌습니다. 2019년 7월 4일과 5일 이틀에 걸쳐 진행된 오리엔테이션에는 무더위가 무색할 정도로 이틀 동안 어르신 350여 명이 참석하여 삼선동 지역에 새로이 문을 연 여가복지시설에 대한 관심을 보여주었습니다.

삼선실버복지센터 프로그램인 스트레칭 & 방송댄스

삼선 실버복지센터의 위탁운영을 맡은 있는 단체는 배우 정보석씨가 이사장으로 있는 사단법인 다원문화복지재단입니다. 정보석 이사장은 반듯한 외모와 지적인 모습으로 1980년대 '만찢남(만화를 찢고 나온 남자)'으로 불렸던 유명배우입니다.

지난 추석 때는 저도 정보석 이사장과 삼선실버복지센터의 프로그램 중 하나인 삼선다방 추석특집 영상으로 함께 민요 '달아 달아 밝은 달아' 멜로디에 맞춰 어르신들에게 인사를 드렸습니다. 난생 처음 단발머리에 추억의 교복 분장을 한 모습이 어색해서 쑥스러웠지만 이내 정보석 이사장과 함께 막춤을 곁들여 '달타령'을 신나게 따라 부를 수 있었습니다.

다원문화복지재단 정보석 이사장과 함께 진행한 2021년 추석 특집영상

정보석 이사장은 사회복지공동모금회의 1억 원 이상 기부자 모임인 아너 소사이어티 회원이기도 합니다. 이 자격으로 2019년 청와대를 찾았을 때 문재인 대통령은 정보석 이사장에게 "마음도 보석"이라는 덕담을 건넸다고 합니다.

정보석 이사장은 우리 성북구에서도 미담제조기입니다. 지난 추석 때는 코로나19와 싸우는 의료진에게 5천만 원 상당의 루왁커피를 선물로 보내기도 했습니다. 마음도 보석인 정보석씨는 정말 성북구의 보석이라고 할 수 있습니다.

어르신 여가시설이 부족한 보문동 지역에도 구립 실버복지센터가 조만간 설치될 예정입니다. 성북구는 보문동에 소재한 대한불교 보문종 보문사와 구립 실버복지센터 건립을 위해 2021년 7월 12일 구립 실버복지센터 설치·운영을 위한 업무협약을 체결했습니다.

이번 협약을 통해 비구니 스님들의 수행도량인 보문사는 지역사회의 어르신들을 위해 사찰을 개방하고 성북구는 별도의 건립비용을 들이지 않고 어르신 복지센터 공간 1,412㎡를 확보하였습니다.

대한불교 보문종 보문사와 구립 실버복지센터 설치를 위한 업무협약식(2021.6.30.)

성북구는 이 공간을 20년 동안 무상으로 사용하여 리모델링을 통해 구립 실버 복지센터가 2024년 12월 개관 예정입니다. 이 센터에는 어르신 쉼터 등 노인 여가복지시설과 일자리 알선을 위한 노인일자리 지원기관 등이 입주할 계획입니다.

고령화 사회에 대비하고 지역 균형발전차원에서라도 보문사에 건립되는 구립 실버복지센터는 반가운 선물이라고 하지 않을 수 없습니다. 성북구를 대표하는 전통사찰의 하나인 대한불교 보문종 보문사가 지역의 긍정적 변화를 위해 소중한 사찰을 열어주신 것에 대해 다시 한 번 감사의 말씀을 드립니다.

앞으로도 우리 성북구는 증가하고 있는 어르신들의 여가활동에 대한 욕구에 부응하여 여가시설을 지속적으로 확충하고 다양한 프로그램을 마련하여 우리 어르신들이 건강하고 활기찬 노후생활을 보낼 수 있도록 노력하겠습니다.

제4장

균형의 가치–더 편안한 동네

❶ 성북의 균형발전을 이끌다

❷ 도시경쟁력은 교통이다

❸ 고질적인 주차문제를 해결하다

❹ 도로 열선으로 주민의 마음을 녹이다

1

성북의 균형발전을 이끌다

성북의 공간적 불균형을 해소하다

서울과 지방, 강남과 강북의 균형발전의 문제는 어제 오늘의 일이 아닙니다. 고도의 집중성장 과정에서 나타난 집중과 지속성으로 인해 그 격차는 계속 심화되었습니다. 이러한 점은 성북구 내에서도 마찬가지입니다. 우리 성북구는 갑과 을이라는 국회의원 지역구가 두 개 있습니다. 성북 갑은 종로, 동대문 등 도심과 인접해 있고 성북 을은 노원, 중랑 등 서울시 외곽과 가까운 편이다보니 문화시설과 복지시설 이용측면에서 격차가 있는 게 사실입니다.

성북구민은 성북구 어디에서 거주하든지 균등한 삶의 편리를 누릴 수 있어야 합니다. 대한민국 헌법 전문에서는 '정치 · 경제 · 사회 · 문화의 모든 영역에 있어서 각인의 기회를 균등히 하고, 능력을 최고도로 발휘하게 하며, 자유와 권리에 따르는 책임과 의무를 완수하게 하여, 안으로는 국민생활의 균등한 향상을 기하고'라고 하여 '균등'이라는 단어를 두 번이나 사용하고 있습니다. 앞의 균등이 기회의 균등을 말하고 있다면, 뒤의 균등은 결과의 평등까지 말하는 것으로, 이것은 균등, 즉 평등이 우리 헌법에서 민주주의와 더불어 가장 중요한 가치라는 것을 의미한다고 합니다.

따라서 주민의 권익보호와 권리증진이 가장 기본적인 책무인 지방정부는 주민들에게 '기회를 균등히'하여, '국민생활을 균등한 향상'이 될 수 있도록 주민들에게 균등한 삶의 기회를 누릴 수 있도록 해야 합니다.

아울러 지속가능한 도시성장 관리를 위해서도 도시의 균형발전은 필수적이라고 할 수 있습니다. 생활SOC(생활밀착형 사회기반시설)은 보육, 의료, 복지, 교통, 문화, 체육시설 등 일상생활의 필수 인프라로 구민의 편익을 증진시키는 각종 시설을 말합니다. 따라서 도시의 발달과정에 따른 공공서비스의 공간적 불균형을 해소하여 생활SOC를 균형 있게 조성하여 주민들의 삶의 질을 높이는 것도 지방정부의 기본 책무라고 할 수 있습니다.

우리 성북구가 미래성북이 지향하는 가치로 균형, 공존, 풍요를 정책방향으로 설정하고 제1의 가치로서 균형을 강조하며 생활SOC를 추진하는 이유이기도 합니다.

그렇다고 생활SOC의 공급량을 무조건 확대하는 것만으로는 생활수준의 공간적 불균등을 해소할 수 없습니다. 또한 한정된 재원으로 인해 무한정 늘릴 수도 없습니다. 균형발전을 위한 기계적인 배분은 자원의 비효율적인 배분을 낳을 수 있기 때문에 어디에, 어떠한 방식으로 공급하는지가 중요합니다.

우리 성북구는 사전에 현장구청장실, 사회지표조사 등 다양한 방식으로 주민들의 의견을 반영하여 생활SOC사업을 추진함으로써 시설의 활용도와 이용률을 높일 수 있었습니다.

생활SOC사업 대부분은 대규모 예산이 수반되는 투자사업으로 국·시비 지원 없이 성북구의 노력만으로 실행될 수 없었습니다. 예를 들자면 서울성북 미디어문화마루 건립에는 약 290억 원에 이르는 예산이 소요되었습니다. 이 예산을 온전히 우리 성북구만 감당한다면 절대 추진될 수 없었을 것입니다.

"3년 동안 편의시설 80여곳 늘려 균형발전 이끌어"

구청장의 '엄지 척' 권역별 생활기반시설 확충해온 이승로 성북구청장

주민 삶의 질 나아지도록 권역마다
문화·체육 등 생활SOC사업 추진해
이달 길음 성북미디어문화마루 개관
성북·장위동 문화공간 들어설 계획

현장구청장실 열어 주민 의견 듣고
정비사업 많은 지역 특성 적극 활용
기부채납, 빈집 등 연계해 부지 마련
정부·의회 등 협력 끌어내 재원 확보

21일 현장구청장실 온라인으로 재개
주민 제안 관련 현장 사진 답사 뒤
화상회의로 해결 방안 함께 모색해
"남은 임기 동안 숙원사업 잘 마무리"

3년 동안 편의시설 80여 곳 늘려 균형발전 이끌어(한겨레, 2021.5.28.)

외부재원 확보를 위해 정부, 서울시, 구의회 등 성북구를 둘러싼 구성원들의 능동적이고 주체적인 참여와 협력이 필수였습니다. 그리고 이 과정에서 정치인으로서 성북구의원 7년, 서울시의원 4년과 구청장으로서 주민 삶의 현장 최일선을 누비며 주민의 손과 발이 되어 삶의 문제를 해결해 온 경험은 참여자간의 중재와 협상을 이끌어 내는 데 도움이 되었습니다.

아울러 정비사업이 많은 지역특성을 감안하여 재개발 등으로 인한 기부채납 부지, 빈집 등 유휴 부지로 사업부지를 확보하였으며 복합

시설화를 시도하여 부지의 효율성을 높일 수 있었습니다.

이러한 노력의 결과로 민선7기 3년 반 동안 성북구는 장위석관 보건지소, 서울성북 미디어문화마루 등 80여 곳이 넘는 생활SOC 기반 시설을 확충할 수 있었습니다. 장위석관지역 세대통합 보건지소는 성북구 사회지표조사 등을 통해 상대적으로 보건의료 서비스 취약지역으로 확인된 곳입니다. 기존 성북구 보건소와 보건지소가 월곡동, 동선동, 정릉동에 위치하여 장위동과 석관동은 보건의료서비스 접근성이 상대적으로 열악한 지역입니다.

재개발이 추진 중인 장위동지역에 신규입주가 시작되면 젊은 세대 유입을 통한 영유아 수요의 대폭 증가가 예상되어 장위석관지역에 영유아부터 성인, 어르신까지 다양한 세대를 위한 공공보건 기반시설로 지난해 5월에 준공하였습니다. 코로나19로 개소가 늦어지긴 했지만 빠른 시일 내에 구민 건강증진을 위한 다양한 프로그램으로 구민 여러분에게 찾아가도록 하겠습니다.

서울성북 미디어문화마루가 위치한 길음동 부지는 길음뉴타운 재개발사업을 통해 조성되어 나대지로 방치된 채 지역주민으로부터 주민편의시설 조성을 원하는 민원이 꾸준히 제기되어 온 곳입니다. 2014년부터 긴 시간을 거쳐 오랜 숙원사업이었던 미디어문화마루가 드디어 운영을 시작하여 매우 설레는 마음입니다.

서울성북 미디어문화마루는 주민의 일상생활과 밀접한 필수 인프라를 지원하는 복합문화공간이자 주민 누구나 미디어 무료교육·활용이 가능한 방송미디어 기반을 구축하고 미디어 분야의 창의적 인재 양성을 지원하는 광역 미디어 거점시설입니다.

서울성북 미디어문화마루는 코로나19로 인해 2021년 12월부터 순차적으로 시설을 운영하고 있습니다. 시설이 문을 열면서 대규모 문화복합공간이 우리 집 앞에 들어서는 것에 대한 기대감으로 가족·친구들과 마실 나오듯 내부를 둘러보고 가시는 분들도 많이 있습니다.

서울성북 미디어문화마루의 글빛도서관

제일 먼저 문을 열었던 글빛도서관은 북카페 같은 따뜻하고 편안한 분위기에 영어원서 및 교육자료 등 인근 지역의 수요를 고려한 신간자료 구성으로 임시개관 1주일 만에 5천권이 대출되는 등 주민에게 좋은 반응을 얻고 있습니다. 특히 수려한 인테리어 덕분에 인스타그램, 블로그 등 SNS로 인증샷을 공유해 주시는 주민이 많아 미디어문화마루를 알리는 데 역할을 톡톡히 하고 있습니다.

꿈빛극장은 2021년 4~5월 코로나 방역 수칙을 준수하며 개관 페스티벌 공연을 개최했습니다. 바이올리니스트 한수진의 리사이틀은 예매 1시간 만에 매진될 정도로 폭발적인 반응이었고, 다른 공연도 거리두기 좌석을 제외하고는 관객으로 가득 차며 새로운 전문공연장에 대한 기대감을 보여주었습니다. 공연내용과 시설에 높은 만족감을 표현했던 관객들이 다음 공연티켓을 추가 구매하는 등 양질의 문화공연을 관람할 수 있는 기회에 감사를 표하기도 했습니다.

코로나19로 인해 서울성북 미디어문화마루 시설 중 마지막으로 개방한 물빛 수영장은 자유수영 운영 첫날 매진사태로 발걸음을 되돌리는 주민이 많았습니다. 기존의 공공수영장 보다 편리한 접근성과 쾌적한 시설이 강점으로 향후 코로나 상황이 안정되면 다양한 프로그램 강습으로 주민의 기대에 부응해 나갈 계획입니다.

길음뉴타운 일대의 풍부한 수요에도 불구하고 서울시 다른 지역과 대비하여 낙후된 문화인프라를 가지고 있던 동북권 지역에 공연장, 도서관, 수영장, 미디어시설 등이 개관하며 주민들의 일상을 보다 풍요롭게 하고, 다양한 세대가 함께 즐길 수 있는 지역대표 문화시설이자 랜드마크로 자리매김하고 있습니다.

향후에는 현재 한성대입구역 인근에 공사 중인 창작연극지원센터와 건립 타당성 용역 중인 장위동의 성북 문화예술회관과 더불어 성북구의 문화발전의 축을 이루는 데 구심점이 될 것으로 기대합니다.

종암 박스파크는 어둡고 지저분해서 방치되었던 고가 하부구간이 주민을 위한 공간으로 재탄생한 곳입니다. 종암 박스파크가 자리 잡은 종암 사거리는 내부순환도로와 북부간선도로의 고가가 두 군데로 나뉘는 지점으로, 도시공간의 재창조를 통해 시끄럽고 지저분한 교통섬이라는 악조건을 극복하고 주민 커뮤니티 공간으로서 지역명물로 자리 잡았습니다.

종암 박스파크는 설계 공모 당시 "목재구조의 가벼움과 경쾌함으로 고가하부의 경직성을 상쇄한 독창성 있는 작품"이라는 평가를 받기도 했습니다.

생활 체육·힐링…고가하부의 재탄생

서울, 이곳 성북구 종암 박스파크

방치된 채로 외면받던 고가 하부가 도심 속 주민을 위한 공간으로 재탄생을 준비하고 있다. 성북구 종암사거리 내부순환로 아래 '종암 박스파크'가 바로 그곳이다. 그늘지고 삭막했던 교통섬에 어떤 흥미로운 변화가 이루어지고 있을까.

종암 박스파크가 자리 잡은 종암사거리는 내부순환도로와 북부간선도로의 고가가 두 군데로 나뉘는 지점에 있다. 월곡동과 종암동의 중심부를 가로지르는 고가도로는 인접한 거리에도 불구하고 두 지역을 단절되게 했다. 주위로 많은 차량이 교차하며 시끄러운 소리와 먼지에 고스란히 노출된 교통섬이다. 그간 간이 무대나 분수 등을 설치하며 사람들의 이목을 끌어보려 했지만 제대로 활용되기 어려웠고, 그저 목적지에 가기 위해 무심히 스쳐 지나가는 공간에 지나지 않았다.

성북구는 외면받고 버려졌던 고가 하부 공간의 잠재적 가치에 주목했다. 방치된 공간은 다른 한편으로는 다양한 공간 수요에 대응할 넓은 가용지가 될 수 있었다. 시끄러운 교통섬은 누구나 쉽게 찾아와서 문 두드릴 수 있는 공간으로 무한한 가능성을 갖고 있었다.

고가 하부의 유휴공간에 주민을 위한 다목적 시설을 구상하며 때마침 서울시에서 추진 중이었던 고가 하부공간 활용사업 후보지에 선정돼 본격적인 사업 추진에 날개를 달았다. 수차례 공청회를 열어 시설 조성과 운영에 관해 이야기를 들었다. 정밀안전진단을 해 안전 문제도 꼼꼼히 챙겼다. 교통섬이라는 악조건을 극복하고, 정릉천 산책로 등 주변 자연환경과 조화롭게 이어지도록 목재를 이용한 미니멀 디자인의 박스파크는 이렇게 탄생했다.

종암 박스파크는 단층 건물로 크게 두 공간으로 구성됐다. 함께 어울려 누리는 공간이라는 의미의 어울마루에서는 단체 위주 체육활동과 각종 행사와 공연을 할 수 있다. 이보다 작은 규모의 다락(樂)마루는 다양한 즐거움을 누리는 공간이라는 뜻으로 소규모 체육활동과 주민 커뮤니티 시설로 이용할 수 있다. 공간을 잇는 통로와 마당은 자유롭게 사람들이 박스파크를 드나들며 소통하는 공간이 될 것이다.

종암 박스파크는 5월부터 임시운영을 하고, 이른 여름쯤 주민들에게 본격적으로 찾아갈 예정이다. 임시운영 기간에는 생활 체육 연습 공간으로 개방하고, 인근 주민자치회와 연계한 프로그램도 열 예정이다. 또한 코로나19 시대에 대응하는 비대면 체육 활동 영상 촬영도 한다.

정식 개관 전이지만 벌써 이용에 대한 문의가 이어지며 지역주민들의 눈이 종암 박스파크로 모이고 있다. 주민 생활 체육 공간으로, 지역을 연결하는 축제의 장으로, 주변 환경과 연계한 쉼과 힐링의 장소로 가변적이고 탄력적인 공간은 누구나 자유롭게 찾아와 박스파크의 의미를 다채로운 방향으로 확장해나갈 것이다.

종암 박스파크의 주인공은 주민이다. 단절을 잇고 침체한 공간에 생명력을 불어넣는 고가 하부의 변신에 마지막 퍼즐을 끼워줄 주인공들의 입장을 기다린다.

정수임 성북구 문화체육과 문화기획팀 주무관

사진 성북구 제공

생활체육·힐링… 고가하부의 재탄생(한겨레. 2021.4.30.)

종암 박스파크는 지역주민의 다양한 공간수요를 적극적으로 반영하여, 크게 두 공간으로 나뉘어 구성되었습니다. 함께 어울려 누리는 공간이라는 의미를 담은 어울마루에서는 체육활동과 각종 공연이 이루어지는 곳이며, 이보다 작은 다락(樂)마루는 소규모 체육활동과 주민 커뮤니티 시설로 이용 가능합니다.

종암 박스파크는 2021년 하반기부터 임시운영을 하고 주민들에게 본격적으로 찾아갈 예정이었으나, 2021년 7월 5일부터 코로나19의 완전한 종식을 위해 '성북구 코로나19 예방접종 제2센터'로 활용되어 개관이 늦어졌습니다.

백신접종이라는 임무를 완료한 이후 종암 박스파크는 그동안 내부순환로를 기점으로 지역 간 단절된 지역생활권을 연결하는 지역 커뮤니티 역할로서 지역축제와 소모임 등 다양한 형태로 이용할 수 있도록 하여 인근 주민들의 삶을 풍요롭게 하는 쉼과 여가의 공간으로 재탄생할 것입니다.

이 외에도 월곡 청소차고지 지하화 및 복합문화체육시설 건립, 내부순환로 월곡 하향램프 설치, 불법 유해업소가 즐비했던 삼양로 일대를 길음 청년창업거리로 조성하는 지역 내 숙원사업들도 차질 없이 추진되고 있습니다.

월곡 청소차고지는 설계공모 및 용역이 진행 중이고, 내부순환로 월곡하향램프는 서울지방경찰청 교통안전규제심의를 통과하고 현재 하천부의 관로 이설공사를 진행하고 있습니다. 삼양로와 미아리 일대 불법유해업소도 계속 줄어들고 있으며 각각 청년창업거리 조성과 신월곡1구역 주택재개발 사업이 순조롭게 진행되고 있습니다. 코로나19로 어려운 상황이지만 43만 구민 모두가 행복한 성북을 향한 도전을 더욱 새롭고 알차게 준비해 나가겠습니다.

한국 연극문화의 상징인 대학로도 변화의 파고를 막지는 못했습니다. 둥지 내몰림(젠트리피케이션)의 영향으로 유서 깊은 공연장들이 폐관하고 소극장들도 밀려나는 위기를 겪게 되었습니다. 이로 인해 많은 창작 연극인들이 마음 놓고 연습을 하고 연극을 무대에 올릴 수 있는 공간을 마련하지 못하는 어려움을 겪어야만 했습니다. 이에 서울시와 성북구는 창작공연단체들을 위해 소극장 임차료 지원, 창작 연습 공간 대관 등의 창작 활동 지원을 넘어 창작공연계를 활성화할 수 있는 근본적인 방법을 고민해 왔습니다. 그 결실이 바로 창작연극지원센터(가칭)입니다. 서울시가 건물 건립에 필요한 비용을 모두 부담하고 우리 성북구가 구유지를 무상으로 제공하였습니다.

2022년 한성대입구역 인근에 개관예정인 창작연극지원센터

2022년 완공을 목표로 한성대입구역 근처에 지하 2층 지상 6층 규모로 짓고 있는 창작연극지원센터는 기획부터 제작, 연습, 공연, 홍보

까지 모든 과정을 지원하는 창작 연극 전용 지원시설로 운영될 예정입니다. 사무실과 회의실, 공연 규모에 맞는 연습실, 측무대와 후무대가 설치돼 모든 연극을 시연할 수 있는 250석 규모의 연극 전용 극장과 다양한 형태의 연극을 실험할 수 있는 200석 규모의 블랙박스 극장이 지어지고 있습니다. 창작연극지원센터가 완공되면 대학로 일대의 젊은 창작 연극인들은 저렴한 가격에 시설을 이용할 수 있을 것입니다.

창작연극지원센터에는 연극인뿐만 아니라 우리 구 주민들과 함께 하는 시설도 마련될 것입니다. 북카페, 전시실, 세미나실, 회의실, 시민문화연극교실과 각종 편의시설이 들어서 창작 연극인과 시민이 함께 하는 문화예술 거점으로 자리 잡을 계획입니다.

서울시 자치구간 균형발전도 필요하다

서울시는 자치구간 재정불균형이 극심함에 따라 1995년부터 자치구간 세원불균형을 완화하는 방안으로 시세와 구세간 세목교환 방안이 등장하였습니다. 이후 2005년부터는 재산세 공동과세 방안이 등장하여 마침내 2007년 7월 국회에서 지방세법 개정안이 통과되어 재산세 공동과세 제도가 도입되었습니다.

이에 따라 서울시 자치구세인 재산세를 서울시와 자치구간 공동으로 과세권을 갖게 되었습니다. 재산세 공동과세는 서울시와 자치구가 각각 50%의 과세권을 갖고 서울특별시분 재산세를 다시 25개 자치구에 균등하게 배분하는 방식입니다.

당시 서울시의 보도자료(2007.7.6.) '서울시 재산세 공동과세 확정, 자치구간 격차 해소'에 따르면 '서울시 자치구간 세원불균형은 재산세액의 차이가 그 주요원인으로 작용하고 있으며, 2007년 현재 최고구와 최저구간 지방세수의 격차가 14.8배에 이르고 있고, 재산세의 과표현실화가 끝나는 2017년에는 25.1배에 이를 것으로 전망되는 등 불균형이 더욱 심화되어 행정서비스의 격차 또한 더욱 커지게 되는 문제점'으로 재산세 공동과세제를 도입 필요성을 설명하고 있습니다.

당시 오세훈 서울시장도 재산세 공동과세를 통해 자치구간 균형발전이 촉진되고, 시민들의 행복지수가 전반적으로 높아질 것으로 기대한다고 평가하였습니다.

재산세 공동과세가 시행되기 전 재산세 수입의 최고구인 강남구와 최저구인 강북구의 차이는 17배의 차이가 있었지만 2008년 제도시행으로 이 격차는 6배 수준으로 완화되었습니다. 이처럼 재산세 공동과세 납세자인 서울시민의 입장에서는 세금 부담의 증가 없이 재정력이 약한 자치구 시민의 경우 더 많은 행정서비스를 제공받게 됨에 따라 서울시 자치구간 재정격차를 완화하여 균형발전차원에서 큰 기여를 하게 됩니다.

당시 재산세 공동과세로 재산세 수입이 줄어든 강남구, 서초구, 중구가 헌법재판소에 국회를 상대로 낸 권한쟁의심판을 청구했으나, 헌법재판소는 재판관 9명 전원일치로 합헌결정을 내리며 청구를 기각했습니다. 헌법재판소는 '조세를 어떤 기관에 귀속시킬 것인지에 대해서는 과세근거, 징수 효율성, 재정상태 등을 고려해서 국가정책으로 결정할 사항'이라고 합헌이유를 설명하면서, '재산세를 반드시 기초자치단체에 귀속시켜야 할 헌법적 근거나 당위성이 없으며, '재정충족도가 100%를 훨씬 넘는 이들 3개구는 재산세 수입이 줄더라도 재정충족도를 유지할 수 있다.'고 덧붙였습니다.

서울시가 과세하는 재산세 공동과세율은 2008년 40%, 2009년에는 45%, 2010년에는 50%로 단계적으로 인상한 이후 현재까지 50%의 비율을 유지하고 있습니다. 문제는 주택가격이 지속적으로 상승하여 재산세 공동과세 도입 당시 강남구의 재산세 규모가 2,560억 원에서 2020년에는 6,512억 원으로 약 4,000억 원이 늘어난 반면, 강북구는 175억 원에서 298억 원으로 증가하여 약 120억 원 증가에 그쳐 강남·북 간 격차가 계속 확대되고 있다는 점입니다.

2019년 4월 한국고용정보원이 발표한 '지역의 일자리 질과 사회경제적 불평등' 보고서에 따르면 서울의 경우 소득, 직업, 학력, 종합적인 일자리 질 모든 측면에서 강남·북지역 간 양극화가 뚜렷한 것으로 나타났습니다.

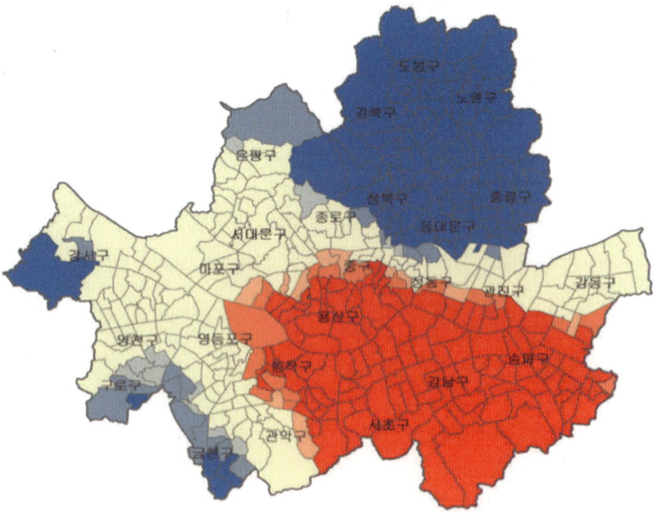

한국고용정보원이 발표한 "지역의 일자리 질과 사회경제적 불평등" 중 일자리 질 종합지수(붉은색은 지표 상위계층 밀집. 푸른색은 하위계층 밀집을 의미함)

강남·북간 격차는 2021년 2월 서울시가 발표한 '서울시 지역내 총생산 보고서'에서도 확인할 수 있습니다. 이에 따르면 2018년 서울시 경제성장률은 3.6%로 2010년 이후 최고치를 기록했지만, 높은 성장률만큼 지역간 격차도 아주 높았습니다. 자치구별 지역내총생산 규모는 가장 큰 강남구는 69조1860억 원으로 가장 규모가 작은 강북구 3조 2,070억 원의 21.6배 수준으로 나타났습니다.

이 같은 극단적인 강남·북 격차를 해소하고 재정불균형을 완화하기 위해 서울 강동을 이해식 의원은 2020년 12월 지방세법에 따라 산출된 재산세액 중 서울특별시분 재산세액을 100분의 50에서 100분의 60으로 조정하는 내용을 골자로 하는 지방세기본법 개정안을 발의했습니다. 서울시 강남·북간 불균형을 완화하여 균형발전을 이루어질 수 있도록 재산세 공동세율을 상향하는 지방세기본법이 조속히 통과되기를 기대합니다.

재산세 공동과세가 수평적 재정불균형을 완화했다는 평가를 받는다면 지방소비세율 인상은 수직적 재정불균형을 완화하는 것이라고 할 수 있습니다.

지방분권에 대한 강한 의지를 표명한 문재인 정부는 자치분권 종합계획을 발표하고, 1단계 재정분권 완료, 지방일괄이양법 제정, 주민주권 구현의 토대를 마련한 지방자치법 전부개정, 자치경찰제 도입을 위한 경찰법 개정하였습니다.

특히 재정분권 1단계에서 국세인 부가가치세 중 지방소비세의 세율을 기존 11%에서 21%로 인상하는 결정을 통해 연간 약 8조 5천억 원의 지방세가 확충되는 효과를 거두어 자치분권 2.0 시대의 기틀을 마련하였습니다. 그리고 2단계 재정분권의 일환으로 지방소비세 비중을 2020년 21%에서 25.3%로 조정하는 지방재정 혁신방안을 발표하였습니다. 이에 따르면 지방소비세는 4조 1000억 원이 늘어나는 효과를 가져와 국세와 지방세의 비율도 2018년 78 : 22에서 2023년 72.6 : 27.4로 개선될 예정입니다. 평균 50.4%에 불과한 지방자치단체의 재정자립도 등 재정여건을 고려하여 지방소비세율이 지속적으로 인상되어 본격적인 자치분권 2.0시대를 뒷받침하기를 기원합니다.

2

도시경쟁력은 교통이다

왕십리에서 상계동까지 25분, 동북선 도시철도

서울시는 전국에서 도로와 도시철도 등 교통망이 가장 촘촘하고 효율적으로 운영되고 있는 곳입니다. 그런데도 여전히 도시철도를 이용하기 어려운 교통 소외지역이 존재하는 것도 사실입니다. 성북구도 예외는 아니었습니다. 성북구는 4호선의 혼잡도가 200%에 달하는 열악한 도시철도 소외지역으로 심각한 대중교통난을 감수해야만 했습니다.

실제로 성북구는 도시철도 소외지역에 있는 주민의 교통 불편을 해결하기 위해 2006년 7월 최초로 장위지역 지하철 연장을 건의하면서 동북선 도시철도의 발화선이 되기도 했습니다. 이를 통해 오랜 염원이었던 동북선 도시철도가 10여 년 만에 건설되고 있습니다.

서울 동북선 경전철은 13.4km 구간으로 노원구 상계역에서 성동구 왕십리역까지 이어지는 도시철도입니다. 동북선 도시철도 건설 계획은 2007년 6월 서울시 10개년 도시철도 기본계획에 담겨 서울 동북부 교통난을 해소할 것으로 기대되면서 주목받았지만 여러 가지 이유로 10년 넘게 속도를 내지 못했습니다.

처음 경전철을 추진하던 당시에는 경전철이 아닌 중전철을 건설해야 한다는 주장과 경전철을 건설해야 한다는 주장이 맞섰습니다. 중전철의 경우 승객 수송능력은 더 높지만 예산이 많이 소요되어 언제

이루어질지 불투명했으며, 경전철의 경우에는 그 시기를 훨씬 앞당겨 성북구 교통의 획기적인 전기를 마련할 수 있다는 것이 전문가들의 의견이었습니다. 주민의견은 처음에는 중전철이 우세하였으나 결국 경전철로 결정이 되었습니다. 당시 저는 성북구경제발전추진 공동위원장을 맡아 서명운동을 벌여 약 2만 5천여분의 주민들이 동참하여 주신 덕분에 경전철 추진에 탄력이 붙을 수 있었습니다.

서울시의원 시절부터 저는 동북선 경전철이 하루빨리 추진될 수 있도록 목소리를 높여왔습니다. 특히 우선협상 대상자였던 경남기업이 기업회생절차에 들어가면서 주민들의 불안이 높아지자 동북선 도시철도 사업이 정상적으로 추진되기 위해서는 관계부서가 적극적으로 노력하고 추진 과정에 대하여 주민들에게 설명하고 불안감을 해소해야 한다고 주장했습니다.

이를 위해 2016년에는 '동북선 경전철 민간 투자사업 주민설명회'를 개최하여 주민들의 관심과 기대, 그리고 사업 부진에 대한 우려를 확인하고 다양한 의견을 들었습니다. 또한 2017년에는 '서울 동북선 경전철 정상 추진을 위한 긴급 간담회'를 열기도 했습니다. 그 자리에서 저는 실시협약이 그해에 이루어질 수 있도록 서울시 관계자에게 적극적으로 요청하기도 했습니다.

이를 통해 서울 동북선 도시철도의 윤곽이 드러났습니다. 동북선 도시철도는 총 16개의 지하 정거장과 차량기지 1곳이 들어설 예정이며, 왕십리역(2호선, 5호선, 경의중앙선, 분당선), 제기동역(1호선), 고려대역(6호선), 미아사거리역(4호선), 월계역(1호선), 하계역(7호선), 상계역(4호선) 등 총 7개 역에서 기존 수도권 전철로 환승도 가능합니다.

동북선 도시철도의 16개 정거장 가운데 우리 성북구에는 104정거장(고려대역, 6호선 환승), 105정거장(숭례초등학교 앞), 106정거장(종암경찰서), 107정거장(미아사거리역, 4호선 환승), 108정거장(창문여고 앞), 109정거장(북서울 꿈의숲)이 세워질 계획입니다.

동북선 도시철도는 원래 정거장 출입구가 계단으로 계획되었습니다. 하지만 주민편의를 위해 에스컬레이터 설치를 건의했고 성북구 내 모든 정거장 출입구에 최소 1개 이상의 에스컬레이터 설치를 추진하였습니다. 또한 미아사거리역에는 새로운 출구도 개통하여 더욱 많은 주민이 더욱 편리하게 4호선과 경전철을 이용할 수 있도록 하였습니다.

동북선 도시철도 공사 성북 구간 착착 진행

금년 본격적 지하공사 앞두고 기초공사 현장 공개…성북구 동북선 최초 건의

성북구(구청장 이승로)가 동북선 도시철도 성북구간의 본격적인 지하공사를 앞두고 공사현장을 공개했다.

구는 도시철도 소외지역 관내 주민의 교통불편을 해소하기 위해 동북선 도시철도를 최초 건의한 바 있다.

동북선 16개소 정거장 중 성북구간은 6개 정거장이다. 104정거장(고려대역 6호선 환승), 105정거장(숭례초등학교 앞), 106정거장(종암경찰서), 107정거장(미아사거리역, 4호선 환승), 108정거장(창문여고 앞), 109정거장(북서울 꿈의숲)이 예정돼 있다.

이중 105정거장(종암우체국, 숭례초교앞), 108정거장(월곡래미안아파트, 창문여고앞), 108환기구(북서울꿈의숲)가 오는 2025년 완공을 목표로 공사에 박차를 가하고 있다.

구는 당초 정거장 출입구가 계단으로 계획됐던 것을 주민편의를 위해 에스컬레이터 설치를 건의했으며, 관내 모든 정거장 출입구에 최소 1개소 이상 에스컬레이터 설치를 추진하기도 했다.

동북선 도시철도 성북구간의 본격적인 지하공사를 앞두고 있는 공사현장(108환기구, 105정거장, 108정거장) 모습.

이승로 성북구청장은 "동북선 도시철도가 개통하면 성북구를 비롯해 서울 동북권 지역의 도시철도 이용편의가 향상되고 교통혼잡이 완화돼 지역경제 활성화는 물론 지역 발전에 크게 기여할 것"이라고 밝혔다.

구는 동북선 도시철도 숙원사업의 원활한 추진을 위해 구 역량을 집중할 계획이다.

문명혜 기자 / myong5114@hanmail.net

동북선 도시철도 공사 성북 구간 착착 진행(시정신문, 2021.2.4.)

동북선 도시철도가 예정대로 2025년에 개통된다면 왕십리에서 상계까지 약 25분만에 도착할 수 있습니다. 특히 서울 강남과 강북뿐만 아니라 수도권 북부와 서울 사이의 이동이 훨씬 더 쉬워질 것으로 보입니다. 또한 성북구를 비롯하여 동북권 지역의 도시철도 이용이 편해지고 교통 혼잡도 완화되어 지역경제 활성화는 물론 지역 발전에도 크게 기여하게 될 것입니다. 오랜 염원이었던 동북선 도시철도가 차질없이 개통되어 우리 성북구민의 발이 될 수 있도록 모든 역량을 집중하겠습니다.

내부순환로 땅 밑으로 달린다. 강북횡단 경전철

서울의 강북과 강남을 잇는 동북선 도시철도 외에 동쪽과 서쪽을 잇는 강북횡단 경전철도 추진되고 있습니다. 서울 강남권을 동서로 연결하는 지하철 9호선처럼 서울 내부순환로 지하를 따라서 강북을 좌우로 횡단하는 열차로 목동에서 시작하여 청량리까지 이어지는 24.8㎞ 구간으로 지하철보다 객차 수가 적은 2~3량 규모의 경전철로 약 15개 역이 들어설 예정입니다. 이중 많은 역이 환승역으로 활용될 계획입니다.

동쪽으로는 청량리역에서 1호선과 GTX-C, 면목선, 경의중앙선을 이용할 수 있으며 서쪽으로는 지하철 5호선인 목동역과 연결됩니다. 이 밖에 마포구청역(6호선), 가좌역(경의중앙선), 홍제역(3호선), 정릉역(우이신설선), 길음역(4호선) 등 다양한 방향으로 갈아탈 수 있습니다.

그동안 강북의 교통난은 강・남북 불균형의 대표적인 사례로 꼽혀왔습니다. 강북 전체 지역의 43.3%가 걸어서 지하철역을 이용하는데 10분 이상의 시간이 걸렸습니다. 특히 남북 방향의 교통망은 어느 정도 개선이 되었지만 강북권을 좌우로 이동하기에는 여전히 불편했습니다. 강북횡단선이 개통되면 지하철 접근이 어려웠던 우리 성북구의 대중교통 접근성도 훨씬 좋아질 전망입니다.

'목동~청량리' 강북횡단 경전철 신설

서울시, 2차 도시철도망 계획안 발표

2028년까지 동~서 경전철 6개 등
강남북 균형발전 10개 노선 확충
4호선 급행화·5호선 지선 연결
6개 신설선 모두 재정사업 전환
공청회 거쳐 국토부 승인 받아야

제2차 서울시 10개년 도시철도망 구축계획(안) 노선도 자료 : 서울시 제공

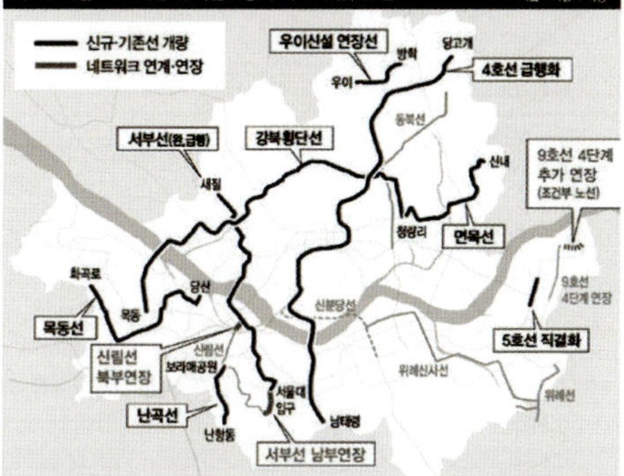

서울시가 강남북 균형발전을 위해 목동과 청량리를 잇는 강북횡단선을 신설하고 경전철 6개 노선 등 도시철도 10개 노선을 확충하기로 했다. 마천 쪽과 상일동 쪽으로 나뉘었던 지하철 5호선 지선도 직접 연결된다.

서울시가 20일 발표한 '2차 서울시 도시철도망 구축계획안'을 보면, 지역균형발전을 위해 서울 비강남권 지역에 경전철 6개 노선이 새롭게 들어설 계획이다. 이 가운데 양천구 목동역과 동대문구 청량리역 25.72㎞ 구간을 잇는 강북횡단선은 이번에 새롭게 계획됐다. 그동안 지형적 제약으로 서울 북동쪽과 북서쪽 사이 이동이 어려웠던 점을 개선하기 위해 철도 노선을 만든다고 시는 설명했다.

그동안 민자사업으로 계획됐지만 사업성이 떨어져 추진이 지연됐던 면목선(청량리~신내동), 난곡선(보라매공원~난향동), 우이신설연장선(우이동~방학동), 목동선(신월동~당산역) 4개 노선은 국가재정이 투입되는 재정사업으로 전환해 신설된다. 서울 서북부와 서남부를 잇기 위해 계획됐던 서부선(새절역~서울대입구역)도 완행뿐만 아니라 급행열차도 달릴 수 있도록 보완했다.

기존 지하철 노선도 보강된다. 시는 지하철 4호선에 급행열차를 도입하고 마천행과 상일동행으로 나뉘었던 5호선에 둔촌동역과 굽은다리역을 이어 상일동과 마천을 오가는 열차를 새로 들이기로 했다. 거리가 짧아 단독노선으로 추진이 쉽지 않은 지하철 9호선 4단계 추가 연장은 2021년 광역철도가 지정되면 함께 추진할 방침이다. 서울 서남부권의 도심 접근성도 향상된다. 서부선 남부를 연장해 신림선과 서부선을 연결하고, 신림선 북부를 연장해 여의도와 신림 지역을 연결한다. 이렇게 되면 서남부권에서 여의도 등 도심으로 접근하는 시간이 단축된다고 시는 설명했다.

서울시가 앞으로 10년 동안 추진할 이들 사업에는 총 7조2302억원이 투입될 전망이다. 시는 이를 국비 2조3900억원, 시비 3조9436억원, 민간사업비 8966억원으로 조달한다는 계획이다. 특히 강북횡단선은 지역
형발전을 위한 전략 노선으로 공공성이
기 때문에 시민펀드 모집 등 별도의 재원
련을 통해 시민공유형 재정사업으로 추
할 방침이다. 시는 면목, 난곡, 목동, 우이신
연장선뿐만 아니라 강북횡단선과 4호선
행화, 5호선 지선 연결도 지역균형발전 측
에서 공공성이 크다고 보고 국비가 투입
는 재정사업으로 추진하기로 했다.

이번 계획안은 도시철도법에 근거해 서
시가 5년 단위로 만드는 중장기 마스터플
이다. 시는 주민공청회 등을 거쳐 이 안을
월 중 국토교통부에 승인 요청할 예정이다

김미향 기자 aroma@hani.co

목동–청량리 강북횡단 경전철 신설(한겨레. 2019.2.21.)

월곡 하량램프로 월곡역 정체의 실마리를 풀다

성북구청장에 취임하자마자 현장에서 답을 찾는 현장 행정을 시작했습니다. 성북구 현안을 해결하기 위해 20개 동의 다양한 생활 현장

을 찾아가서 주민과 소통하였습니다. 그중 하나가 바로 상습 정체 지역이었던 월곡역 인근이었습니다.

현장이 답이다

자치광장

이승로
서울 성북구청장

서울 성북구 월곡역 일대는 극심한 상습 정체 구간이다. 출퇴근 시간이나 주말이면 북부간선도로를 이용하거나 정릉, 강북 방면으로 진출하기 위한 차량까지 한데 몰려 도로는 거대한 주차장이 된다. 매일 2만 5000대 이상의 차량이 이 구간을 통행하는데도 북부간선도로로 진입하는 방법은 월곡램프가 유일하기 때문이다. 이는 자연스레 매연과 소음 그리고 교통안전 문제와 연결된다. 이 일대 주민은 미세먼지가 우리의 일상을 본격적으로 위협하기 이전부터 집안의 창문을 여는 것조차 조심스러워하고, 자녀의 통학길 안전에 대한 걱정을 떠안고 살아간다.

사실 이런 문제는 1991년 북부간선도로 기본설계 당시부터 예상됐던 바다. 그러나 보다 면밀하게 현장을 살피기보다는 탁상 위 검토로 묵인해버림으로써 20여년간 주민의 삶의 질을 바닥으로 떨어뜨리고 말았다.

구청장이 되기 전, 서울시의원 시절부터 이 문제에 관심을 가지고 주민을 만났다. 이들은 한결같이 "현장으로 와서 우리의 이야기를 들어 달라"고 했다. 위정자가 있는 곳으로 주민이 찾아가서 고통을 호소하는 것이 아니라 현장으로 와서 봐 달라는 것이다.

문제 해결의 실마리는 현장에 있었다. 주민과 함께 서울시 등을 향해 끈질기게 개선을 요구한 결과, 현장을 다시 한번 면밀하게 살피는 작업이 시작된 것이다. 2016년 4월 타당성 조사가 진행되었으며 10월에는 서울시 투자사업 심사를 통과했다. 내년 1월에는 서울시의 월곡 하향램프 설치를 위한 기본 및 실시설계용역이 완료될 예정이다.

물론 북부간선도로와 내부순환로를 상부에서 바로 연결하는 게 근본적인 해결책이지만, 목표대로 월곡 하향램프 설치가 2020년 완공되면 교통량 분산에 상당한 효과가 있을 것이다. 월곡 하향램프 설치 사업은 우리에게 지방자치의 핵심이 무엇인지를 알려주는 중요한 사례다.

대한민국의 지방자치는 시민의 삶의 현장과 밀착해 이들의 문제를 해결하면서 발전해 왔다. 현장의 시민이야말로 문제가 무엇인지 가장 잘 알고 있을 뿐만 아니라 그 문제를 해결하는 답과 대안도 가지고 있다. 월곡 하향램프 설치 역시 시민이 먼저 제시한 아이디어였다.

민선 7기의 시작과 함께 현장으로 달려가 주민의 생생한 목소리를 듣고 소통하는 '이동하는 구청장실'을 운영하는 이유다. 서류 속 '불가능'이라는 표현에 주저하기보다는 현장의 요구를 과감하게 수용함으로써 성공과 실패를 공동체의 경험으로 쌓아 가는 것도 지방정부의 중요한 역할이다. 현장이 답이다.

기고문-현장이 답이다(서울신문, 2018.7.16.)

우리 성북구를 관통하는 내부순환로는 서울의 만성적인 교통체증을 개선하기 위해 1999년도에 개통하여 서울 중심부의 중추적인 간선도로로 역할을 하고 있습니다. 여기에 2002년 북부간선도로가 개통되어 내부순환로와 연결됨으로써 서울 동북부와 구리, 남양주를 연결하는 고속화 도로망이 확충되었습니다. 그런데 자료를 조사해 보니 1998년 설계 당시 문제점을 알고 있었음에도 예산 등의 이유로 구렁이 담 넘어가듯 처리한 것이 두고두고 골칫거리를 만들었습니다.

월곡역 근처에 있는 내부순환로 월곡램프는 정릉에서 북부간선도로와 내부순환로를 이용하거나 태릉 쪽에서 내부순환로로 들어가려는 자동차, 그리고 성수 쪽에서 북부간선도로를 타거나 정릉, 강북 쪽으로 빠져나가려는 자동차까지 매일 2만 5,000대 이상이 통과하는 상습 정체지역이 되었습니다. 북부간선도로 개선타당성 조사용역시 교통량 분석결과 내부순환로 월곡IC 하향램프에서 정릉로 방향 교통량은 60%, 화랑로 방향은 25%, 북부간선도로 월곡IC 상향램프 진입 교통량은 15%로 확인되었습니다.

문제는 내부순환도로와 북부간선도로가 바로 연결되어 있지 않다는 점입니다. 내부순환로에서 북부간선도로를 이용하기 위해서는 월곡 램프를 이용해야만 합니다. 이처럼 단순 통과하는 자동차들로 인한 상습 정체 때문에 우리 성북구 주민은 수십 년 동안 고통을 안고 살아야만 했습니다. 저는 구청장이 되기 전 시의원 시절부터 이 문제를 서울시 측에 끈질기게 지적해 왔습니다.

이와 같은 월곡역의 극심한 정체는 내부순환도로와 북부간선도로를 바로 연결하는 것이 근본적인 해결책입니다.

시의원 때부터 문제 제기… 월곡역 정체 풀다

현장 행정

이승로 성북구청장 남다른 뚝심

출근길 주민 살피려 현장 속으로
"하향램프 설치만으로 교통 분산
내년 1월 말 실시설계 완료되면
즉시 2020년 말까지 사업 추진"

지난 5월 오전 서울 성북구 월곡역 인근 육교에서 이승로(왼쪽) 성북구청장이 주민과 상습 차량정체 문제에 대해 이야기하고 있다.
박윤슬 기자 seul@seoul.co.kr

"시의원 시절부터 끈질기게 문제 제기했던 월곡역 차량정체 문제가 드디어 실마리를 찾았습니다."

지난 5월 오전 7시 30분 출근 시간을 맞은 서울 성북구 월곡역 부근 정릉에서 북부간선도로와 내부순환로를 이용하려는 차량과 태릉 쪽에서 내부순환로로 진입하려는 차량, 성수 방면에서 북부간선도로를 타거나 정릉 쪽으로 빠져나가려는 차량이 한데 모여 심한 정체를 보이고 있었다. 출근길에 나선 주민들은 흐린 날씨만큼 찌뿌둥한 표정으로 매연과 소음을 견뎌내고 있었다.

'이동하는 현장 구청장실' 취지로 현장을 찾은 이승로 성북구청장은 푸른색 점퍼를 입고 나타났다. 이 구청장은 지역 관계자, 구청 관계자들과 육교에 올라 현장을 둘러봤다. 이 구청장은 "현재 내부순환도로와 북부간선도로 간 연결로가 없어 북부간선도로로 진입하기 위해서는 월곡 램프를 이용해야 한다"며 "그렇다 보니 월곡역 주변은 극심한 차량정체가 일상이 돼 버렸다"고 설명했다.

이 구청장이 지적한 문제는 비단 어제오늘만의 일이 아니다. 1991년 북부간선도로 기본설계 당시부터 이런 문제가 예상됐지만, 위정자들이 묵인했고 그 고통은 주민들이 감내할 수밖에 없었다. 이 구청장은 구청장이 되기 전, 시의원 시절부터 시정 질문을 통해 이 문제를 서울시 측에 끈질기게 지적해 왔다.

이 구청장은 "서울시에서 조사한 자료에 따르면 매일 2만 5000대 이상의 차량이 이 구간을 통과하고 교통량이 많을 때는 시간당 2000대 이상이 통행하고 있다"며 "그중 다수는 태릉, 강북 등으로 이동하기 위해 단순 통과하는 불필요한 차량의 공회전"이라고 밝혔다.

하지만 지난 4월부터 서울시가 월곡 하향 램프(성수에서 내부순환로를 타고 오던 차들이 정릉 쪽으로 빠지는 램프) 설치를 위한 기본 및 실시설계용역을 실시하면서 문제에 대한 실마리를 찾게 됐다. 2016년 4월 타당성 조사 용역을 시행했고 지난해 10월 서울시 투자사업 심사를 통과했다. 내년 1월 말 실시설계가 완료되면 곧바로 2020년 말까지 사업을 추진할 예정이다. 사업비 187억원은 시비로 확보할 계획이다.

이 구청장은 "두 고가도로를 상부에서 바로 연결하는 게 근본적인 해결책이지만, 우선 월곡 하향램프 설치만으로도 교통량 분산에 상당한 효과가 있을 것으로 본다"며 "앞으로도 '이동하는 구청장실'을 이용해 주민들의 생생한 목소리를 듣고, 해당 문제를 해결하는 현장 중심형 구청장이 될 것"이라고 말했다.

윤수경 기자 yoon@seoul.co.kr

시의원 때부터 문제 제기… 월곡역 정체 풀다(서울신문, 2018.7.10.)

하지만 현실적으로 쉽지 않다면 월곡 하향램프 설치만으로도 교통량을 분산하는데 큰 효과가 있을 거라고 생각했습니다. 성수 방향에서 내부순환로를 타고 오던 자동차들이 정릉 쪽으로 빠질 수 있도록 월곡 하향램프를 설치하면 교통량을 60% 정도는 분산할 수 있기 때문에 월곡역 주변 교통 정체도 상당 부분 해결될 것이라는 판단이었습니다.

그래서 구청장에 취임하면서 민선 7기 성북의 최우선 과제로 월곡역 상습 차량 정체 문제 해결을 꼽기도 했습니다. 이 문제는 2016년 4월 타당성 조사 용역을 시행하고 2017년 10월 서울시 투자사업 심사를 통과한 가운데 2018년 4월부터 서울시가 월곡 하향램프 설치를 위한 기본 및 실시설계용역을 실시하면서 조금씩 해결의 실마리를 찾아가기 시작했습니다. 월곡 하향램프는 서울지방경찰청 교통안전규제심의를 통과하고 현재 하천부 관로 이설공사를 하고 있습니다. 서울시와 지속적인 협의를 통해 월곡역 부근 교통정체가 해소될 수 있도록 최선의 노력을 다하도록 하겠습니다.

3

고질적인 주차문제를 해결하다

숨은 주차면을 찾아라! 공유주차장으로 주차 걱정 뚝!

주택 밀집지역에서 주차난 문제는 성북구뿐만 아니라 서울의 모든 자치구가 안고 있는 문제입니다. 성북구 주택가 주차장 확보율은 약 130%입니다. 하지만 아파트 지역은 주차장 확보율이 높은 반면, 주택가 밀집지역은 주차장 시설이 부족하여 실제 주차장 확보율 편차가 커서 불법 주정차 등으로 인한 통행불편, 교통사고 위험, 주민 불편 등이 다수 발생하고 있습니다. 2021년 10월 기준으로 거주자 우선주차장 대기자 수는 8,900여 명에 달하고 있을 정도로 성북구 주차장 문제는 심각합니다.

성북구민을 대상으로 실시한 2019년 사회지표조사에서 성북구 교통환경 개선 필요사항 1순위로 주차공간과 주차시설 부족이 58.4%로 꼽힐 만큼 주차장 확보사업은 성북구의 숙원사업 중 하나라고 할 수 있습니다. 주차문제를 해결하기 위해서는 대형 주차장 건설이 필요하나 주차장으로 적합한 대형 유휴지 확보가 어렵고, 토지보상비로 주차장 건설에 막대한 예산이 소요되어 사업추진이 어려운 것이 현실입니다.

구청장으로 취임하고 나서 가장 많은 관심을 갖고 있는 분야도 성북의 고질적인 주차 문제해결이었습니다. 단 한 면의 주차 공간이라도 만들기 위해 다양한 아이디어를 구상했습니다. 그래서 크게 부설

주차장 공유사업, 공유주차장 운영, 공영주차장 건설로 3가지 방향에서 주차장을 확보하였습니다.

구에서 한 면의 주차 공간을 만들기 위해 부지를 매입하면 적어도 1억 5,000만 원이 필요합니다. 그런데 주차여유가 있는 부설주차장을 공유하면 공영주차장을 짓는 것보다 훨씬 더 적은 비용으로 주차 공간을 마련할 수 있습니다. 이에 우리 성북구는 관내 시설에 남는 주차 공간을 주민에게 개방하는 부설주차장 공유사업에 박차를 가했습니다.

성북, 공공자원 개방·공유 최우수기관

유휴공간 주차장·방역물품 공유 '호응'

서울시 자치구 중 1위… 8000만원 지원

"주차장 공유사업, 방역물품 공유서비스, 성북 공공데이터 플랫폼 등 성북구가 공유 패러다임을 이끌겠습니다."

서울 성북구가 행정안전부에서 주관한 '2020년 공공자원 개방·공유서비스 지방자치단체 실적평가'에서 최우수기관으로 선정됐다고 23일 밝혔다. 전국 기초자치단체 중 2위며 서울시 자치구 중에서는 1위다.

성북구는 구릉지와 언덕이 많은 지형적 특성을 반영해 유휴 공간을 활용한 주차장 공유사업을 활발히 추진하고 있다. 지역 내 아파트, 공동주택, 교회, 기업 등과 협약해 일반 주민이 주차장을 이용할 수 있도록 개방했다. 이번 달까지 75곳과 협약해 1274면의 주차 면을 공유했다. 성북구 관계자는 "주택가 주차장 1면 조성액이 평균 1억원임을 고려하면, 주차장 공유로 약 1300억원의 예산을 절감하는 효과를 거둔 것"이라고 밝혔다.

방역물품 공유서비스 역시 높은 평가를 받았다. 성북구는 지난 3월부터 20개 전 동 주민센터와 보건소에서 방역물품 공유서비스를 제공하고 있다. 방역물품 공유서비스는 주민의 자발적인 방역을 이끌어냈을 뿐만 아니라 이를 통해 코로나19 확산에 선제적으로 대응했다는 평을 받는다. 성북구의 방역물품 누적 대여 건수는 3000여건에 이른다.

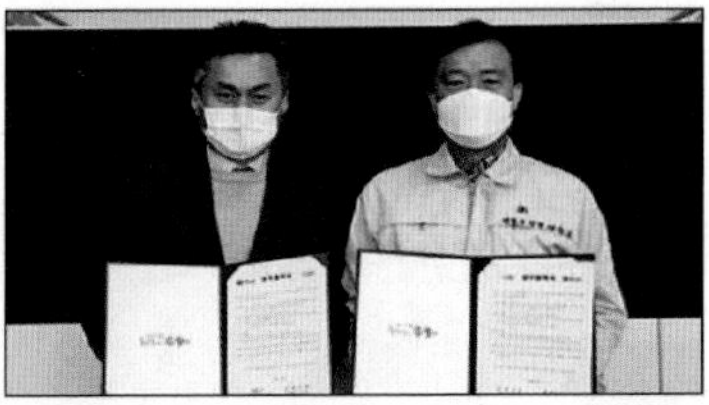

서울 성북구가 주차장 공유사업 등으로 '2020년 공공자원 개방·공유서비스 지방자치단체 실적평가'에서 최우수기관으로 선정된 가운데 지난 19일 홈플러스 월곡점과 주차장 공유협약을 맺은 이승로(오른쪽) 성북구청장. 성북구 제공

이승로 성북구청장은 "앞으로도 맞춤형 신규 공유사업을 적극적으로 발굴해 예산을 절감하고 주민 편의를 더욱 높이겠다"고 밝혔다. 성북구는 이번 최우수기관 선정에 따라 8000만원의 정부 예산을 받는다.

윤수경 기자 yoon@seoul.co.kr

성북, 공공자원 개방 · 공유 최우수기관(서울신문, 2020.12.24.)

부설주차장을 공유할 경우 성북구는 주차장 시설공사와 개선비 지원 등의 인센티브를 제공하여, 주민들은 저렴한 요금으로 안정적으로 주차장을 이용할 수 있고 공간을 내어주는 건물주는 주차장 환경 개선과 관리에 도움을 받을 수 있을뿐더러 부수입을 얻을 수도 있습니다. 구 입장에서는 주차 공간 부족으로 인한 주민 불편을 해결하고 부정 주차도 줄어드는 1석 3조의 효과를 누릴 수 있습니다.

이와 같은 공유주차장 확보 노력에 주민과 관내 많은 시설이 응답해 주었습니다. 주민들은 지역 내의 학교나 종교시설, 공동주택 등 주차 공간을 함께 쓸 수 있는 곳을 찾아서 구청에 알렸고, 담당 공무원은 곧장 해당 현장에 나가서 소유주와 면담을 했습니다. 그 결과 정릉감리교회, 정릉중앙교회, 하늘이음교회, 성일교회, 맑은샘광천교회, 경동고등학교, 베이비수 스튜디오, 소선유 빌리지, 동아에코빌아파트, LH서울지역본부, LH다원캐슬, 우림카이저팰리스, SH공사 임대아파트, 홈플러스 월곡점 등과 협약하여 일반 주민이 이용할 수 있도록 주차장을 개방할 수 있었습니다. 성북구는 2021년 10월까지 총 23개소에서 334면의 주차장을 공유하고 있습니다. 더불어 사는 공유의 가치가 고질적인 주차 문제 해결에 빛을 발한 것이라고 할 수 있습니다.

이와 같은 활발한 주차장 공유사업을 통해 행정안전부에서 주관한 '2020년 공공자원 개방·공유서비스 지방자치단체 실적평가'에서 우리 성북구는 전국 2위, 서울시 1위라는 성과를 거둘 수 있었습니다. 남는 주차장을 개방해서 저렴한 요금으로 지역 주민들에게 공유함으로써 나눔의 가치를 다시 한 번 생각하게 해 준 공유주차장을 통해 지역의 공동체 문화를 더욱 단단하게 다져가고 있습니다. 더불어 우리 성북구는 공유주차장을 통해 절약한 예산을 공영주차장 건설 등을 통해 주차난 해소에 집중하는 선순환을 이어가고 있습니다.

주차도 똘똘하게! 스마트해진 IoT 공유주차장

우리 성북구는 2021년 6월 1일부터 사물인터넷(IoT)을 적용해 더욱 스마트해진 공유 주차 서비스를 운영하고 있습니다. 사물인터넷 기반의 센서와 휴대폰 앱을 이용해서 실시간으로 주차 공간을 확인하고 유휴 시간의 주차 공간을 빠르고 편리하게 확인하는 서비스로 우선 성북동길 거주자 우선주차 구역인 도담도담 주차장, 복사골 주차장, 심우장 주차장 3개소 28면으로 운영하고 있습니다.

공유주차서비스 점검 중 다원문화복지재단 정보석 이사장을 만나 사업설명(2021.6.16.)

24시간 운영되는 사물인터넷 공유 주차 시스템은 스마트폰 앱 '파킹프렌즈'를 통해 비어 있는 주차장을 실시간으로 검색하고 원하는 시간만큼 이용하는 것입니다. 주차장별 실시간 주차가능 차량 대수 정보는 물론 시간대별 예약과 요금 결제 기능까지 지원합니다.

주차요금도 기본 1시간에 1,200원으로 저렴하고 스마트폰 앱 이용이 어려운 분들을 위해 ARS 서비스도 함께 운영하고 있습니다.

간송미술관, 만해 한용운의 심우장, 혜곡 최순우 옛집 등 수많은 문화재와 근현대를 대표하는 문화예술인의 활동 흔적이 오롯이 남아 있어 지붕 없는 박물관으로 불리는 성북동 주민이 방문객을 위해 자신의 주차공간을 기꺼이 나눠주고 있었지만 방문객들의 주차 수요를 소화하는 데에는 어려움이 있었습니다. 그런데 첨단 IT기술을 활용하여 더욱 편리하게 주차 공간을 공유하고 나눔으로써 방문객들의 불편을 해소하고 우리 지역의 가치와 매력을 더욱 많은 이들과 함께 할 수 있게 되었습니다. 이 사업을 시작한지 5개월만에 9,487시간, 6,151건의 공유주차장 사용실적을 보일만큼 성북동을 찾는 사람들의 폭발적인 호응을 얻을 수 있었습니다.

이외에도 우리 성북구는 '모두의 주차장' 앱을 활용하여 거주자 우선주차구역 공유사업도 활발하게 펼치고 있습니다. 이 사업은 거주자 우선주차구역을 배정받은 사람이 사용하지 않는 시간대를 미리 설정해 놓으면 이용을 원하는 사람이 소정의 이용료를 내고 주차장이 비어있는 시간대를 이용할 수 있습니다. 주차장 배정자는 소정의 금액을 지급받고, 이용자는 주차단속 걱정없이 주차장을 사용할 수 있어서 2021년 10월까지 민선 7기 3년 4개월 동안 33,767건의 공유건수를 자랑하고 있습니다.

작은 땅 하나도 주차장으로! 공영주차장 확대

성북구가 주거시설과 종교시설, 사업장에서 남는 주차공간을 주민들과 함께 나누어 쓰는 공유주차장 사업을 진행하면서 주차 문제를 해결하게 되자 구의 예산도 크게 절약할 수 있었습니다. 사유지를 매입하여 주차장을 조성할 때 평균 1면 당 예상 비용이 1억 5,000만 원 정도인 것을 고려하면 334면의 주차장 공유사업을 통해 약 500억 원의 예산을 절약한 셈입니다.

우리 성북구는 이렇게 절약한 예산을 다시 주차난 해소에 활용하였습니다. 주택가가 밀집하고 한양도성을 찾아오는 낙산공원과 한양도성과 가까운 삼선동 장수마을 인근의 공영주차장은 부지를 확장하여 지하 2층, 지상 2층, 옥상층의 총 5개 층에 133면의 입체식 주차장을 만들고 있습니다. 2022년 4월에 주차장이 준공되면 이 지역의 심각한 주차난을 해소하고 장수마을과 한양도성을 찾는 사람들이 늘어나 지역발전에도 이바지할 것으로 기대합니다.

주차장 134면으로 2022년 4월에 준공예정인 삼선동 공영주차장

또한 석관동 공영주차장 조성사업도 순조롭게 진행되어 올해 4월이면 주차장 조성공사를 시작해서 2023년에 완공될 예정이며, 노후 건축물인 월곡1동의 구 숭곡시장 공영주차장 건립사업은 2021년 10월에 서울시 투자심사가 승인되어 2022년에 준공될 예정입니다.

이와 함께 우리 성북구는 소규모 공영주차장을 장위동과 성북동 등에 5개소 76면을 조성하여 삼선동 공영주차장이 완공되는 2021년 12월말까지면 총 6개소 210면의 공영주차장을 건립할 예정입니다.

공영주차장 건립 외에도 담장을 허물어 주차장을 만드는 그린파킹 사업도 민선7기 동안 62개소 125면을 조성하였으며, 주택가에 방치되어 있는 자투리땅과 나대지 같은 유휴지를 활용하여 6개소에 걸쳐 주차장 48면을 새로이 만들었습니다.

〈바꾸고 높이고 나누고〉

‘바·높·나’ 성북… 주차 걱정이 줄었어요

주차공간 확대 앞장 선 이승로 구청장

주택 밀집지역 심각한 주차난 민원에
유휴지 공간 조성·공영주차장 입체화
학교 등 남는 주차면 일반에 개방키로
“주차장 조성 사업 최우선 과제로 추진”

“단 한 면의 주차공간이라도 마련하기 위해 쉼 없이 뛰어다니겠습니다.”

최근 도심의 주택 밀집지역의 심각한 주차난이 문제가 되는 가운데 서울 성북구가 이를 해결하기 위해 펼치고 있는 다각적인 노력이 눈길을 끌고 있다.

이승로(사진) 성북구청장은 7일 “현장에서 주민을 만나보면 주차 문제와 관련된 민원이 가장 많다”며 “취임 이후 가장 관심을 가지고 있는 분야도 도심의 고질적인 문제인 주차난”이라고 설명했다.

성북구 전체의 자동차 등록 대수 대비 평균 주차확보율은 지난달 기준 129.5%이지만 지역별로 주차확보율 격차가 큰 편이다. 고려대 등이 있는 안암동은 가장 확보율이 높은 287.9%인 반면 주택재개발 지역 등이 포함된 장위3동은 50.1%에 그친다. 주차확보율은 자동차 1대당 주차장 1면이 있을 때 100%로 본다. 이와 같은 문제를 해결하기 위해 성북구는 유휴공간의 주차장 조성, 기존 공영주차장의 입체화, 공유 주차장 등 크게 3가지 방향에서 노력을 기울이고 있다. 먼저 공영주차장 확보를 위해 올해 상반기에 장위동 223-60등 3필지를 보상해 17면의 주차면을 확보하고, 성북동 230-1 외 10필지에 노외주차장 26면과 노상주차장 32면 등의 58면의 주차공간을 마련했다.

특히 지난달에는 삼선동 주민들의 숙원 사업이었던 주차난 해소를 위해 삼선동 공영주차장 기공식을 개최하고 지하 2층, 지상 2층, 옥상층의 총 5층 133면의 입체식 주차장 조성에 들어갔다. 기존 평면식 주차장 구조의 안정성 문제와 주차장 확보율 문제를 해결하기 위해 시행되는 사업으로 구는 삼선동 일대의 주차난 해소로 인해 주민들 삶의 질이 향상되고 삼선동 일대 역사문화지역이 활성화돼 지역경제 활성화에 이바지할 수 있을 것으로 기대하고 있다.

구는 대학교, 아파트 등에 남는 주차공간을 일반에게 개방하는 공유주차장 사업 추진에도 박차를 가하고 있다. 올해만 하늘이음교회 20면, 소선유빌리지 7면, 정릉중앙교회 7면, LH다원채움 등 총 7곳 65면의 주차공간을 확보했다.

이 구청장은 “구에서 한 면의 주차공간을 만들기 위해 부지를 매입하면 적어도 1억 5000만원이 들지만, 지역 단체 등과 협력해 공유 주차장을 제공하는 곳에 차단기 등을 설치해주면 훨씬 예산이 적게 든다”며 “다각적인 주차장 조성사업을 우선 해결과제로 추진해 주민 불편을 해소하겠다”고 말했다.

윤수경 기자 yoon@seoul.co.kr

이승로 서울 성북구청장이 지난달 7일 삼선동 공영주차장 기공식에 참석했던 관계자, 주민 등과 함께 기념사진을 찍고 있다. 성북구 제공

바 · 높 · 나 성북… 주차 걱정이 줄었어요(서울신문, 2020.9.8.)

이와 같은 노력의 결과 만성적으로 주차난을 겪어야 했던 주택가 주민의 만족 역시 나날이 높아졌습니다. 앞으로도 주차 공간과 예산을 확보하려는 노력을 끊임없이 이어가며 주민 불편을 먼저 해결하기 위해 노력할 것입니다. 더불어 CCTV 설치도 확대하여 주민과 차량 안전에도 심혈을 기울여 나가겠습니다.

4

도로 열선으로 주민의 마음을 녹이다

도로열선으로 차도 안전! 보행자도 안심!

2021년 여름 우리 성북구는 시민참여예산에서 3년 연속 최우수상을 받았습니다. 2021 서울시 시민참여예산 한마당 총회에서 시민참여예산 우수 실행사업 최우수상과 우수상을 받은 것으로, 이것은 주민생활에 영향을 끼치는 현장의 다양한 문제들을 해결하며 주민의 편익을 높이는 사업을 추진하는 능력을 인정받은 것이라고 할 수 있습니다. 최우수상을 받은 사업은 '초등학교 학생들을 위한 안전한 통학로를 만들어주세요' 사업이었으며 우수상을 받은 사업은 '동방고개 열선 설치로 차도 안전! 보행자도 안심!' 사업으로 경사가 급한 장위동 동방고개에 친환경 열선 시스템을 구축해서 겨울철 폭설이 내렸을 때 도로가 막는 것을 방지하는 것입니다.

성북구를 비롯하여 모든 관공서는 겨울철 눈이 내리면 발 빠르게 제설 작업을 시작합니다. 이때 가장 많이 쓰이는 제설제는 염화칼슘입니다. 효과는 빠르지만 그만큼 논란거리도 많이 안고 있습니다. 도로 결빙을 예방하고 안전을 지키기 위해 뿌려진 염화칼슘은 자동차 하부를 부식시키거나 차 앞 유리에 분진 얼룩을 남기곤 합니다. 이 때문에 제설제가 뿌려진 도로를 지나간 다음에는 꼭 하부세차를 하는 주민이 많습니다.

또 염화칼슘이 마르면서 발생하는 분진이 피부와 호흡기 질환을 일으킨다는 주장도 있습니다. 빙판길을 녹여주는 염화칼슘이 오히려 도로를 젖게 만들어서 사고 위험을 높이기도 하고 아스팔트를 약하게 만들기도 합니다. 환경에 부정적이라는 주장까지 더해지면서 많은 지방자치단체에서 염화칼슘을 대체할 수 있는 방법을 찾고 있는 실정입니다.

그중 하나로 우리 성북구는 제설제 대신 관내 도로에 친환경 열선 시스템을 설치했습니다. 도로 포장면 7cm 아래에 열선을 깔아 폭설이 내리면 온도나 습도 센서가 작동돼 스스로 도로를 녹여 눈이 쌓이는 것을 막는 자동제어시스템입니다. 바깥 기온이 영상 3도, 습도가 4도 밑으로 내려가면 도로에 설치된 센서가 이를 감지하여 자동으로 열선이 작동하게 됩니다. 열화상 카메라로 확인하면 열선이 매설된 곳과 그렇지 않은 곳의 온도 차가 확연히 다름을 알 수 있습니다. 열선이 매설된 곳은 영상을 기록하고 있는 반면, 그렇지 않은 곳은 영하를 나타내고 있습니다. 그래서 유튜브에서는 고양이들이 도로 열선쪽으로 와서 누워있는 모습을 찾아볼 수 있습니다.

유튜브 14F(MBC 14층 사람들이 만드는 짧고 똑똑한 뉴스)

제설제를 아예 뿌리지 않기 때문에 도로시설물 부식이나 환경 문제를 걱정할 필요도 없습니다. 또한 제설 인력과 장비를 다른 구간에 집중하여 배치할 수 있어 폭설과 한파에 더욱 효율적으로 대응할 수 있다는 장점도 있습니다.

폭설 걱정 아웃, 주민 마음 녹인 세심행정

2021년 1월, 6일 간격으로 전국적으로 두 번의 기습 폭설이 내렸습니다. 엄청난 양의 눈이 갑자기 내리는 가운데 퇴근 시간이 맞물리면서 교통이 마비되었고 제설 작업이 제대로 되지 않은 도로는 주차장이 되다시피 했습니다. 수많은 교통사고가 발생했고 언덕길을 올라갈 수가 없어서 갓길에 버려진 차도 있었습니다. 이 때문에 서울시의 대처가 도마에 오르기도 했지만 우리 성북구만은 단 한 건의 교통사고도 발생하지 않으며 주민의 칭찬을 받을 수 있었습니다. 도로열선이라는 아이디어로 주민의 안전을 미리미리 챙기고 있었기 때문입니다.

성북구는 언덕이 많고 굽은 골목이 많아서 눈이 조금이라도 쌓여서 도로가 얼면 자동차는 물론 주민도 다니기 어려워 겨울철에 크고 작은 안전사고가 발생하곤 했습니다. 폭설이 내릴 때는 차량 통행이 어려워 제설 작업에도 어려움을 겪었고 이럴 때면 주민이 아예 외출을 포기하는 경우도 많았습니다.

우리 성북구는 2016년 한신한진아파트 통행로를 시작으로 보국문로 정릉초 주변, 길음로 길원초 주변, 장위로 동방어린이공원 주변 등 모두 17곳 5.8km에 달하는 친환경 열선 시스템을 설치했습니다.

눈폭탄 오면 뜨거워지는 도로 마음까지 녹인 성북 '세심 행정'

현장 행정

열선시스템 점검한 이승로 구청장

길 표면에 눈 쌓이면 자동으로 녹여
5.8㎞ 도로에 설치… 자치구 중 최다
염화칼슘 제설과 달리 친환경·효율적
"이번 폭설 무사히 보냈다" 반응 폭발

"연이은 폭설에 성북구 친환경 도로열선 시스템이 빛을 발하면서 경사가 급한 언덕길에서 빙판으로 인한 교통사고가 한 건도 발생하지 않았습니다. 주민의 겨울철 안전이 한 단계 업그레이드된 거죠."

14일 서울 성북구 돈암삼성아파트 앞의 경사가 심한 언덕길. 지난 12일 폭설에도 도로에는 눈이 모두 녹아 있었다. 따뜻한 날씨 영향도 있지만, 지난해 이 일대 2차선 도로 268m 구간에 열선을 깔아 둔 덕이었다. 이승로 성북구청장은 이날 이곳의 도로를 점검하고 주민들과 이야기를 나눴다.

이 구청장은 "성북구는 언덕이 많은 지형이라 눈이 조금이라도 쌓여 도로가 얼면 차량은 물론 보행자도 다니기 어려워 겨울철 차량·주민 안전사고가 빈발했다"면서 "그래서 2016년부터 친환경 스마트 열선 시스템 사업을 시작하게 됐다"고 설명했다.

도로열선시스템은 도로 7㎝ 아래 열선을 설치하고 도로표면에는 온도·습도 센서를 설치해 겨울철 강설에 자동적으로 도로 위 눈을 녹이는 시스템이다. 이 구청장은 "기존 염화칼슘 등을 이용한 제설작업은 환경오염에 대한 우려가 높고 차량이 부식되거나 도로가 파이는 문제가 있었다"며 "도로열선을 설치했더니 환경오염을 막을 뿐 아니라 제설 인력과 장비를 폭설에 취약한 다른 구간에 집중

이승로(왼쪽) 서울 성북구청장이 14일 돈암동의 한 도로를 찾아 주민들과 함께 열화상 카메라를 이용해 친환경 도로열선시스템이 제대로 작동하는지 상태를 점검하고 있다. 성북구 제공

배치해 폭설과 한파에 효율적으로 대응할 수 있게 됐다"고 말했다.

현재 성북구는 보국문로 정릉초 주변, 길음로 길원초 주변, 장위로 동방어린이공원 주변 등 모두 17곳 5.8㎞에 달하는 도로에 도로열선시스템을 설치했다. 서울 자치구 가운데 최다 설치다. 이 구청장은 "도로를 새로 포장할 때 보통 5㎝를 파내기 때문에 7㎝ 아래 있는 열선은 영향을 받지 않는다"며 "예산 절약을 위해 열선을 운영하지 않는 계절에는 한국전력에 휴전을 신청해 전기가 들어오지 않도록 했다"고 설명했다.

도로열선시스템이 설치된 인근에 사는 주민들의 반응은 폭발적이다. 돈암삼성아파트 주민인 김귀분(63)씨는 "매년 겨울 눈이 내릴 때마다 크고 작은 사고들이 발생해 주민 불안이 컸는데 지난해 설치된 열선 덕에 연이은 폭설에도 무사히 보낼 수 있었다"면서 "성북구에 너무 감사하다"고 말했다. 강창석 성북모범운전자회 회장도 "큰눈이 내리면 운행을 피했던 언덕 구간들이 열선 덕에 안전한 도로가 됐다"며 "안전은 관심에서 나오는 것이라고 생각하는데, 이 구청장과 성북구가 관심을 기울인 만큼 주민의 안전도가 높아진 것 같다"고 말했다.

윤수경 기자 yoon@seoul.co.kr

눈만 오면 뜨거워지는 도로, 마음까지 녹인 성북 세심행정(서울신문, 2021.1.15.)

서울시 자치구 가운데 가장 많이 설치한 곳이 바로 우리 성북구입니다. 제설 대책 집중기간에 열선 시스템을 가동하여 폭설에도 신속하고 효율적으로 대응할 수 있었던 것도 바로 이렇게 폭설에 대비하

여 사전에 대비하고 있었기 때문입니다. 여기에 폭설이 내리자 구청 공무원들이 즉시 제설 작업이 나선 가운데 많은 주민이 누가 먼저랄 것도 없이 삽과 빗자루를 들고 나와 '내 집 앞 눈 치우기'를 몸소 실천하면서 동네 안전에 힘을 모았습니다.

성북구의 친환경 열선 시스템과 주민의 적극적인 제설 활동이 있었기에 갑작스럽게 내린 폭설에도 안심하고 정상적인 생활을 할 수 있었습니다. 실제로 지난겨울 두 차례의 폭설 이후 우리 성북구의 친환경 도로 열선 시스템이 전국적으로 관심을 받기도 했습니다. 성북구의 친환경 도로 열선 시스템을 방송과 신문을 통해 본 누리꾼들은 열선시스템을 서울 전역에 확대해달라고 하고 세금이 아깝지 않다는 반응을 보였습니다. 심지어는 성북구가 눈이 오기만을 기다렸다는 우스갯소리까지 나올 정도였습니다.

많은 호응을 받은 성북구의 친환경 열선도로는 한국일보에서 주최하고 산업통상자원부와 한국브랜드협회가 후원하는 2021년 대한민국 서비스만족 대상의 공공서비스 환경분야에 선정되기도 하였습니다.

친환경 도로 열선 시스템은 민선 7기 중점사업인 찾아가는 '현장 구청장실'에서 주민으로부터 제기된 민원 사항을 적극적으로 반영한 것이라서 더욱 의미가 큽니다. '현장에서 답을 찾다'라는 정책 기조 아래 주민을 직접 만나 건의 사항을 듣고 정책 대안을 모색했습니다. 이를 통해 지난 2018년부터 본격적으로 도로 열선 설치에 나섰습니다. 앞으로도 위험한 지역을 꼼꼼하게 살펴서 위험 지역 위주로 열선 설치를 늘려갈 계획입니다. 또한 열선 시스템이 설치되지 않은 취약 구간에는 수시로 안전 점검을 하고 제설제를 도포하며 안전하고 쾌적한 도로 환경을 만들기 위해 노력할 것입니다.

작년 겨울에 예기치 않은 두 차례의 폭설을 무사히 보내면서 안전은 관심에서 나온다는 점을 다시 한 번 되새길 수 있었습니다. 우리가 관심을 기울인 만큼 우리 성북구는 더욱 안전해질 수 있습니다. 앞으로도 주민 목소리에 세심하게 귀 기울이며 생활밀착형 정책으로 연결해 제2의 도로 열선정책을 만들기 위해 최선을 다하겠습니다.

제5장

풍요의 가치-행복 성북

제1절 지역경제가 민생이다

1

골목상권이 살아야 지역경제도 산다

통 크게 쏜다! 성북사랑 상품권

코로나19 장기화로 지역 경제가 마비되다시피 했을 때 조금이나마 숨통을 틀 수 있게 해 준 것은 성북사랑 상품권이었습니다. 성북사랑 상품권은 우리 성북구에서 발행한 모바일 상품권으로 대형마트와 백화점, 유흥·사치업종을 제외한 지역의 제로페이 가맹점이라면 어디서든 사용할 수 있습니다. QR를 찍고 가격을 입력하는 것만으로 누구나 쉽게 이용할 수 있는 성북사랑 상품권은 지역주민들은 7%에서 10% 할인된 가격으로 구매할 수 있고 30%까지 연말정산 소득공제 혜택을 받을 수 있습니다. 지역상인들 입장에서는 가맹점 수수료가 없어서 큰 사랑을 받고 있습니다.

소비 촉진을 통한 소상공인 지원에 한몫을 담당하고 있는 성북사랑 상품권은 2020년에 7회차에 걸쳐서 모두 185억 원이 발행되었습니다. 상반기 3번에 걸쳐서 발행된 70억 원의 상품권도 조기 판매되었고 2020년 7월 14일에 발행한 제4차 성북사랑 상품권 30억 원은 당

일에 판매가 완료되었습니다. 이와 같은 주민의 호응에 발맞춰 2020년 추석을 앞두고는 1인당 월 70만 원까지 구매할 수 있는 모바일 성북사랑 상품권을 추가 판매했습니다. 코로나19 확산 피해를 본 장위동 일대 상권 활성화를 위해 9월에 장석월(장위, 석관, 월곡) 상품권을, 11월에는 장위동 상품권을 발행하여 큰 호응을 얻기도 했습니다.

2021년 설 명절을 앞두고는 180억 원 규모의 성북사랑 상품권을 발행했습니다. 전년도에 비해서 훨씬 더 커진 규모입니다. 이어서 7월과 9월에도 60억 원과 150억 원 규모의 성북사랑 상품권을 발행하였으며 2021년에는 4회에 걸쳐 490억 원의 성북사랑 상품권을 발행하여 지역 경제를 살리는 가치 소비를 이어갔습니다. 이 외에도 상권회복 상품권 100억 원, e서울사랑 상품권 16억 원을 발행하였습니다.

이처럼 성북사랑 상품권은 코로나19 장기화로 정체된 소비를 촉진하고 전통시장과 소상공인의 매출을 늘려서 침체된 지역 경제를 살리는데 단비와도 같은 역할을 하였습니다.

소상공인의 어려움도 성북구와 함께

2021년 2월에는 코로나19 확산으로 어려움을 겪고 있는 지역 내 소상공인과 중소기업의 자금난 해소를 위해 20억 원 규모의 중소기업 육성기금 융자 지원에 나서기도 했습니다. 성북구에 사업장을 두고 사업자등록을 한 업체로 3개월 이상 영업활동을 펼치고 있는 소상공인과 중소기업을 대상으로 지원되는 중소기업 육성기금은 시설자금, 운전자금, 기술 개발자금을 목적으로 융자되며 각 기업당 담보대출은 최대 1억 원, 신용대출은 최고 5천만 원까지 신청을 받았습니다. 소상공인과 중소기업의 이자 부담을 줄이기 위해 대출 금리는 전년도에 이어서 연 1.2%로 1년 거치 3년 원금 균등분할 상환 조건으로 융자가 이루어졌습니다.

이와 함께 원금 상환유예도 함께 지원했습니다. 코로나19로 직 · 간접적인 피해를 입은 소상공인과 중소기업 가운데 원리금을 연체했거나 자본잠식, 폐업 등 부실이 없는 기업을 대상으로 유예 신청을 받았습니다. 전년도에 연체가 있었더라도 신청일 기준 모든 금융회사의 연체가 해소되었거나 일시적으로 휴업한 경우도 지원 대상에 포함하였습니다. 상환유예 대상은 지난 2월 1일부터 8월 20일 기간 중에 납부해야 하는 분할상환원금으로 최대 6개월까지 유예 신청이 가능하게 하였으며, 유예된 원금은 잔여기간 동안 균등분할납부하는 조건이었습니다.

중소기업육성기금 융자지원과 원금 상환유예를 통해서 어려움을 겪고 있는 지역 내 많은 소상공인과 중소기업이 조금이나마 숨을 쉴 수 있게 되었습니다. 앞으로도 소상공인과 중소기업을 지원할 수 있는 다양한 방법을 지속적으로 펼쳐나갈 계획입니다.

중소기업 육성기금 융자지원과 원금 상환유예가 소상공인과 중소기업의 자금을 지원하는 것이라고 한다면 우리 동네 가게 아트테리어 사업을 통해 소상공인이 운영하는 매장의 디자인 개선도 추진하였습니다.

코로나19 여파로 골목상권이 위협받고 있는 가운데 우리 성북구는 지난 2020년 8월부터 우리 동네 가게 아트테리어 사업을 시작했습니다. 아트테리어란 아트(art)와 인테리어(interior)의 합성어로 우리 동네 가게 아트테리어는 지역 내 소상공인 가게의 간판 교체, 벽화작업, 내부와 외부 공간 개선, 브랜딩, 제품디자인 등 가게별 맞춤형 디자인 개선을 지원하는 사업으로 서울시 공모에 최종 선정되어 확보된 1억 5,100만 원으로 진행할 수 있었습니다.

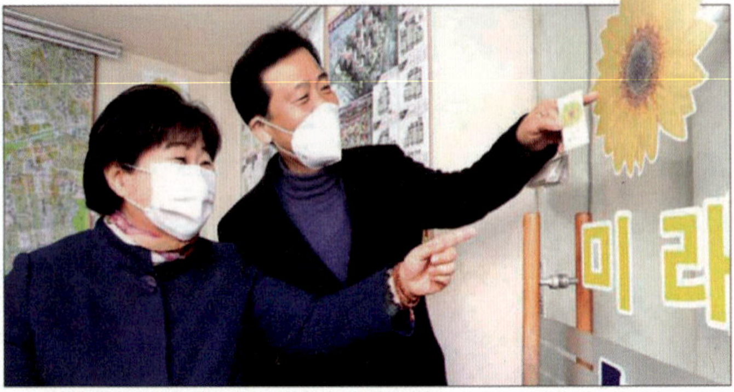

우리 골목에 '디자인 꽃' 피었네
상인·청년예술가 함께 웃는 성북

현장 행정

지역상권 가려운 곳 긁는 이승로 구청장

우리동네가게 아트테리어 지원 사업
100만원 선에서 가게·상품 디자인 개선
예술가 15명 손 거쳐 가게 40곳 새단장
이 구청장 "코로나 극복 위한 상생 지속"

"코로나19 장기화로 어려움을 겪는 소상공인들과 지역 예술가들에게 아트테리어 사업이 작은 희망이 됐으면 좋겠습니다."

지난 3일 서울 성북구 석관동의 한 골목. 이승로 성북구청장은 '우리동네가게 아트테리어 지원 사업'에 대한 현장 목소리를 듣기 위해 이곳을 찾았다. 서울시와 자치구가 함께하는 이 사업은 소상공인을 위해 가게를 꾸미거나 상품의 디자인, 간판 등을 제작해주는 종합 디자인 개선 사업이다. 지역 예술가에게 소상공인이 희망 사항을 얘기하면, 가게당 재료비 100만원 선에서 원하는 곳을 바꿔준다. 성북구의 경우 지난 9월부터 최근까지 지역 예술가 15명의 손길을 거쳐 골목 가게 40곳이 다시 태어났다.

'미래공인중개사'는 이 사업을 통해 간판과 전면 유리창의 시트지 작업으로 외양을 단장했고 명함 디자인도 바꿨다. 기존에는 전면 유리창에 파란 시트지가 있었지만, 낡고 지저분한 상태였다. 노란 시트지를 붙이고 문에 커다란 해바라기를 그려 가게를 꾸몄다. 점주 이종란씨는 "최근 부동산 과열 속에서도 골목 부동산은 손님의 눈길을 잡기가 어려운데 낡고 오래된 외부 간판을 새로 달고 나니 문의를 위해 들르는 고객이 늘었다"며 "특히 재운을 불러온다는 해바라기 그림을 직접 그려 명함을 만들어 준 작가의 세심함에 감동했다"고 말했다.

'조정애 헤어'는 새롭게 돌출 미니 간판을 만들고 식물을 활용한 인테리어를 해 눈길을 끌었다. 점주 조정애씨는 "코로나19 확산으로 우울한 생각이 많이 드는데 긍정적 분위기를 위해 식물을 활용한 인테리어를 요청했다"며 "함께한 예술가가 요구를 적극적으로 반영해줘서 너무 마음에 든다"고 밝혔다.

'미랑컬신진미용실'은 한쪽 벽면에 가득했던 낙서를 지우고 그 자리에 큰 꽃을 그려 넣었다. 점주 이춘우씨는 "어느 정도 손님이 줄 것은 예상했지만 단골의 한숨 소리가 더 마음 아팠다"며 "손님들에게 웃음을 줄 수 있는 인테리어를 요청했다"고 말했다. 이씨는 "손자가 어릴 때 한 낙서인데 10년 넘게 바꾸지 못하고 있었다"며 "이번 사업을 통해 벽을 깨끗하고 예쁘게 바꿀 수 있어서 기쁘다"고 덧붙였다.

이 구청장은 "소상공인은 물론 가게를 찾는 손님에게까지 웃음과 희망을 주는 모습에 구청장으로서 그저 감사했다"며 "코로나19를 함께 이겨 나가기 위한 상생의 사업으로 앞으로도 코로나 극복을 위한 다양한 사업을 추진할 수 있도록 노력하겠다"고 밝혔다.

우수경 기자

우리 골목에 디자인 꽃 피었네, 상인 · 청년예술가 함께 웃는 성북(서울신문, 2020.12.8.)

우리 성북구에서는 5인 미만의 영세 소상공인 중 방문형 매장 가게 40곳을 지원했습니다. 이 사업에 참여할 15명의 지역 예술가도 공개 모집으로 선발하였습니다. 지역 예술가들은 소상공인의 의견을 적극 반영한 가운데 자신들의 아이디어를 넣어 기존의 평범하고 오래된 가게를 밝고 쾌적하게 변신시켰습니다. 밝아진 매장 분위기는 손님들이 먼저 알아보고 반응해 주었습니다. 매장에 들어서자마자 환하게 웃는 손님들을 보면서 소상공인들도 오랜만에 함께 웃을 수 있었습니다.

우리 동네 가게 아트테리어사업은 코로나19 장기화로 인해 침체된 경기 속에서 어려움을 겪고 있는 소상공인은 물론 일거리가 줄어든 지역 예술가들에게도 창작의 기회가 주어져 서로 상생 발전할 수 있었던 소중한 시간이었습니다. 소상공인은 물론 지역 예술가, 그리고 가게를 찾는 손님에게까지 웃음과 희망을 줄 수 있는 다양한 상생 활동을 통해 코로나19를 함께 이겨나갈 수 있기를 다시 한 번 응원합니다.

주민과, 대학과 함께 다시 태어나는 전통시장

〈전국 최초로 전통시장-주거지 연계 도시재생에 선정되다〉

장위전통시장은 우리 지역에서 가장 활성화된 재래시장 중 하나였습니다. 2018년 주민 동의를 받아 정비구역에서 직권 해제된 장위11구역이 포함된 지역으로 가로주택정비사업이 진행되고 있지만 여전히 주변 지역은 낙후되어 있습니다. 그리고 북측 절반은 장위10구역에 포함되어 재개발 이후에 새로운 상가가 들어서게 됩니다. 정비구역 해제와 재개발로 인해 장위전통시장 상인들 입장에서는 우울할 수밖에 없는 상황이었습니다. 최근에 다시 희망의 싹을 틔우게 되었습니다. 2020년 2월 전국 최초로 시도되는 '전통시장-주거지 연계 도시재생' 시범사업 대상지로 선정된 것입니다.

서울에 있는 많은 동네 전통시장은 여전히 지역 경제의 한 축을 담당하고 있지만 대형마트에 밀려서 계속해서 쇠퇴하고 있는 것이 현실입니다. '전통시장-주거지 연계 도시재생'은 전통시장과 주변 저층 주거지역을 연계한 새로운 도시재생 사업을 통해 전통시장이 다시금 지역 경제의 중심으로 복귀할 수 있도록 지원하는 사업입니다. 서울시는 다각적인 평가와 현장실사 등을 거쳐서 성북구 장위전통시장과 성동구 용답상가시장, 강서구 화곡중앙골목시장을 선정하고 2023년까지 각 100억 원 안팎의 사업비를 지원하기로 하였습니다.

성북구 '장위전통시장-주거지' 연계 도시재생사업 선정

전통시장 활성화·주거지 재생 100억원 확보

▲ 장위전통시장 성과공유회에서 이승로 성북구청장(앞줄 왼쪽에서 4번째)과 내외빈들이 다 함께 기념촬영을 하고 있다.

성북구(구청장 이승로)는 전통시장과 주거지 연계형 도시재생 시범사업지로 성북구 장위전통시장 일대가 선정됐다고 지난 7일 밝혔다. 서울시는 오는 2023년까지 100억원 안팎을 투입, 쇠퇴한 전통시장과 저층주거지를 연계하고 결합한 새로운 유형의 도시재생사업로 장위전통시장 일대를 선정했으며, 전국에서 처음 시도되는 도시재생 모델이다.

성북구는 2019년 6월부터 약 8개월간 현장거점공간(장위마을 소통방) 운영, 도시재생학교 및 소규모 도시재생사업 등 주민역량강화, 지역의제발굴, 거버넌스 구축 등 다양한 사업을 추진했으며, 전통시장 상인과 지역주민 등으로 구성된 주민협의체를 중심으로 다양한 의견을 수렴한 결과를 우수하게 평가를 받았다. 성북구는 올해에는 도시재생활성화계획 용역 수립, 도시재생지원 센터 운영을 통해 4년간의 사업의 초석을 다지고, 향후 본격적인 추진을 통해 공동체 조성 사업 뿐만 아니라 각종 SOC 사업 등을 통해 주민의 편의가 증대 될 것으로 본다.

김현아 기자 kjha07@sklbo.com

장위전통시장-주거지 연계 도시재생사업 선정(전국매일, 2020.2.10.)

우리 성북구는 2019년 6월부터 약 8개월 동안 전통시장 상인과 지역주민으로 구성된 주민협의체를 중심으로 의견을 수렴하고 장위마을 소통방을 운영하며 도시재생 학교와 소규모 도시재생 사업 등 주민역량 강화, 지역의제 발굴, 거버넌스 구축 등 다양한 사업을 추진해 온 결과 우수한 평가를 받았습니다.

그동안 다양한 시장 활성화 정책이 펼쳐져 왔지만 시장의 공간 개선에 한정되어 지역주민들과의 접점이 없었던 것이 사실입니다. 그러나 이번 사업은 상인과 주민이 함께 하는 도시재생 사업으로 지역에 필요한 복지시설, 주거지 방범·보안 시설, 도로, 담장, 주차장 등의 물리적 환경 개선은 물론 지역 공동체 회복까지 이루어나가게 됩니다.

지역 상인과 주민, 그리고 행정과 전문가가 힘을 모아서 이루어 냈기에 더욱 값진 도시재생 사업은 추진 과정에서도 지역 현안을 적극적으로 반영할 계획입니다. 이번 도시재생 사업을 통해 2023년 이후에 장위전통시장과 주변 생활권이 어떻게 변화할지 벌써부터 기대가 되고 있습니다.

〈골목상권 컨설팅도 대학교에서〉

성북구에서는 소상공인도 교수와 대학원생에게 컨설팅을 받을 수 있습니다. 우리 성북구는 한성대학교, 서울신용보증재단과 함께 골목상권 컨설팅을 지원했습니다. 한성대학교 지식서비스&컨설팅대학원은 정규 과정에 '지역-대학 연계수업'을 개설하였는데 여기에 교수와 대학원생이 함께 소상공인에게 컨설팅을 지원하는 것이 포함되었습니다. 서울신용보증재단은 소상공인 모집과 상권분석 정보 제공 등 '대학-지역 연계수업'을 통한 컨설팅이 원활하게 진행될 수 있도록 총괄 지원하였습니다. 첫 지원 대상은 한성대학교 근처 골목상권에 자리 잡은 소상공인 20개 업체였습니다.

이와 같은 지역과 대학 사이의 연계 수업은 지역 밀착 지원체계 구축의 하나로 우리 성북구가 자치구 최초로 대학이 함께 지역 사회 문제 해결 방안을 모색하는 신규 추진사업이었습니다. 이를 통해 대학은 학생들이 원하는 실전 중심의 교육과정을 운영하는 동시에 우수한 인적 자원을 활용해 지역 사회에 기여할 수 있는 기회를 만들었습니다. 소상공인은 지역 상권의 실제 고객이기도 한 교수와 대학원생이 참여하는 컨설팅을 통해 자신들의 사업 운영 방식을 보다 객관적으로 돌아볼 수 있는 시간을 가졌습니다. 지역과 대학이 함께 하는 컨설팅 지원을 통해서 우리 성북구는 소상공인들이 실제 현장에서 겪는 어려움과 건의 사항도 들을 수 있었습니다. 구청과 소상공인의 소통 결과는 관련 정책을 만드는데 적극적으로 반영하였습니다.

이번 골목상권 소상공인을 위한 컨설팅 지원 활동을 통해 성북구의 자원과 서울신용보증재단의 역량, 그리고 관내 대학교의 인재들이 힘을 모으면 소상공인들에게는 그 이상의 더 큰 힘으로 돌아간다는 것을 눈으로 확인할 수 있었습니다. 앞으로도 우리 지역의 많은 인재와 기관들이 '함께'의 가치를 되새길 수 있는 기회가 더욱 많아졌으면 하는 바람입니다.

〈대학이 시장과 협업하다〉

성북구 정릉동은 유네스코 세계문화유산에 등재된 정릉이 자리 잡고 있어서 많은 방문객이 찾아오고 있지만 정작 아리랑 시장은 낙후해지면서 위기를 맞았습니다. 이에 침체된 지역 시장을 활성화하기 위해 국민대학교 교수와 학생이 한마음으로 나섰습니다. 대학생의 아이디어를 활용해 침체된 전통시장을 활성화하기 위한 사업으로 중소벤처기업부와 소상공인시장진흥공단, 한국산학연협회가 지원하고 국민대학교 산학협력단, 링크플러스 사업단과 정릉아리랑시장 상인회가 공동 추진했습니다.

국민대학교와 정릉 아리랑시장과의 협업은 다양한 분야에서 펼쳐졌습니다. 국민대는 정릉아리랑시장 상인과 고객 인터뷰를 통해 대학생이 좋아할 만한 특화상점 4개를 선정하고 실내외 디자인을 개선했습니다. 식품영양학과 대학생들과 레시피 전문가의 협력으로 특화상품 레시피를 개발하고, 시각디자인학과 학생들은 정릉 아리랑 시장만의 캐릭터를 개발했습니다.

국민대, 정릉아리랑시장 활성화… 식당 메뉴 개발 참여

시장 식당서 시식회·품평회 열어
'특화 상점 레시피 고도화' 프로젝트
국민대 식품영양과, 전문가와 협업

국민대학교 식품영양학과 이민아 교수와 학생들이 신메뉴를 개발해 학교 인근 정릉아리랑시장 식당 세 곳에 제공하는 프로젝트를 추진한다. /국민대학교

국민대학교(총장 임홍재) 교수와 학생들이 신메뉴를 개발해 학교 인근 정릉아리랑시장 식당 세 곳에 제공하는 프로젝트를 추진한다. 국민대의 이번 프로젝트는 대학의 인력과 인프라를 활용해 지역 경제 활성화를 도모하는 모델이 될 것으로 기대된다.

"양념이 좀 자극적입니다. 간을 다시 맞춰야 할 것 같아요." 지난 7일 정릉아리랑시장. 한 무리의 상인들이 인근 식당들이 개발해 내놓은 신메뉴를 시식과 평가가 진행됐다.

이날 정릉아리랑시장의 식당 세 곳이 선보인 메뉴는 국민대 교수와 학생들이 연구한 레시피를 전수받은 것으로 이날 시식회를 통해 메뉴의 수정과 보완도 이뤄진다.

이날 시식회는 국민대학교의 '특화 상점 레시피 고도화' 프로젝트에 따른 것으로, 국민대 교수와 학생들은 식당 메뉴 중 대학생이 선호하는 맛과 괴리가 있는 일부 메뉴에 대해 청년들의 유인도가 높은 레시피를 신규로 개발하기 위해 지난 8월부터 약 2개월간 연구를 진행했다.

프로젝트에 따라 국민대 식품영양학과 이민아 교수와 학생들은 외부 전문가들과 함께 정릉시장의 식당들을 방문해 기존 메뉴들을 점검하고 신메뉴 개발 방향을 정했다. 이를 토대로 이달 첫 주 교내 구성원과 정릉아리랑시장 상인들을 대상으로 시식회와 품평회를 열었다. 국민대는 향후 신메뉴가 확정돼 판매되면 매출 증대 여부도 지속 모니터링해 지원을 지속할 계획이다.

국민대와 함께 지난 2개월간 머리를 맞댄 식당 세 곳은 새로운 메뉴로 고객을 찾을 계획이다. 양념·후라이드 치킨 위주의 우리잡양념통닭의 경우는 식재료의 트렌드 변화를 반영해 젊은이들의 입맛을 사로잡을 닭껍질 튀김, 닭똥집 튀김 등을 새로 선보여 승부수를 던질 계획이다. 또 부여식당은 삼겹살덮밥과 불고기덮밥을, 성원쌈밥은 닭목살볶음을 신메뉴로 추가해 시식 평가단으로부터 좋은 점수를 받았다.

전통시장 대학협력 사업추진단장을 맡은 국민대 글로벌창업벤처대학원 황보윤 교수는 "단순히 메뉴 개발을 넘어 젊은층이 선호할 수 있는 매장 인테리어, 서비스 등도 함께 고안했다"며 "향후 활동은 개발된 신메뉴 홍보를 위해 유튜브와 블로그 활동을 지원하는 소셜미디어 지원팀이 운영될 것이며 젊은층의 시장 방문을 증가시키기 위한 볼거리용 조형물 제작도 고려하고 있다"고 전했다. /한용수 기자 hys@metroseoul.co.kr

국민대. 정릉아리랑시장 활성화… 식당 메뉴 개발 참여(metro. 2019.10.14.)

또한 정릉아리랑시장의 이미지를 높이기 위해 시장만의 특화된 스토리텔링을 개발하고 조형물도 설치하였습니다. 지역주민과 함께하는 시식회 및 품평회, 특화상품의 상품화를 위한 실험가게 운영 등을 진행했습니다. 적극적으로 소셜미디어 홍보를 펼친 결과 매출액과 방문객이 20~30% 이상 늘어나는 성과도 이뤘습니다. 아울러 국민대 영화전공 학생들은 톡톡 튀는 아이디어를 바탕으로 일반음식점부터 마트, 베이커리, 부동산, 레스토랑에 이르기까지 다양한 점포가 어우러지는 정릉아리랑시장의 매력을 젊은 감각으로 담아낸 홍보영상을 제작했습니다.

이와 같은 전통시장 활성화 노력 속에 2019년 10월에는 정릉아리랑시장은 골목상권을 살리자는 취지로 방영된 골목식당에도 방영되어 전국적으로 큰 화제가 되기도 했습니다. 대학이 지역과 상생하는 것은 이제 대학의 필수 사업 중 하나가 되었습니다. 국민대와 정릉아리랑시장의 협업 성과를 바탕으로 더 많은 협업과 상생의 기회가 더욱 확산되기를 바라는 마음입니다.

사회적경제로 마을경제를 활성화하다

〈사회적경제제품 우선구매 7년 연속 목표 초과달성〉

우리 성북구는 2013년부터 사회적경제제품 우선구매 공시제를 시행하며 사회적경제가 지역 사회에서 뿌리내릴 수 있도록 실천해 오고 있습니다. '사회적경제제품 의무구매 공시제'는 성북구가 지난 2012년 '사회적경제제품 구매촉진 및 판로지원에 관한 조례'를 제정하고 전국 최초로 시행한 것으로 공공기관이 수의계약이 가능한 재화나 용역, 서비스를 구매하려고 할 경우 의무적으로 사회적경제제품을 우선구매하고 홈페이지에 구매계획과 실적을 공개하는 것입니다.

시행 초기에 연간 6억 원에 불과했던 사회적경제제품 구매액은 매년 급진적인 성장을 이어왔습니다. 2017년에는 연간 목표였던 50억 원을 넘어 59억 7,000만 원을 달성해 목표 대비 119.4%를 초과 달성했습니다. 2019년에는 목표액이었던 60억 원을 훌쩍 넘는 75억 4,000만 원을 달성해 125.7%나 초과 달성하였습니다. 이로써 성북구는 사회적경제제품 우선구매 공시제 시행 이후 7년 연속 목표 대비 초과 달성을 이루게 되었습니다. 공공 구매 시장에 참여한 사회적경제 기업과 구청의 관련 부서도 늘어나는 등 사회적경제제품에 대한 관심도 나날이 커지고 있습니다.

우리 성북구는 어떻게 '사회적경제제품 우선구매 공시제'를 성공적으로 이어올 수 있었을까요? 이것은 그동안 공시제와 함께 '마을공동체-사회적경제 한마당', '동북4구 공공 구매 박람회' 등을 통해 지속적으로 기업 홍보와 같은 정보를 제공하면서 기업의 판로를 확대해 왔기 때문에 가능한 일이었습니다. 사회적 가치를 살리는 사회적경제는 직접적인 보조금 지원도 중요하지만 물건이나 서비스를 구매함으로써 사회적경제 기업들이 스스로 자립할 수 있도록 하는 것이 가장 중요할 것입니다.

사회적경제 기업들의 판로를 지원하여 매출이 확대될 수 있도록 하였다면, 담보와 보증 없이 낮은 이자로 지원하는 것은 기업들의 고정비용을 낮춤으로써 자립을 지원하는 정책이라고 할 수 있습니다.

2021년 초 우리 성북구는 사회투자기금 융자사업을 진행했습니다. 이 사업은 사회적기업, 협동조합 등 사회적경제 조직이 성장할 수 있도록 담보와 보증 없이 낮은 이자로 융자를 지원하는 정책입니다. 서비스 업종이 대부분을 차지하는 사회적경제 조직의 특성상 물적 담보 제공이 쉽지 않아서 대표자의 연대보증만으로 융자받을 수 있도록 하였습니다. 지원 대상은 '성북구 사회적 가치 실현을 위한 사회적경제 기본 조례' 제2조 제5호에 따른 사회적경제 조직으로, 관내에서 활동하는 기업이나 조직은 모두 신청 대상에 포함되었습니다. 기업당 대출 한도는 3,000만 원이며 성북구 크라우드펀딩 성공 기업의 경우 4,000만 원까지 대출해 주었습니다. 대출 기간은 최장 5년에 대출금리는 연 0.75%로 성격이 비슷한 기금 가운데 전국에서 가장 낮은 이자였습니다. 상환 방식은 거치 기간 없이 원리금 균등분할 상환을 원칙으로 하였습니다.

우리 성북구는 지난 2016년 하반기에 사회투자기금 융자사업을 처음으로 시행한 이후 총 41개 기업에 걸쳐 12억 2400만 원을 융자하였습니다. 사회투자기금 융자사업을 이윤보다는 사람이 목적인 사회적경제 조직의 성장을 도와서 지역 경제와 공동체 활동을 활성화하는데 큰 역할을 해 왔습니다. 이에 발맞춰 기금을 융자받은 기업 또한 해당 기업의 자립 운영을 지원받는 것에서 그치지 않고 지역 사회 문제 해결과 사회적경제 생태계 활성화에 일조하고 있습니다. 앞으로도 사회적경제를 포함한 지역경제 활성화를 통해 모두가 잘 살고 공존할 수 있는 더 가까운 이웃, 모두가 행복한 성북을 만들기 위해 최선을 다할 것입니다.

〈소상공인과 사회적경제 조직이 뭉치다〉

장위전통시장은 코로나19 재확산으로 가장 큰 타격을 받은 곳입니다. 코로나19 집단감염이 발생한 교회가 바로 인근에 위치해 있었기 때문입니다. 평소에 비해서 90%까지 매출이 떨어지면서 위기를 피부로 느끼게 되었습니다. 이에 우리 성북구는 사회적기업과 봉제 소공인 협업체를 구성해 장위전통시장 상인을 위한 유니폼을 제작, 배포하였습니다.

성북구의 소상공인-사회적경제 골목상권 활성화 프로젝트는 서울시 사회적경제지원센터로부터 소상공인과 골목경제 위기를 극복하는 방안을 모색하고 협력과 연대의 사회적 가치를 실천하며 상생하는 골목상권을 만들기 위한 공모사업에 지원하면서 시작되었습니다. 이 가운데 우리 성북구는 2개의 사회적기업과 1개의 예비사회적기업 및 3개의 봉제 소공인 협업체를 구성하고 윤리적 패션 기반의 유니폼 제작 지원사업을 진행하였습니다. 장위시장의 특성을 살린 상인과 종사자의 유니폼 120벌을 제작, 배포함으로써 장위전통시장의 이미지를 개선하고 환경친화적인 패션의 필요성과 가치를 홍보하였습니다.

장위전통시장뿐만 아니라 지역 내의 전통시장별로 7종의 유니폼 샘플을 제작하고 3종의 유니폼을 시제작하여 온라인과 오프라인 진출을 위한 제품 촬영도 진행했습니다. 이 유니폼은 사회적경제제품 판매관과 온라인을 통해 시장 상인들과 일반인들에게 판매하였습니다.

하나로 어렵다면 둘, 둘로 어렵다면 셋, 모이고 모일수록 우리의 힘은 더욱 커질 수 있습니다. 우리 지역의 소상공인들이 적극적인 협업을 통해서 지역사회 공헌활동과 사회적경제의 가치를 확산시키는데 더 큰 힘을 발휘하기를 바랍니다.

〈성북이 발굴하고 키우는 청년 사회적기업가〉

2020년 7월에는 지역 사회 문제를 창의적이고 혁신적인 방법으로 해결하는 청년 사회적기업가 육성을 위한 '청년 소셜벤처 혁신경연대회'를 열었습니다. 참가 자격은 2인 이상으로 구성된 예비창업팀이나 창업 2년 미만의 소셜벤처, 사회적경제 기업으로, 만 19세에서 39세 청년이 전체 팀원의 50% 이상 있는 기업이었습니다.

사회변화를 꿈꾸는 청년들의 참신하고 역량 있는 아이디어를 공모해 비즈니스 모델을 발굴하고 청년 창업을 지원함으로써 지역경제 활성화에도 기여하기 위해 기획된 '청년 소셜벤처 혁신 경연대회'에는 1차 서류 심사를 통해 6개 팀이 참가하여 3주일 동안 사회적경제의 이해, 소셜벤처 창업, 린스타트업을 주제로 전문적인 교육과 사업계획에 대한 전문 컨설팅을 받았습니다. 그리고 최종 4개 팀이 선정되어 최대 1,000만 원의 사업개발비를 지원받았습니다.

1년 뒤인 2021년에는 15개 팀이 응모하여 1차 서류 심사를 통해 9개 팀이 경연에 참가하였고 최종 6개 팀이 수상의 영광을 안았습니다. 두 번의 소셜벤처 혁신경연대회는 청년 기업의 참신한 아이디어와 사회 문제의 다양한 해결 방법을 확인하고 그들의 뜨거운 열정과 노력, 실력을 엿볼 수 있는 시간이었습니다.

청년은 혁신성장동력이자 미래 경제의 주역입니다. 어려운 경제 상황으로 인해 청년 일자리가 많이 부족하지만 창의적이고 패기 있는 청년들이 경제공동체 활성화에 앞장서는 청년 기업가로 성장하여 지역 사회에서 자신의 꿈을 실현하고 더불어 사회적 가치를 확산하는 모습을 지켜보고 싶습니다. 앞으로도 성북구는 청년들의 열정이 사회적경제 분야에서 발휘될 수 있는 다양한 기회를 마련하여 청년의 목소리를 현장에 담아내도록 노력하겠습니다.

2021 성북구 청년소셜벤처 혁신경연대회 수상자들

청년창업의 생태계를 만들다

전국 기초지방자치단체 가운데 가장 많은 대학교가 자리 잡은 성북구는 다른 지역과 달리 청년의 목소리에 귀 기울이고 청년의 아이디어를 적극 반영하며 다양한 청년정책을 펼쳐 왔습니다.

2020년 9월 성북구는 청년 창업 우수기업을 발굴하고 육성하기 위해 고려대, 국민대, 동덕여대, 서경대, 성신여대, 한성대 등 지역 내 6개 대학교와 '4차 산업 일자리 창출을 위한 관학협력 업무협약'을 체결하였습니다.

협약 첫 사업으로는 대학 창업지원단과 연계해 1인 창조기업인에게 제공되던 도전숙 하반기 공급물량을 창업 준비 대학(원)생에게까지 확대 개방하는 것이었습니다. 청년 창업에 뛰어든 도전자들에게 주거비 부담을 줄여주어 창업 활동에 전념할 수 있는 주거 공간과 사무공간을 동시에 제공하는 것입니다.

대학이 많은 우리 성북구는 그만큼 우수한 인재도 많습니다. 이 업무협약을 통해 우리 성북구의 뛰어난 인프라에 지역 내 대학의 우수한 인재가 더해져 일자리 창출과 경제 활성화 부분에서 생각 이상의 시너지를 보여주며 지역 사회에 활력을 불어넣고 있습니다.

2020년 9월에 진행된 성북구와 지역 6개 대학과의 관학 협력사업 체결 이후 관련 사업이 적극적으로 펼쳐졌습니다. 2021년 6월에는 '성북청년 창업챌린지'가 진행되었습니다. '4차 산업 일자리 창출을 위한 관학협력 업무협약'의 일환으로 성북구와 지역 6개 대학의 창업지원단이 공동으로 추진하였습니다.

성북구, 관내 6개 대학교와 업무협약 체결

청년 스타트업 지원 및 일자리 창출 도모

▲ 성북구가 관내 6개 대학교 관내 6개 대학교(고려대, 국민대, 동덕여대, 서경대, 성신여대, 한성대)와 지난 18일 '도전숙' 12호점 커뮤니티실에서 관·학 협력 업무협약을 체결했다.

성북구가 관내 6개 대학교(고려대, 국민대, 동덕여대, 서경대, 성신여대, 한성대)와 지난 18일 '도전숙' 12호점에서 관·학 협력 업무협약을 체결했다. 구와 각 대학은 4차산업을 선도할 인적자원을 활용해서 청년 스타트업을 지원하고 일자리 창출을 도모하는 내용으로 협약을 맺어 지역 사업 발전의 초석을 다졌다. 이를 통해 구에서는 코로나-19 장기화로 인한 지역경제 악화, 청년실업률 상승이라는 최악의 상황을 타개하고 침체된 지역 분위기를 반등시키고자 했다. 구는 자치구 중 최다 대학 소재지로, 우수한 인적자원이 풍부해서 발전 가능성이 매우 높은 곳으로 꼽힌다. 또한 최근 홍릉지역이 '강소연구개발특구'로 지정되면서 관·학 협력 MOU 체결로 지역의 신성장 산업 발전과 관련 분야 일자리 창출을 동시에 꾀하고 있는 지역이다. 그 첫 번째 사업으로 대학 창업지원단과 연계해서 1인창조기업인에게 제공되던 '도전숙'의 올해 하반기 공급물량을 창업 준비 대학(원)생까지에게까지 확대 개방함으로써, 주거비 부담을 줄여 창업활동에 전념할 수 있도록 주거공간과 사무공간을 동시에 제공하기로 했다.

이승로 구청장은 "이번 업무협약이 정부의 한국판 뉴딜정책에 발맞추어 관내 6개 대학교의 우수한 인력과 성북구의 인프라가 함께 긍정적인 시너지를 낼 것으로 기대하고 있으며, 나아가 일자리 창출과 경제 활성화를 통해서 지역사회에 활력을 불어넣을 수 있도록 최선을 다하겠다"고 했다.

김현아 기자 k_ha07@skibo.com

성북구. 관내 6개 대학교와 업무협약 체결(산경일보. 2020.9.22.)

성북구에 자리 잡은 창업 3년 이내 초기 창업자나 기업, 또는 성북구에 창업 예정인 예비창업자이면서 대표자 나이가 만 39세 이하인 기업이 신청했습니다. 성북구는 이번 사업을 통해 ICT, 앱, 플랫폼 개발, 소프트웨어, 감염병 예방 등 유망한 사업 아이템과 기술을 갖고 있는 청년을 발굴해 창업을 지원했습니다. 특히 성북구의 제조업 가운데 많은 부분을 차지하는 '패션의류 제조업' 분야의 스마트화 창업 아이템을 제출한 팀에는 가점을 부여하여 청년 기업의 아이디어가 실제 지역 산업 개선을 위해 쓰일 수 있도록 하였습니다.

1차 서면심사, 2차 대면심사를 거쳐 최종 9개 팀이 선발되었습니다. 2021년 말까지 사업화 지원금 300만 원을 활용해 대학 창업지원단과 성북구에서 운영하는 1인 창조기업지원센터의 심층 멘토링을 받으며 사업을 추진하였습니다.

코로나19로 소비와 투자가 위축되면서 많은 청년 창업가들이 어려움을 겪고 있습니다. 좋은 사업아이디어와 기술을 가지고 있어도 초기 자금이 부족해서 실행하지 못하는 경우도 많았습니다. '성북청년창업챌린지'를 통해 청년 기업가들의 첫 출발을 도울 수 있었습니다.

이외에도 예비 기업가들을 위한 성북구의 아낌없는 지원은 다양한 분야에서 펼쳐졌습니다. 그중 하나가 바로 2011년에 문을 연 1인 창조기업지원센터입니다. 성북구와 서울상공회의소 성북구상공회가 힘을 모아 운영하는 1인 창조기업지원센터는 최대 27개 기업이 활동할 수 있는 사무실과 회의실, 미디어실 등이 마련되어 있으며 예비 창업가들을 위한 각종 서비스를 제공합니다. 센터에서는 사업을 구상할 공간이 필요하지만 대여료가 부담되는 사람들을 위한 사무실 제공을 기본으로 1인 창조기업을 위한 창업 교육, 세미나, 네트워크 활동 지원, 전문가 멘토링, 기술 · 법률 · 세무 상담 등을 지원하며, 프로젝트 계약 수주, 정부 지원사업 선정 지원과 함께 신규창업, 지식재산권 출원 지원 등 선택형 사업에 대해서도 지원을 아끼지 않고 있습니다.

이처럼 예비 기업가들을 위한 마중물 역할을 하는 성북구 1인 창조기업지원센터가 중소벤처기업부에서 실시한 '2020년도 1인 창조기업 지원센터 최종 평가'에서 최고등급인 S등급을 받았습니다. 이는 2011년 문을 연 이후 10년 연속 받은 최고등급으로 전국 1인 창조기업지원센터의 모범 사례가 되고 있습니다. 이번 운영실적 평가는 전국 50개 1인 창조기업지원센터를 대상으로 세부 평가지표에 따라서 대면과 비대면 실사 평가로 진행되었습니다.

성북 '1인 창조기업 지원센터' 10년 연속 최고 등급

창업 준비생들을 위한 서울 성북구의 아낌없는 지원이 빛을 발하고 있다.

구는 '성북구 1인 창조기업 지원센터'가 중소벤처기업부에서 실시한 '2020년 운영실적 최종평가'에서 최고 등급(S등급)을 받았다고 15일 밝혔다. 이번 평가는 전국 50개 센터를 대상으로 이뤄졌다. 구 관계자는 "센터는 '1인 창조기업 육성에 관한 법률'에 따라 2011년에 설치한 이후 올해까지 10년 연속 최고 등급을 받아 전국 1인 창조기업 지원센터의 모범사례가 되고 있다"고 평가했다.

구와 서울상공회의소 성북구상공회가 함께 운영하며 최대 27개 기업이 활동할 수 있는 사무실과 회의실, 미디어실 등이 마련돼 있다. 센터는 예비 창업가들을 위해 각종 서비스를 제공한다. 사업을 구상할 공간이 필요하지만 대여료가 부담되는 사람들을 위해 사무실을 제공한다. 세무·법률 등 전문 지식이 필요한 영역에 대한 전문가 자문도 지원한다.

구는 이와 더불어 청년 창업가와 청년 기업들이 성장할 수 있는 기반을 조성하기 위해 다양한 사업을 펼치고 있다. 2000년 장위동에 벤처창업지원센터를 연 이후 중장년기술창업센터와 1인 창조기업인을 위한 공공임대주택인 '도전숙'을 차례로 열어 운영하고 있다.

이승로 성북구청장은 "센터가 최종평가에서 최우수 등급을 받을 수 있었던 건 그간 창업가들을 육성하기 위해 지속적인 관심을 가지고 지원한 결과"라면서 "앞으로도 성북구가 창업 최우수 자치구로 자리매김할 수 있게 예비창업자들이 1인 기업으로 성장하고, 더 나아가 중견기업으로 도약할 수 있도록 지원을 아끼지 않겠다"고 말했다.

조희선 기자 hsncho@seoul.co.kr

청년 창업가를 지원하는 서울 성북구 1인 창조기업 지원센터 내부. 2011년 문을 연 이후 운영실적 평가에서 10년 연속 최고등급을 받았다. 성북구 제공

성북 1인 창조기업지원센터 10년 연속 최고등급(서울신문. 2021.4.16.)

우리 성북구의 1인 창조기업지원센터가 최우수 등급을 받을 수 있었던 것은 그동안 창업가들을 육성하기 위해 지속적으로 관심을 갖고 지원했기 때문입니다. 우리 성북구는 이 외에도 청년 창업가와 청년 기업들이 성장할 수 있는 기반을 조성하기 위해 다양한 노력을 펼치고 있습니다. 지난 2000년 장위동에 벤처창업지원센터를 연 이후에 중장년기술창업센터와 도전숙을 차례로 열고 운영하며 스타트업 육성에서부터 1인 기업인의 주거 문제까지 해결하는 등 다양한 창업 지원 사업을 펼치고 있습니다. 앞으로도 우리 성북구는 창업 최우수 자치구로 자리매김하여 예비창업자들이 1인 기업으로 성장하고 더 나아가 중견 기업으로 도약할 수 있도록 지원을 아끼지 않을 것입니다.

여러 대학이 포진해 있는 우리 성북구는 그만큼 1인 가구 비율도 높습니다. 특히 대학이 있는 안암동, 동선동, 정릉동, 삼선동 등에는 혼자 사는 청년들이 상당히 많습니다. 혼자 사는 청년 창업인들에게 사무공간과 주거 공간을 함께 제공하는 직주혼합형 공공임대주택 '도전숙'이 큰 호응을 얻고 있습니다.

도전숙은 도전하는 사람들의 숙소라는 의미로 다양한 창업자가 모여서 협업과 네트워크를 이루는 공간입니다. 도전숙은 성북구청과 SH서울주택도시공사, 서울지방중소벤처기업청 등 유관 기관과 협력해 공공임대 주택 활용 창업지원사업의 일환으로 2014년 정릉에 1호점을 연 것을 시작으로 16호점까지 입주를 지원했으며, 2022년에는 길음청년창업거리에 16호점이 들어설 예정입니다. 원룸, 1.5룸, 2룸, 3룸 등 다양한 유형의 임대주택을 공공주택 임대가격으로 사용할 수 있도록 해서 많은 예비 창업가들의 관심을 받고 있습니다. 이곳에서 청년들은 입주민 간의 커뮤니티를 만들어서 다양한 창업자들과 소통하며 정보를 주고받고 있습니다. 창업 초기 기업에 비교적 저렴한 가격으로 일자리와 주거 공간을 해결하도록 지원한다는 점에서 다른 지방자치단체가 벤치마킹하는 대표적인 창업지원 모델이기도 합니다.

2017년에는 '좋은 정책 최우수상'을 수상하면서 정부 주도형 창업 정책의 새로운 패러다임을 제시한 도전숙에는 천연 아로마 에센셜 오일을 블렌딩한 뷰티 상품을 개발하는 '아로마시스', 단체티 주문 제작과 과점퍼 등을 제작하는 '탐티', 나만을 위한 의상을 제작하는 '이안 의류 디자인' 등 청년기업 140여 곳이 활동하고 있습니다.

성북구, 균형발전박람회 '산자부 장관상'

도전숙, 성북창작소 통해 지역혁신 성장과 창업 활성화 기여

성북구(구청장 이승로)가 '2019 대한민국 균형발전박람회'서 지역 균형발전에 기여한 공로로 산업통상자원부 장관상을 수상했다.

산업통상자원부와 국가균형발전위원회가 주최한 이번 박람회는 지역이 주도하는 일자리 창출과 지역산업진흥을 통한 국가균형발전에 기여한 단체와 개인에게 자긍심을 고취하고자 9월27일까지 전남 순천만 국가정원 일대에서 개최됐다.

두 기관은 박람회 개최에 앞서 지난 4월 지역혁신 사례 공모를 실시하고, 5월부터 8월까지 공개검증과 내부심사를 통해 표창대상자를 확정했다.

성북구는 도전숙, 성북창작소 등 혁신사례와 함께 1인 창조기업 지원센터, 창업지원센터에서의 체계적인 창업지원활동을 통한 지역 창업생태계 구축에 따른 공로가 인정돼 기관표창을 받게 됐다.

특히 청년창업인에게 제공되는 직주혼합 형태의 '도전숙'은 창의적인 우수사례로 선정돼 균형발전박람회 지역특별관에 전시돼 다른 지자체의 벤치마킹 대상이 되기도 했다.

박람회는 '혁신적 포용국가를 위한 균형발전'을 주제로 전시박람회, 정책박람회, 국민참여박람회 장으로 진행됐다.

이승로 성북구청장(좌측 다섯 번째)이 최근 전남 순천에서 열린 '2019 대한민국 균형발전박람회'에서 산업통상자원부 장관상을 수상후 관계자들과 포즈를 취하고 있다.

전시박람회는 정책관, 시도관 및 지역특별전, 혁신관을 운영하며 서로 정보를 교류했다.

정책박람회는 국가균형발전 정책에 대한 지식인들의 토론의 장으로 진행됐다.

국민참여박람회는 지역혁신가 대회, 토크쇼 등으로 펼쳐졌다.

이승로 성북구청장은 "성북구는 지역경제의 혁신발전과 청년 창업문제를 해결하기 위해 수많은 고민을 해왔다"며 "이번 상은 성북구의 혁신을 이끌어 온 구민과 직원들의 노력의 결과"라고 모든 공을 구민과 직원들에게 돌렸다.

그러면서 "앞으로도 청년창업 지원을 통한 성북구의 창업생태계 조성과 혁신성장을 위해 더욱 더 노력할 것"이라고 밝혔다.

문명혜 기자 /myong5114@daum.net

성북구, 균형발전박람회 산자부 장관상(시정신문, 2019.10.3.)

특히 스타트업 단계에서부터 성북구의 지원을 받아 성장한 도전숙 입주기업인 오투엠은 세계 최초로 산소 발생 마스크를 개발하여 세계로 수출하는 등 큰 성과를 보이고 있습니다. 오투엠은 코로나19가 발생하자 자체 제작 마스크를 기부하며 창업 지원을 통해 기업이 성장하고, 그 성과를 다시 지역 사회에 환원하는 건강한 선순환의 모범 사례를 선보이기도 했습니다.

2019년 11월에는 도전숙의 경험을 바탕으로 한 새로운 맞춤형 공공주택인 성북 창조인빌 개관식이 있었습니다. 성북 창조인빌은 기존의 임대주택 개념이 아닌 맞춤형 주거정책입니다. 낙후되었던 주변 환경을 개선하고 다양한 계층의 전문가가 입주함으로써 지역 일자리 창출과 지역 공동체 활성화에 기여하는 새로운 개념의 공동주택입니다.

하월곡동에 12개 동 138세대로 지어진 '성북 창조인빌'은 SH서울주택도시공사가 공공주택형식으로 공급하고, 성북구가 입주 대상자를 선정하여 맞춤형 주거 공동체를 조성하여 같은 해 7월부터 입주를 시작했습니다. 이곳에는 문화예술인, 도시형 신혼부부, 홍릉밸리 창조문화벨트 종사자, 벤처창업자, 캠퍼스타운 종사자, 도시재생 · 마을공동체, 사회적경제 분야 종사자, 방과 후 교육, 체육, 지역 문화 및 지역 사회 발전 등 다양한 분야의 구성원이 거주하고 있습니다. 창업자가 입주 대상이었던 도전숙과 다른 점입니다.

청년을 위한 창업 생태계 구축은 미래 혁신 성장 동력인 청년들을 위한 가장 기본적인 지원정책입니다. 청년 창업가와 기업가가 걱정 없이 살고 일할 수 있는 기반을 만들어준 도전숙을 통해 실제로 성북 출신의 기업가가 많이 늘어나는 성과를 거두었습니다. 여기에서 더 나아가 성북 창조인빌을 통해 다양한 분야에서 도전하는 이들과 함께 문화, 경제 등 지역 전반에 활기를 불러오는 젊은 성북을 기대해 봅니다.

2

제조업의 희망, 패션봉제산업을 육성하다

보문동, 의류제조 소공인 집적지구로 지정되다

최근 반가운 소식이 들려왔습니다. 넷플릭스 드라마 '오징어게임'이 전 세계에서 인기를 얻자 드라마에서 입었던 추리닝도 인기가 치솟아 코로나19로 직격탄을 맞은 봉제산업에 효자노릇을 하고 있다는 소식이었습니다. 여기에 핼러윈 데이까지 겹치면서 국내 봉제업체에 오징어게임에서 입었던 추리닝 제작주문이 쏟아졌다고 합니다.

반가운 마음에 2021년 10월 21일 하월곡동에 있는 아이리스 무역 봉제공장으로 달려갔습니다. 작업장에서 쉴 새 없이 울려 퍼지는 기계 돌아가는 소리가 그렇게 정겨울 수가 없었습니다. 고종현 아이리스 대표는 중국산에 비해 국내산이 비싸긴 하지만 원사 질에서부터 마감까지 국내산이 품질을 압도한다는 자신감을 내보였습니다. 작업장 안의 신명나는 웃음소리 탓인지 오징어 추리닝을 앙증맞게 입은 고종현 대표의 손녀딸이 '구청장 할아버지'라고 부르며 건네는 사탕 하나가 그렇게 달콤할 수가 없었습니다.

우리 성북구는 서울 종로구와 중랑구에 이어 봉제공장이 세 번째로 많은 지역입니다. 관내 2,144개 제조업 사업체 가운데 70%인 1,510개가 봉제업체이니 성북구의 주력사업이라고 해도 과언이 아닙니다.

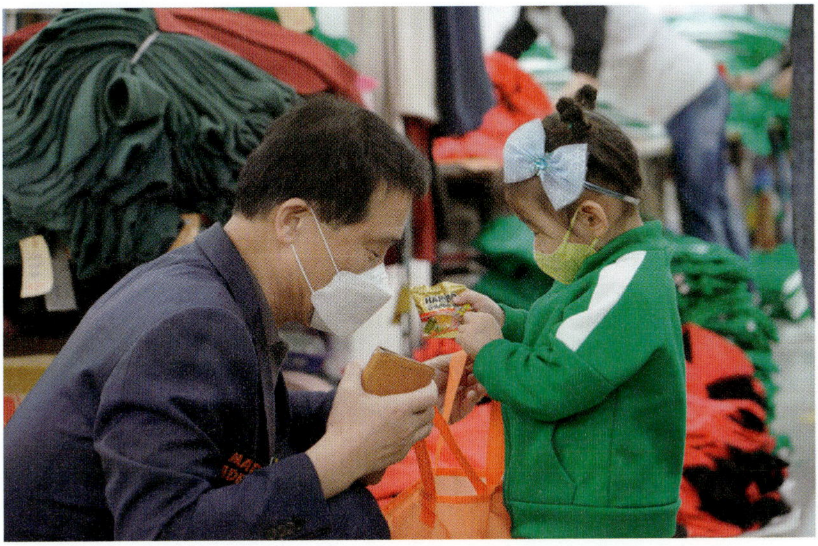

하월곡동 아이리스 무역 봉제공장 방문(2021.10.21.)

성북구 보문동과 장위동, 월곡동, 석관동 일대에는 상대적으로 많은 봉제공장이 자리 잡아 밤낮없이 재봉틀을 돌리며 동대문 시장의 배후지역으로 의류산업을 뒷받침하고 있습니다.

동대문의 패스트 패션 시스템은 다른 의류 브랜드들과는 조금 다른 제작·유통 과정을 거칩니다. 의류 도매상에 고용된 디자이너가 원단과 부자재를 구입하면 근처 지역 봉제공장에서 샘플과 패턴 작업을 거쳐서 완제품을 제작하고 다시 동대문 시장에 유통하는 방식으로 동대문 시장 반경 10km 안에서 디자인과 생산, 판매 등 모든 과정이 이루어집니다. 이것은 봉제공장들이 동대문 시장 근처에 밀집해 있어서 가능한 일입니다.

섬유 봉제업은 10인 이하의 소규모 영세업체들이 대부분입니다. 작업장 환경은 열악하고 힘든 일은 하지 않으려고 하는 추세 속에서 섬유봉제 사업환경은 날로 악화되어 가고 있습니다. 여기에 코로나19까지 더해져서 의류제조 소공인들의 어려움은 더욱 심화되고 있습니다.

지난 2018년 중소벤처기업부는 성북구 보문동 의류제조 집적지를 비롯해 서울과 경기, 대구의 소공인 밀집 지역 5곳을 '도시형 소공인 집적지구'로 지정하고 공동기반 시설 구축을 지원했습니다. 집적지구로 지정되면 소공인의 조직화와 협업화를 유도하고 활성화하여 경쟁력을 높이기 위해 공동창고와 공동장비, 공동시설 등 기반시설 구축과 소공인 지원사업과 특화지원센터 설치 등을 통해 다양한 정책지원을 받을 수 있습니다.

봉제공장이 밀집해 있는 보문동은 집적지구 지정을 통해 53억 원을 지원받았습니다. 이와 같은 정부 지원을 통해 보문동은 집적지 내에 공동기반 시설을 조성하여 경영의 어려움을 극복하고 자생력과 경쟁력을 갖춰서 일자리 창출에 기여할 수 있는 기반을 만들 수 있게 되었습니다.

성북구의 봉제산업 발전을 위해 구청도 발 벗고 나섰습니다. 2018년 11월에는 구민 일자리를 창출하고 패션 봉제 소공인의 경쟁력을 키워주고 지역경제 발전에 기여하는 '성북구 패션봉제지원센터(보문동 공동작업장)'을 개관하고 본격적인 운영에 들어갔습니다.

보문동에 자리 잡은 패션봉제지원센터는 시비 19억 8,000만 원을 투입해 지상 4층, 331㎡ 규모로 건립되었습니다. 1층은 공동전시·판매장, 2층은 공동작업장, 3층은 교육장과 회의실, 4층은 청년 온라인 쇼핑몰 창업 공간으로 사용되고 있습니다. 지원센터에는 디자인부터 제조까지 원스톱으로 봉제작업을 할 수 있는 공간과 재단판, 사절미싱 등의 장비가 마련되어 있어서 10인 미만의 사업자로 등록한 의류제조 소공인들이 무상으로 대여해 공동으로 작업할 수 있습니다. 이와 더불어 우리 성북구는 지원센터 안의 공동작업장에서 의류 제조 종사 경험자와 취업·창업 희망자를 위한 특수봉제 심화 교육도 진행하고 있습니다.

교육을 수료한 뒤에는 사무실 무상제공 등 청년 창업 인큐베이팅 지원사업을 통해 일자리 창출에도 기여하고 있습니다. 특히 공동작업장 외에 제품을 홍보할 수 있는 공동 전시판매장을 상설 운영하며 지역주민들에게 패션봉제산업에 대한 관심을 높여서 영세봉제 소공인의 판로개척에도 앞장서고 있습니다. 우리 성북구에는 보문동뿐만 아니라 장위동에도 지하 1층~지상 2층 규모의 패션봉제지원센터가 있어 봉제 소공인들의 지원을 아끼지 않고 있습니다.

2020년 3월 보문동 주민 400명이 성북구 패션봉제지원센터를 활용하여 '보문희망마스크' 1만 6천 개를 제작하여 보문동 전 주민에게 전달

소규모 사업장이 대부분을 차지하는 봉제업이 패션봉제지원센터를 통해 업체들의 협업과 공동작업으로 원가를 절감하고 생산성을 높이는 것은 물론 판매량 증가까지 이어지고 있습니다. 패션봉제지원센터는 일자리 창출을 통한 지역경제 활성화와 경제발전으로 이어지는 중요한 공간입니다.

성북 스마트패션산업센터 외경

여기에서 더 나아가 도심제조업의 미래 혁신성장을 위해 스마트장비를 갖춘 성북 스마트패션산업지원센터도 건립하였습니다. 지역 내 밀집해 있는 1,500여개의 봉제업체들을 체계적으로 지원하기 위하여 지난 2018년부터 중소벤처기업부, 소상공인시장진흥공단, 서울특별시와 협약을 맺고 '도시형 소공인 집적지구 공동기반시설 구축사업'을 진행한 결과 4년의 투자 끝에 마침내 2021년 12월에 성북 스마트패션산업센터라는 결실을 맺을 수 있었습니다.

성북 스마트패션산업센터는 지하1층/지상4층, 연면적 591.53㎡의 규모로, 패션봉제산업의 디자인부터 제조, 유통에 이르기까지 하나의 공간에서 모든 업무가 가능하도록 최첨단 스마트팩토리 기반시설을 갖추고 있습니다.

끊임없이 변화하는 트렌드 속에서 젊고 창의적인 아이디어로 탄생한 다양한 제품을 유통 마진 없이 착한 가격으로 제공하여 대한민국의 섬유산업을 이끌 수 있도록 아낌없이 지원하겠습니다.

서울시 동북권 패션봉제산업을 이끌다

2021년 6월 서울시 동북권 패션봉제산업 발전협의회 5대 회장으로 제가 선출되었습니다. 전년도 4대 회장에 이어서 1년 더 연임한 것입니다. 2017년에 결성된 협의회는 패션봉제산업의 발전과 지역경제 활성화를 위해 봉제업체가 밀집된 성북구 · 종로구 · 중구 · 성동구 · 광진구 · 동대문구 · 중랑구 · 강북구 · 도봉구 9개 자치구가 활동하고 있습니다.

1,500여 개의 의류 봉제업체가 모여 있는 성북구는 봉제산업의 중심지라고 해도 과언이 아닙니다. 의류봉제가 성북구 제조업의 70%를 넘는 비중을 차지하는 성북구의 수장으로서 저 또한 큰 관심과 기대를 갖고 패션봉제 관련 정책을 펼쳐왔습니다.

2020년에는 코로나19로 인해 주문량이 크게 줄어들고 수출길까지 막히면서 봉제산업이 어려움에 처하자 우리 성북구는 국민안심마스크 제작을 요청하여 총 30만장의 선주문을 넣었습니다. 이를 통해 숨통이 트인 패션봉제협회에서는 이에 보답하기 위해 마스크 1만 장을 만들어서 형제의 나라 터키에 기부하는 선순환도 이어졌습니다. 코로나19 위기 속에 발로 뛰며 일감을 만든 것에 대해서 의류봉제업체를 대표하는 (사)서울패션섬유봉제협회로는 저에게 감사패를 주기도 했습니다.

언제나 현장의 목소리에 귀 기울이고 발 빠르게 대응해 온 저는 '열악한 근로환경 개선과 안전한 작업환경 조성을 통한 의류제조업체 경쟁력 강화'라는 의류봉제산업 현장의 목소리를 정책에 반영하기 위해 끊임없이 노력하였고 4대 협의회 활동 중에는 의류제조업체 작업환경 개선에 쓰이는 총사업비 예산 삭감을 막아내기도 했습니다. 이와 함께 불법 라벨갈이를 근절해 달라는 의견을 즉각 반영하여 원산지 표시에 대한 불법 라벨갈이 근절 홍보비 예산을 지원하기도 했습니다.

이승로 성북구청장, 서울 동북권 패션·봉제산업 발전協 회장 연임

"봉제업체 생태계 유지 위해 공동의 노력 필요"

패션봉제업체 집적지 성북구 수장…패션봉제업에 대한 남다른 애정 보여

서울 동북권 패션·봉제산업 발전협의회(이하 발전협) 5대 회장으로 이승로 성북구청장이 연임 선출됐다.

이 구청장은 "봉제업체의 염원이 정책에 반영되도록 적극적으로 목소리를 내고, 자치구 패션·봉제산업의 당면 과제를 해결하기 위해 지속적으로 노력하겠다"고 포부를 밝혔다.

성북구는 1500여개의 패션봉제업체가 집적된 봉제산업의 중심지로, 이승로 구청장은 서울시 패션봉제 산업과 관련 정책에 대해 각별한 애정을 보여왔다.

이 구청장은 4대 발전협 주요 성과로 지난해 협의회 소속 9개 자치구(종로구, 중구, 성동구, 광진구, 동대문구, 중랑구, 성북구, 강북구, 도봉구)와 진행한 '국민안심마스크'사업을 꼽았다.

코로나19로 인해 주문량 대폭 감소, 수출길까지 막히는 극심한 보릿고개를 겪던 패션·봉제협회에 성북구가 국민안심마스크를 제작해달라며 대량 제작 선주문을 넣었고, 발전협의회 자치구들이 뜻을 같이 했다.

착한 일감을 통해 숨통이 트인 패션봉제협회에서 이후 보답으로 마스크 1만장을 만들어 형제의 나라 터키에 기부하는 선순환이 이어졌다.

특히 발전협은 열악한 작업환경 현장을 서울시에 지속적으로 호소해 올해 의류제조업체 작업환경개선에 쓰이는 총 사업비 예산 삭감을 막아냈다.

또 불법 라벨갈이를 근절해달라는 봉제업체 관계자 의견을 즉각 반영해 원산지 표시에 대한 불법 라벨갈이 근절 홍보비 예산을 지원하기도 했다.

이 구청장은 이번 5대 협의회 핵심 역할은 "도심 속에서 봉제업이 산업생태계를 유지하고 자체 경쟁력을 키울 수 있도록 돕는 것"이라고 강조했다.

이 구청장은 "봉제업 근로 환경을 개선해 고용이 안정되고 건강한 일자리가 창출돼야 봉제산업이 유지·발전할 수 있다"면서 "동북권 9개 자치구, 서울시와 협력해 관련 예산 확대 편성을 위해 노력할 것이며, 중앙정부와 함께 모여 이에 대해 논의할 수 있는 자리 또한 마련하고자 한다"고 답했다.

박창복 기자 parkch@jeonmae.co.kr

지난해 11월 동북권패션·봉제산업 발전협의회 정기총회에서 발언하는 이승로 구청장.

이승로 성북구청장. 서울 동북권 패션 · 봉제산업발전협회장 연임(전국매일. 2021.7.15.)

제5대 서울시 동북권 패션봉제산업 발전협의회는 여기에서 더 나아가 봉제업체가 도시 외곽으로 이탈하지 않고 도심 속에서 건강한 산업생태계를 유지하고 자체 경쟁력을 키우기 위한 다각적인 활동을 펼치고 있습니다. 열악한 봉제업체 근로환경을 개선해 고용을 유지하고 일자리가 창출될 수 있도록 동북권 9개 자치구, 서울시와 협력해 예산을 확대 편성하기 위해 노력하고 있습니다.

봉제업체의 생태계 유지는 어느 한 사람, 한 자치구의 노력만으로 이루어질 수 없습니다. 앞으로도 서울시 동북권 패션봉제산업발전협의회는 서울시와 외부 전문가들과 긴밀하게 소통하며 봉제업체들의 열망이 정책에 반영될 수 있도록 적극적으로 목소리를 내고 패션봉제산업이 당면한 과제를 해결하기 위해 지속적으로 노력하겠습니다.

동북4구 우수 패션봉제업체 발굴 쇼케이스 공개

2020년 10월 12일에는 특별한 케이팝(K-POP) 라이브를 만날 수 있었습니다. 케이팝과 패션을 연계한 '동북4구 패션봉제산업 활성화 프로젝트—ㅅㄱㄷㄴ(서다) 라이브'가 공개되었습니다. 동북4구(성북·강북·도봉·노원)에서 케이팝과 패션을 연계한 새로운 방식의 마케팅으로 패션·봉제산업의 활성화를 시도한 것입니다.

동북4구에는 서울 지역의 패션봉제산업체 약 20%가 들어서 있으며 서울시 패션산업에서 차지하는 비중은 약 18%나 됩니다. 하지만 상권 침체와 외국산 저가제품 수입 등으로 매출이 줄어드는 어려움을 겪었습니다. 이에 대응하며 패션봉제업체들도 자체 브랜드 개발과 온라인 판매 등 다양한 노력을 기울였지만 역부족인 상황이었습니다. 이에 서울시는 동북4구의 우수 패션봉제업체를 발굴하여 쇼케이스를 진행하였습니다. 지역의 특성을 살린 새로운 마케팅 프로젝트로 지역에서 탄생한 의상을 입고 세계적으로 사랑받는 케이팝 공연을 연 것입니다. 쇼케이스 영상과 사진은 온라인 광고나 룩북 등을 통해 더욱 많은 이들이 즐길 수 있었습니다. 이와 더불어 전문가와 패션봉제업계 실무자가 함께하는 컨퍼런스도 개최하였습니다.

공모를 통해 발굴한 6개의 패션봉제업체와 함께 한 온라인 공연에서 케이팝 뮤지션들은 업체의 의류를 직접 착용하고 공연과 인터뷰를 진행하였습니다. 케이팝 뮤지션 공연 콘텐츠 공개와 함께 온라인 편집샵인 '29CM'에서 6개 브랜드 제품 판매 진행을 지원하기도 하였습니다.

이번 케이팝 온라인 패션 쇼케이스는 동북4구의 지역자산 중 하나인 패션봉제업체가 제품기획에서 마케팅에 이르는 전 과정을 이끌어

갈 수 있었습니다. 전 세계적으로 사랑받는 케이팝 연계 콘텐츠를 통한 제품 홍보와 마케팅으로 우리 지역의 패션봉제 산업에도 새로운 활력소가 될 수 있었습니다.

패션봉제산업 활성화 나선다

서울시, 동북4구 'K-POP+패션' 연계마케팅 시도
우수 업체 제작 의상 공연 등 '쇼케이스' → '컨퍼런스'

서울시가 동북4구에서 K-POP과 패션을 연계한 새로운 방식의 마케팅으로 패션·봉제산업 활성화를 시도한다.

동북4구는 '창동·상계 신경제중심지 조성사업' 등을 통해 K-POP을 기반으로 한 문화 중심의 미래 경제중심으로 탈바꿈 중이다. 또, 서울 지역의 패션·봉제산업체 20% 가까이가 이 일대에 밀집해있다. 다만, 최근 상권침체, 매출감소 등으로 어려움을 겪고 있는 실정이다.

동북4구(성북·강북·도봉·노원)는 '창동·상계 신경제중심지 조성사업'을 통해 서울의 대표적 베드타운에서 일터와 삶터가 어우러지는 신경제중심이자, 대중문화의 생산·소비·유통이 동시에 이뤄지는 세계적 음악도시로 탈바꿈 중이다.

마중물 사업으로 2016년 문을 연 '플랫폼창동61'에서 음악·패션 분야 디렉터가 활동하며 도시재생사업을 진행 중에 있다.

서울시 패션산업에서 동북4구가 차지하는 비중은 약 18%로 높은 편에 속하지만, 최근 상권침체, 외국산 저가제품 수입 등 영향으로 매출감소의 어려움을 겪고 있다.

자체브랜드 개발, 온라인 판매 시도 같은 다양한 노력을 기울이고 있지만, 한계가 있어 행정적 지원이 필요한 상황이다.

시는 동북4구의 지역 특성을 살린 새로운 마케팅 모델을 통해 침체된 패션·봉제산업에 새로운 활력을 불어넣고, 우수 업체와 제품의 경쟁력을 높인다는 목표다.

우선, 동북4구의 우수 패션·봉제업체를 발굴해 '쇼케이스'를 2회 연다. 지역에서 탄생한 의상을 입고 세계적으로 사랑받는 K-POP 공연을 여는 등의 방식으로 진행한다. 쇼케이스 영상과 사진은 온라인 광고나 룩북(Look Book) 등에 활용될 수 있다.

이런 다양한 마케팅 결과를 토대로 전문가와 패션봉제업계 실무자가 함께하는 '컨퍼런스'를 개최해 동북4구 패션봉제산업 활성화 방안을 마련한다는 계획이다.

시는 쇼케이스와 컨퍼런스 등 전 과정을 주도적으로 추진할 'K-POP 연계 동북4구 패션봉제산업 활성화 컨퍼런스 대행 용역'을 입찰 공고한다고 밝혔다. 예산 2억5000만원이 투입된다.

참여 희망 업체는 오는 22~24일 서울시 동북권사업과에 제안서 등 구비서류를 제출하면 된다. 최종 업체는 전문가로 구성된 평가위원회 심의를 통해 선정된다. 제출서식 등 자세한 사항은 서울시 홈페이지(시정소식/입찰공고), 나라장터에서 확인하거나 서울시청 동북권사업과(2133-8297)에 문의하면 된다.

패션봉제산업 활성화 나선다(전국매일. 2020.7.13.)

월드컵 티셔츠 만들던 장위동 봉제공장 살리기 프로젝트

2002년 월드컵 하면 가장 먼저 붉은색 'Be the Reds' 티셔츠가 떠오릅니다. 대한민국이 열광하며 울고 웃었던 월드컵 당시 모든 국민이 한마음 한뜻으로 함께 입고 응원했던 그 티셔츠를 만들었던 곳이 바로 성북구 장위동입니다. 장위동은 국내에서도 큰 규모를 자랑하는 봉제공장이 밀집했던 곳입니다. 티셔츠 원단이 전문이었던 장위동

봉제공장들은 월드컵 당시 전공을 살려서 질 좋은 티셔츠를 대량 생산하면서 전성기를 맞이했지만 지금은 그 많던 공장 중 많은 업체가 문을 닫았고 남아 있는 공장들도 힘겹게 운영을 하고 있는 상황입니다. 침체된 장위동 봉제공장의 활성화와 상생을 위한 새로운 도전이 펼쳐졌습니다.

2019년 12월 5일 강남구 청담동에 있는 복합문화공간 스페이스 라드에서 스트릿 브랜드인 'APPNDXX(어펜딕스)'와 장위동 패션 생산 브랜드인 'JWB(제이더블유비)'의 콜라보 프로젝트 오픈을 알리는 쇼케이스 행사가 성황리에 열렸습니다.

앞서 11월 6일에는 장위동의 복합문화공간에서 봉제공장 활성화를 위한 'JWB X APPNDXX' 프로젝트가 런칭되었습니다. JWB는 장위동에 위치한 4명의 봉제공장 사장들과 마케팅 전문회사인 피플오브 테이스트가 참여해 장위패션봉제협동조합에서 만든 브랜드로 봉제공장들이 위탁생산방식에서 벗어나 자체기획 제품을 생산, 유통하는 것을 목표로 하고 있습니다. 이를 위해 패션디자이너들과 협업을 통해 새로운 브랜드를 런칭하고 생산을 책임지는 구조로 운영되고 있습니다. APPNDXX는 20대 초중반을 겨냥한 스트리트 패션 브랜드로 유명 디자이너 브랜드 '레주렉션'을 이끄는 이주영 디자이너가 이번 프로젝트를 위해 새롭게 만든 브랜드입니다. 제품 생산은 JWB가 모두 맡아서 진행했습니다.

쇼케이스 행사에서는 APPNDXX의 다양한 제품군을 직접 확인하고 구매할 수 있었습니다. 하이라이트레코즈 소속 뮤지션인 팔로알토와 스웨이디, 윤비, 조원우, 스월비 공연을 펼쳐서 현장 분위기를 고조시켰습니다. 팔로알토는 프로젝트 취지에 공감하여 재능기부 형식으로

SNS와 바이럴 홍보도 진행해 주었습니다. 쇼케이스 행사를 통해 대중들에게 소개된 'JWB X APPNDXX' 제품은 와디즈 펀딩을 통해 첫 번째 성공을 거두었고 자사몰인 어펜딕스 닷컴과 온라인 편집샵 무신사를 통해서도 판매되었습니다.

의류제조업체 작업환경 개선사업 공모 최고등급 선정

우리 성북구의 의류 봉제업은 지역 내 제조업 중 절반 이상의 비중을 차지하는 중요한 산업입니다. 하지만 관련 인력이 고령화되고 작업 환경도 노후화되어 경쟁력은 점점 떨어지고 있었습니다. 여기에 코로나19로 인해 수출길까지 막히면서 의류봉제업체들은 큰 어려움을 겪어야만 했습니다.

성북구, 市 의류제조업체 작업환경개선사업 공모 S등급 선정

관내 의류제조업체 35개소에 작업환경 개선 지원

성북구가 지난 3일에 서울시 '의류제조업체 작업환경개선사업' 공모에 최고등급인 S등급으로 선정됐다.

성북구 의류제조업이 지역 내 제조업 사업체 중 차지하는 비율은 54%로, 절반 이상의 비중을 차지하고 있다.

그러나 최근 의류제조산업의 인력이 고령화되고 작업환경 또한 노후화되어 채산성은 물론, 경쟁력이 저하되고 있는 추세다. 엎친 데 덮친 격으로 코로나 19로 인해 수출 활로도 막혀 어려움을 겪고 있다.

성북구는 이러한 관내 의류제조업체의 어려운 상황을 개선하고자, 지난 5월 서울시 '의류제조업체 작업환경개선' 공모사업을 신청했다. 구는 S그룹으로 선정되어 확보된 시 지원금 2억4500만원으로 관내 35개의 사업체에 대한 작업환경 개선 공사를 지원할 계획이다.

열악한 작업환경 개선을 위해 자영업자가 공사비용 10%를 자부담하면 시·구에서 나머지 90%를 부담해서 산업용 흡입기, 공기청정기, 냉난방기, LED조명, 배선정리, 순환식 보일러 교체 비용을 지원한다. 사업은 9월 말까지 진행될 예정이다. 성북구는 현재 '장위동 패션봉제지원센터', '보문동 공동작업장'과 같은 패션봉제 지원 조직을 운영해서, 의류제조산업 인력 양성, 생산효율증대, 유통판로 지원 사업도 추진하고 있다. 내년 상반기에는 스마트장비가 구축된 '(가칭)패션산업지원센터'를 건립해서 패션봉제업계 지원 및 지역 경제 활성화에 주력할 계획이다.

이승로 성북구청장은 "우리구 도심 제조업 가운데 가장 큰 비중을 차지하고 있는 의류 제조산업을 계속해서 적극 지원할 것이며, 앞으로도 코로나 19로 침체된 지역 경제 활성화를 위해 필요시 서울시 등 타 지역과도 협력해서 다양한 정책을 펼치겠다"고 했다.

김현아기자kjha07@skilbo.com

성북구. 시 의류제조업체 작업환경개선사업 공모 S등급 선정(산경일보. 2020.7.13.)

우리 성북구는 의류봉제업체의 어려운 상황을 개선하기 위해 2020년 5월 서울시 '의류제조업체 작업환경개선' 공모사업을 신청하였습니다. 여기에서 최고등급인 S등급으로 선정되어 서울시 지원금 2억 4,500만 원을 확보하여 지역 내 35개 사업체에 대한 작업환경 개선 공사를 지원할 수 있었습니다. 봉제업체가 공사비용 10%를 자부담하면 구에서 나머지 90%를 부담하는 방식으로 산업용 흡입기, 환풍기, 공기청정기, 냉난방기, LED 조명, 배선 정리, 바닥 개선, 방범 설비, 순환식 보일러 교체 비용 등을 지원하였습니다.

이를 통해 작업장 전체를 바꾸는 규모의 환경 개선은 비용 부담 때문에 엄두도 내지 못했던 봉제업체의 작업자들은 한층 더 밝고 정돈된 작업장에서 먼지 없이 작업을 할 수 있게 되었습니다. 무엇보다 산업용 흡입기와 환풍기, 덕트를 설치하며 옷감 부자재에서 발생하는 먼지를 획기적으로 줄여서 건강이 좋아졌다는 점이 가장 흐뭇한 점이었습니다. 앞으로도 패션봉제산업 발전을 통해 지역 경제 활성화를 이루기 위해 적극적인 지원을 아끼지 않을 것입니다.

3

새로운 도시재생 모델, 캠퍼스타운

고려대 캠퍼스타운, 청년 창업의 산실이 되다

대학은 지역의 핵심 자원으로 교육과 일자리, 주거, 문화가 공존하는 서울 안의 작은 복합도시입니다. 예전만 해도 대학가는 도시에서 가장 번화한 곳 중 하나였습니다. 그러나 대학 내 수익사업이 확대되고 편의시설이 늘어가면서 학생들이 학교에 머무는 시간이 많아졌습니다. 또한 교통의 발전과 기숙사 건설로 인해 대학 주변에서 하숙하거나 자취를 하는 학생들도 줄어들면서 대학과 지역 상권이 서서히 단절되기 시작했습니다. 대학생들의 문화와 소비를 선도하던 대학가는 어느새 대형 프랜차이즈가 자리 잡아 고유의 색을 잃어버렸고, 주변에 새로 생긴 상권에 학생들을 빼앗겼습니다. 여기에 학생들은 취업 부담까지 높아지면서 대학가 상권이 경쟁력을 잃어버리게 된 것입니다. 이제 더 이상 대학가로서의 특수를 기대할 수 없는 상황에 이르렀습니다.

성북구는 전국에서 대학이 가장 많은 도시입니다. 따라서 지역과 대학이 상생 발전하고 대학이 배출한 청년 인재가 지역에서 마음껏 꿈을 펼치며 그 성과가 지역에 선순환되는 환경을 만드는 것 또한 성북구의 핵심 과제일 수밖에 없습니다.

“안암에서 만나요” 변화 부른 캠퍼스타운 사업

기고

이승로 성북구청장

해마다 구월과 시월 사이 안암오거리에서 6호선 안암역으로 이어지는 '참살이길'은 붉은색으로 물든다. 고려대와 연세대가 정기적으로 여는 고연전(연고전)을 알리는 펼침막 물결 때문이다.

고연전은 체육대회라기보다는 축제에 가깝다. 행사의 백미도 경기장이 아니라 두 대학의 인근 상가, 안암동 참살이길과 신촌 '연세로' 등에서 펼쳐지는 기차놀이다. 폐막식 날 승패를 떠나 서로의 어깨에 손을 얹고 하나로 어우러지는 학생들의 모습은 다른 곳에서는 경험하기 어려운 볼거리를 제공하며, 이를 체험하기 위해 일부러 찾아오는 방문객도 꽤 많다.

하지만 고연전이 끝난 두 대학 앞 거리의 모습은 사뭇 달랐다. 대학 캠퍼스와 지역이 시너지를 발휘해 지속해서 유동인구가 유입되는 신촌과 달리, 안암동은 대학가라는 특수를 기대하기 어려웠다. 대학 내 편의시설이 늘어나 대학과 골목상권의 매개체가 부족해진 것도 원인이겠지만, 고려대 학생조차 학교 앞보다는 다른 지역을 선호하다보니 안암동 참살이길을 활성화하기 위한 돌파구 마련이 시급했다.

최근 안암동이 꿈틀거리고 있다. 대학가 상권을 특화하고 대학 구성원의 지성이 살아 숨 쉬는 활기찬 거리를 만들기 위해 성북구와 고려대, 학생, 상인, 주민이 손잡고 나선 것이다. 그 중심에 '안암동 캠퍼스타운'과 '안암동 참살이길 골목상권 활성화' 사업이 있다.

안암동 캠퍼스타운은 대학의 우수한 자원을 적극 활용·연계한 대학가 중심의 도시재생사업이다. 대학교와 지역사회가 연계해 지역의 문제뿐만 아니라 청년 인구 감소, 일자리 부족, 주거빈곤 등 청년문제도 함께 해결하려는 다양한 노력이 포함된다. 공간 범위는 성북구 안암5동 일대로, 고려대 안암캠퍼스와 6호선 안암역을 중심으로 개운사길과 참살이길 등 89만㎡(약 27만 평)에 이른다.

캠퍼스타운 사업은 2017년 자치구 중 성북구가 최초로 시도했다. 1년 남짓이지만 직접 고용인원 80여 명, 매출액 4억여원, 다수의 사업자·상표 등록, 특허 출원이라는 성과를 올렸다. 곳곳에서 감지되는 대학문화의 변화도 중요한 성과다. 신촌이나 홍대, 강남 등에서 소비하고 문화를 향유했던 고려대 학생들이 지역에 관심을 갖고 활동의 중심을 안암동으로 옮기고 있다. 변화가 시작된 것이다. "이왕이면 성북에서, 안암동에서 만나요!"

오대양 육대주를 누볐던 컨테이너 38개를 쌓아올린 독특한 외관의 '파이빌'과 학생과 주민 누구나 창업, 문화, 주거 등 캠퍼스타운 현안 사업을 공유, 논의할 수 있는 자율 기부 형식으로 운영하는 공유카페 '스타트업 카페'(STRT-UP CAFE)가 안암동 캠퍼스타운을 상징하는 공간이라면, 안암동 참살이길 활성화 사업을 상징하는 공간은 '고대아이스크림'(가제)이다.

고대아이스크림은 관광객 등이 스스로 꾸준히 찾아오도록 함으로써 안암동 참살이길에 활력을 불어넣을 회심의 사업이다. 안암동 캠퍼스타운 내 평범한 녹지 공간을 매력적인 문화 공간으로 꾸며 누구나 찾아와 인증샷을 찍고 소셜미디어에 공유하는 곳으로 만들기 위해 주민과 상인은 물론 고려대 건축과 오상헌 교수와 학생까지 팔을 걷고 나섰다. 버스킹 공연 등을 수시로 감상하고 다른 사람들과 자연스레 소통하면서도 참살이길의 독특한 매력을 느낄 수 있는 상징적 공간으로 만들 계획이다. 올 연말이면 고대아이스크림을 만날 수 있다.

성북구는 전국에서 대학이 가장 많은 도시다. 고려대를 포함해 8개의 대학을 품고 있다. 지역과 대학이 상생·발전하고 대학이 배출한 청년 인재가 지역에서 마음껏 꿈을 펼치고 그 성과가 지역에 선순환되는 환경을 만드는 것은 우리의 핵심 과제일 수밖에 없다. 많은 지방자치단체가 성북구의 캠퍼스타운 사업을 롤모델로 삼고 벤치마킹하는 이유이기도 하다.

오대양 육대주를 누볐던 컨테이너 38개를 쌓아올린 안암동 '파이빌'은 안암동 캠퍼스타운 사업을 상징하는 곳이다. 성북구 제공

기고문-'안암에서 만나요' 변화 부른 캠퍼스타운 사업(한겨레, 2018.9.14.)

이 문제를 해결하기 위해 성북구는 2017년 전국에서 가장 먼저 캠퍼스타운 사업을 시도했습니다. 캠퍼스타운 사업은 대학과 지역을 연계해 대학의 우수한 자원을 적극 활용하여 청년의 현실적 문제를 해결하고 지역의 상생 발전을 도모하는 대학가 중심의 새로운 도시 재생 모델입니다. 그 시작은 고려대 안암동 캠퍼스타운입니다. 단순한 시설 조성보다는 지역과 대학을 연계해 창업 육성과 주거 안정화, 문화 특성화, 상권 활성화, 지역협력 사업을 중점적으로 진행하고자 했습니다. 대학가 상권을 특화하고 대학 구성원의 지성이 살아 숨 쉬는 활기찬 거리를 만들기 위해 성북구와 고려대, 학생, 상인, 주민이 손잡고 나선 것입니다. 여기에는 대학교와 지역 사회가 연계하여 지역의 문제뿐만 아니라 청년 인구 감소, 일자리 부족, 주거 빈곤 등 청년 문제를 함께 해결하려는 노력도 포함되었습니다.

안암동 캠퍼스타운은 고려대 안암캠퍼스와 6호선 안암역을 중심으로 개운사길과 참살이길 등 89만㎡에 이릅니다. 이곳에서는 오대양 육대주를 누볐던 컨테이너 38개를 쌓아 올린 독특한 외관의 '파이빌'과 주민 누구나 창업, 문화, 주거 등 캠퍼스타운 현안 사업을 공유하고 논의할 수 있는 '스타트업 카페'가 안암동 캠퍼스타운을 상징하고 있습니다. 또한 안암동 캠퍼스타운 안의 평범한 녹지공간을 문화공간으로 꾸며 누구나 찾아와서 인증샷을 찍고 SNS에 공유하는 곳으로 만들어진 '아이스크림 광장'에서는 다양한 행사가 펼쳐지면서 사람들과 자연스럽게 소통하는 광장의 역할을 톡톡히 해내고 있습니다.

고려대 캠퍼스타운 사업은 청년 창업에 초점을 맞췄습니다. 일자리 창출을 통해 안암동 거주민을 늘리고 지역 사회 활력을 되찾기 위해 창업경진대회도 여러 차례 개최하고 일종의 창업 스튜디오인 '스마트 스타트업 스튜디오'도 조성했습니다. 스튜디오 한곳에는 3~4개 업체가 들어섰는데 고려대 출신이 아니라도 입주할 수 있습니다.

지역 상권 활성화와 대학-지역의 협력을 위해서는 축제도 큰 역할을 하고 있습니다. 대학이 자리 잡은 지역사회와 서로 소통하고 협력함으로써 지역 상권이 활성화될 수 있는 대학가를 조성할 수 있기 때문입니다. 안암동 캠퍼스타운에서는 대학과 지역협력을 통해 지역에 활기를 불어넣고 청년 창업과 취업에 도움을 주며 대학과 청년, 지역주민이 상생하는 지역 공동체를 구축하기 위해 '끌어안암' 축제를 펼치고 있습니다. 이 축제에서는 안암동 주민공모사업팀의 문화예술 전시, 안암동 주민과 청년이 꾸미는 문화 공연과 플리마켓, 전통놀이 체험과 어린이 놀이 체험 부스 등 남녀노소 누구나 즐길 수 있는 프로그램으로 지역주민들의 발길을 사로잡고 주민과 상인, 학생이 소통하고 어울리며 캠퍼스타운을 비롯한 청년 창업팀이 회사를 소개하고 창업 아이템을 선보였습니다. 주변 상점 홍보와 음식 판매, 바자회와 나눔 행사를 통해서 지역주민과 상인, 학생이 서로를 뜨겁게 끌어안았습니다. 2020년에 이어 2021년 12월에 개최된 코로나19 확산을 방지하고 청년 참여율을 높이고자 비대면 방식으로 이루어지며 '소통을 끌어안암', '유니콘을 끌어안암', '취업을 끌어안암', '마켓을 끌어안암'으로 구성되어 큰 호응을 얻었습니다.

2020년 가을에는 캠퍼스타운과 관련한 기쁜 소식이 들려왔습니다. 전국 최초의 캠퍼스타운인 고려대 안암동 캠퍼스타운에서 탄생한 대표 창업기업인 에이올코리아가 국내 최초로 개발한 복합 에어솔루션 제품 대량 생산을 본격화하여 캠퍼스타운 창업기운 가운데 최초로 1,100평 규모의 자체 생산 공장을 경기도 화성시에 준공한 것입니다.

성북구 안암동, 동북권 창업 허브로 떠올라

안암동 도시재생 뉴딜사업 선정…4년간 486억 투입
창업활성·주거환경 정비로 지역에 새로운 활력 부여

서울 성북구(구청장 이승로)가 '2020년 도시재생뉴딜' 사업에 'G-local 대학타운형 안암 창업밸리(이하 안암동 뉴딜사업)'에 최종선정 됐다.

'도시재생뉴딜사업'은 정부의 핵심 국정과제 중 하나로서, 쇠퇴한 원도심의 역세권, 공공청사 등을 정비하여 복합거점시설로 조성하고, 이와 연계하여 주거지 정비 및 지역의 자산을 활용한 특색 있는 재생을 추진하는 사업이다.

이번 선정된 '안암동 뉴딜사업'은 4년간(2021~2024) 예산 486억원을 대상지인 성북구 안암동 5가 104-338번지 일대(171,000㎡)에 투입할 예정이며, 고려대학교의 자원 또한 같이 활용할 예정이다.

사업의 주요내용은 ▲창업활성화 ▲주거안정화 ▲지역활성화 등 3가지로 나뉜다.

먼저, 창업활성화는 청년창업의 단계적 지원을 위한 창업공간 조성(창업스튜디오, 레벨업 스튜디오, 창업 스테이션), 고려대학교의 자원을 활용한 인력(기술지주회사, 창업지원단)·툴킷(X-garage, π-ville) 지원 제공, 창업 프로그램 운영을 통한 우수 창업가 육성한다.

주거안정화에는 안전한 골목길 조성을 위한 골목길 보행환경 정비, 방범취약지역 지능형 CCTV 설치, 안심귀가길 조성(LED 가로등, 비상벨 설치), 스타트업 하우징 운영 등이다.

지역활성화는 지역주민·상인·청년을 위한 소통·교류 공간 '어울림 센터'(약 864㎡규모)조성, 지역활성화를 위한 축제 '끌어안암' 및 행사개최, 대학자원을 활용한 교양강좌 개설, 지속성 확보를 위한 지역재생기업(CRC)조성 등이며, 나아가 인근 지역의 도시재생사업(홍릉 바이오 클러스터, 경희대 캠퍼스타운 등)과 연계를 통해 '안암동 뉴딜사업'을 대학 창업의 전진기지로 육성할 예정이다.

이승로 구청장은 "이번 '안암동 뉴딜사업'의 선정을 통해 우수 기업들을 안암동에 지속적으로 자리 잡게 함과 동시에 지역과 상생할 수 있는 공간을 조성할 수 있게 되어 기쁘다"며 "이번 사업을 통해 안암동에 새로운 활력을 불어넣음과 동시에 안암동이 동북권의 새로운 창업 허브로 성장하길 바란다"고 밝혔다.

박창혁 기자(parkch@jeonmae.co.kr)

'G-local 대학타운형 안암 창업밸리' 사업 조감도. (성북구 제공)

성북구 안암동, 동북권 창업 허브로 떠올라(전국매일, 2020.9.18.)

에이올코리아는 캠퍼스타운의 대표 기업으로 영업이익의 3%를 후배 창업가를 위해 기부하기로 약속하는 등 선순환 창업 생태계 만들기에도 앞장서고 있습니다. 2021년 여름에는 소프트웨어 보안 전문가들이 설립하여 창업 3년 차인 수호아이오가 안암동 캠퍼스타운의 창업기업이 50억 원의 투자유치에 성공했습니다.

이러한 성과를 바탕으로 고려대 안암동 캠퍼스타운 일대는 창업밸리로 조성되고 있습니다. 2020년 국토교통부 도시재생 뉴딜 신규사업에 선정된 안암동 캠퍼스타운 일대에 창업 중심 도시재생을 추진하기 위해 국비 100억 원을 포함해 2024년까지 총 486억 원이 투입될 예정입니다. 세계와 경쟁하는 'G-Local 안암 창업 밸리'조성을 통해 캠퍼스타운 일대의 창업 공간이 지금의 6배 규모로 확대되고 2024년이 되면 200팀 1,000명 이상의 창업가를 육성하는 창업 메카로 거듭날 것으로 기대됩니다.

안암동 캠퍼스타운 사업은 대학과 연계한 전국 최초의 창업 중심 도시재생 모델로 이번 안암동 뉴딜사업 선정을 통해 우수기업들이 안암동에서 지속적으로 자리 잡고 지역과 상생할 수 있는 공간을 조성할 수 있게 되었습니다. 안암 창업 밸리 조성을 통해 안암동에 새로운 활력을 불어넣고 안암동이 동북권의 새로운 창업 허브로 성장할 수 있도록 우리 성북구 또한 서울시와 함께 적극 지원할 계획입니다.

한성대, 예술 · 문화 · 기술 융합형 청년기업 육성

한성대는 2017년부터 19년까지 캠퍼스타운 1단계 사업으로 문화특성화와 지역협력을 바탕으로 하는 창업 지원 프로그램을 진행했습니다. 이를 통해 지역 창업 생태계 구축과 창업 인식 개선을 이끌었습니다. 2020년부터 진행한 3단계 사업으로는 '예술 · 문화 · 기술을 융합한 혁신적인 청년 스타트업 육성'에 주력하고 있습니다. 이를 위해 지역과 상생할 수 있는 청년 창업과 4차 산업혁명 기술 기반의 융합형 청년 창업 활성화를 위한 다양한 정책을 펼쳤습니다. 우선 유망기업을 발굴하고 육성하는 창업 지원시설인 '상상밸리 I'에 이어서 '상상밸리 II'를 추가로 조성하여 창업자에게 사무공간에 필요한 비용은 물론 캠퍼스타운 창업 지원 프로그램도 지원하고 있습니다. 이미 많은 창업기업이 입주를 마친 상태로 이곳에서는 청년 창업자와 예비창업자를 대상으로 창업교육과 융합형 창업캠프 등 기존의 학문과 미래 기술을 접목한 색다른 창업 프로그램을 제공하고 있습니다.

또한 한성대 캠퍼스타운은 서울시와 협력하여 '상권 활성화를 위한 상인-학생 협업 및 지역 연계수업', '지역 상생 네트워크 구축을 위한 지역협력 및 도시재생 포럼', '창업기업 · 연계수업 성과공유 및 주민참여형 지역 문화예술축제' 등 지역 사회와 창업기업이 상생할 수 있는 기회를 만들고 있습니다. 이와 같은 프로그램들은 앞으로 청년 창업 활성화와 일자리 창출 효과를 높이고 이를 통해 발생하는 경제적 이익을 다시 지역 사회로 되돌리는데 기여할 수 있을 것입니다.

잠재력 있는 청년 창업가에게 인적 물적 자원을 아낌없이 지원하여 일자리를 창출하고 스타 기업을 발굴하는 한성대 캠퍼스타운의 노력은 벌써 그 성과가 눈에 보이고 있습니다. 지난 4년 동안 캠퍼스타운 사업을 통해 15개 이상의 유망 스타트업을 육성했으며, 10개 이상의 기업이 창업 지원 사업에 선정되는 성과를 보인 것입니다.

캠퍼스타운 구축 · 창업공간 대여… '靑春의 꿈' 키워준다

성북구, 청년인재 지원 시설 조성 '앞장'

전국 첫 지역상권-대학 연계
고대 '끌어안암' 등 축제 개최
상권활성화 위한 지역사업 박차
내년엔 동덕여대 등 새로 추진

청년 거주·사무 공간 '도전숙'
SH서 공공 임대주택 싸게 공급
10호점 개소-기업 130개 입주
관내 비즈니스센터와 협업지원

캠퍼스타운 구축 · 창업공간 대여… 靑春의 꿈 키워준다(문화일보, 2018.12.26.)

한성대 캠퍼스타운 입주기업인 '컴플렉시온'은 6개월 만에 1억 원의 매출 성과를 기록했으며 스타트업 '꽃물'은 기술 매칭 사업에 선정되었고 '하트투하트'도 성북구 청년 소셜벤처 혁신경연대회에서 수상하는 성과를 올렸습니다.

한성대 캠퍼스타운 사업단은 최근 캠퍼스타운 사업의 지속가능성과 서울 동북권 창업 클러스터 조성을 위해 투자, 콘텐츠, 컨설팅, VR · AR, 메타버스, 패션 분야 등 다양한 분야의 기관과 긴밀한 협력관계를 맺었습니다. 이를 통해 지역 산업의 글로벌 역량을 키우고 유니콘 기업이 성장할 수 있도록 지속적으로 지원해 나갈 계획입니다.

동덕여대, 아트컬처 시너지센터로 지역을 바꾸다

동덕여대는 '동덕 아트컬처 시너지센터'을 열고 본격적인 캠퍼스타운 사업에 나섰습니다. 동덕여대의 캠퍼스타운 사업은 서울시 단위형 2단계 사업으로 동덕여대를 지역혁신의 핵심 거점으로 삼아 대학과 지역 사회의 청년 창업을 적극적으로 지원, 육성하고 있습니다. 동덕여대 아트컬처 캠퍼스타운은 예술 계통에 강세를 보이는 동덕여대의 특성을 활용하여 '청년의 힘으로, 월곡에 희망을 심다'라는 슬로건으로 예술과 문화를 접목하여 월곡동 주변의 유망한 청년 사업가를 발굴, 육성하고 지역 청년과 함께 월곡동 일대에서 지역 공동체 연계 사업을 펼치며 지역 사회의 활성화에 앞장서고 있습니다.

동덕여대 아트컬처 캠퍼스타운은 2020년에는 간판 디자인 공모를 진행해 선정된 작품을 중심으로 월곡오거리 주변 상점의 간판개선사업을 성공적으로 진행했습니다. 지역 문화와 경제 사업의 일환으로 추진된 간판개선사업은 시민의 아이디어를 담은 디자인 공모전 형식으로 진행되었습니다. 총 450점이 공모에 참여하여 대상 1팀, 본상 9팀, 다작상 1팀 등 11개 팀이 수상했습니다. 수상작을 중심으로 업주들의 의견을 반영해 10개의 간판을 개선하고 현판을 제작하여 큰 호응을 얻었습니다.

동덕여대 캠퍼스타운은 지난 3년간의 성과를 바탕으로 '2022년 서울 캠퍼스타운 신규 단위형 사업'에 선정되었습니다. 서울 캠퍼스타운 사업은 크게 종합형과 단위형으로 나뉘는데 종합형은 모든 사업 범위를 통합하여 추진하는 것이고 단위형은 1~2개 분야를 특성화하여 추진하는 것입니다.

동덕여대는 Design, Reach, Expand, Associate, Make의 핵심 가치를 기반으로 창업의 꿈을 설계하고 성과를 달성하며 결과를 확장하고 지역과 연계하여 누구나 다 공감하는 결과를 만들어내기 위한 프로세스를 제안하여 선정되었습니다.

동덕여대가 선정된 단위형 사업은 2022년 1월부터 실행 계획에 따라서 사업을 추진하게 되었습니다. 매년 성과 평가에 따라서 최대 3년 동안 매년 5억 원의 사업비를 지원받게 됩니다. 그동안 예술과 문화 분야에 특화된 아트컬처 캠퍼스타운 사업으로 지역 사회와 상생 발전해 온 동덕여대는 주변 지역 경제 활성화와 청년 창업 육성 지원을 통해 유망한 청년 창업가를 발굴하는 것을 목표로 하고 있습니다.

성신여대, 지역문화예술 창업 클러스트 추진

성신여대도 동덕여대와 함께 서울시가 실시하는 '2022년 서울 캠퍼스타운 신규 단위형 사업'에 최종 선정되었습니다. 성신여대는 이번 캠퍼스타운 단위형 사업에 '성신-수유 문화예술 캠퍼스타운 조성사업'을 제안했습니다. 문화예술과 관련된 풍부한 인적, 물적 자원을 바탕으로 지역 문화 예술 분야 활성화는 물론 전통시장의 활로를 개발하는 데 중점을 두고 있습니다. 또한, 강북구와 성신여대 소속인 문화예술 창업가를 대상으로 지역 문화 콘텐츠를 활용한 다양한 창업 활동을 유도하여 지역 문화예술 창업 클러스터를 구축하고자 합니다.

이를 위해 성신여대는 문화예술 커뮤니티 프로그램인 '오작교 프로젝트', 전통시장 활성화 프로그램인 '수유향유', 문화예술 창업 프로그램인 '수유 예술창업 마을'과 같은 다양한 프로젝트를 기획하여 2022년부터 3년 동안 단계별로 추진할 계획입니다. 특히, 2018년부터 강북구와 협력하여 문화예술 분야의 창업가를 육성하고 전통시장 활성화 프로그램을 운영했던 경험과 노하우를 통해 지역주민과 함께하는 문화예술 콘텐츠도 개발할 예정입니다. 이와 더불어 지역 브랜드 이미지 개선을 통해 지속 가능한 전통시장 모델을 구축할 것으로 기대를 모으고 있습니다.

성신여대는 캠퍼스타운 조성사업에 박차를 가하기 위해 강북문화재단과 사단법인 한국예술문화단체총연합회, 수유시장 등 다양한 지역 단체와 업무 협약을 맺고 문화예술 콘텐츠 기반의 지역 활성화 사업을 적극적으로 추진하고 있습니다.

서경대, 예술공동체 예술나무 조성 프로젝트

서경대는 서울시에서 지원하는 2022 서울 캠퍼스타운 신규사업의 종합형 참여대학으로 선정되어 2025년까지 최대 100억 원의 사업비를 받게 되었습니다. 캠퍼스타운을 통해 지역 기반의 청년 창업 기반을 만들기 위해 노력해 온 서경대는 앞서 2018년 서울시 캠퍼스타운 시범사업을 통해 문화예술 분야에서 청년 창업의 기반을 마련하기도 하였습니다. 서경대 예술교육센터와 성북문화재단은 컨설팅, 교육, 전시기획, 음반 제작 전문가를 멘토로 섭외하여 실제 창업 현장에서 필요한 내용을 중심으로 '문화예술 분야 창업 잡(JOB)는 멘토링'을 진행하였습니다.

2019년부터는 서울시 캠퍼스타운 단위형 2단계 사업 대상자에 선정되어 3년 동안 서울시 보조금과 대응 투자로 약 18억 원을 투입해 서경대 캠퍼스를 중심으로 '성북 지역주민 예술공동체 예술나무 조성 프로젝트'를 운영하며 대학이 갖고 있는 다양한 문화예술 인프라를 활용하여 문화예술교육, 문화예술 분야 창업 지원, 지역 커뮤니티 활성화 등 다양한 사업을 추진하며 지역의 문화예술 경제생태계를 조성하였습니다.

2018년부터 꾸준하게 캠퍼스타운 사업을 펼쳐 온 서경대는 '2022 서울 캠퍼스타운 신규사업 제안발표'에서 종합형 참여대학으로 최종 선정되면서 창업 입주팀이 역량을 발휘하고 지속적으로 사업을 이어갈 수 있도록 지원을 이어갈 수 있게 되었습니다. 서경대 캠퍼스타운 사업단은 문화예술과 신기술이 융합된 창의적인 아이디어가 실제 사업화로 이어질 수 있는 지원을 지속적으로 확대할 계획입니다. 또한 지역과 연계하여 불법 유해업소 밀집지역이었던 성북구 삼양로 일대를 도시변화에 맞춰 젊음과 문화가 넘치는 길음 청년창업거리로 조성하고, 지역경제에 활기를 불어넣는 동북권 K-컬처 청년 창업의 메카로 자리매김하기 위해 열심히 달려갈 계획입니다.

4

맥양집 삼양로에서 길음 청년창업거리로 변신하다

현수막으로 삼양로를 바꾸다

길음역에서 소리마을을 지나 미아초등학교까지 800m가량의 삼양로 거리는 강북의 대표적인 불법 맥양집의 밀집지역이었습니다. 맥주와 양주를 파는 맥양집은 일반음식점으로 신고를 한 업소로 술을 파는 자체가 불법은 아니지만 많은 업소가 술집으로 가장하여 퇴폐영업을 하고 있었습니다. 삼양로 맥양집 바로 인근에는 미아초등학교가 있어서 그동안 학부모들의 민원도 끊이지 않았던 곳입니다. 지방선거 당시 저의 주요 공약이기도 했던 '불법 유해업소 단속을 통한 생활환경 개선'을 위해 취임과 동시에 불법 유해업소 근절을 위한 TFT(태스크포스팀)을 만들어 집중적인 단속을 펼쳐왔습니다.

도시계획사업이 순차적으로 진행되는 다른 지역과 달리 유일하게 낙후된 섬처럼 존재했던 삼양로를 개선하기 위해 구청과 경찰, 주민이 힘을 모았습니다. 우선 단속 전담반을 꾸리고 보건소와 경찰 교육지원청이 유해업소 근절 실무협의회를 구성해 지도 점검에 나섰습니다. 주민들은 소비자 식품 감시원으로 동참하여 매주 두 차례 이상 합동 점검을 시행했습니다. 이와 같은 지속적인 단속으로 압박을 하는 동시에 성북구 보건위생과 직원들의 아이디어가 더하여 수십 년 동안 불법 영업을 해온 삼양로 맥양집이 스스로 문을 닫기 시작했습니다.

불법유해업소 거리, 청년창업 거리로

자치광장

이승로
서울 성북구청장

민선 7기 1년, 주민이 구청장을 찾아오는 대신 구청장이 주민에게 달려가는 현장구청장실을 운영하며 숨가쁜 시간을 보냈다. 그중 가장 기억에 남는 일이 있다. 길음1동을 방문했을 때였는데, 한 주민이 "불법유해업소 단속을 위한 구의 노력을 최근에 알게 됐다. 고맙다"고 했다. 오아시스와 같은 칭찬이었다.

성북구는 불법유해업소 단속을 끈질기게 펼쳐 왔다. 그러나 업소 특성에 맞춰 심야에 은밀하게 단속해야 하고 영업주 대응도 나날이 진화(?)해 주민이 체감할 수 있는 성과를 내기에 미흡했다. 행정 주도를 탈피, 주민과 경찰이 참여하는 실무협의회를 구성했다. 지역의 주인인 주민이 참여하니 업주가 갖는 심리적 압박이 남달랐고 경찰은 보다 효과적인 단속 노하우를 보탰다.

효과는 놀라웠다. 삼양로 일대 37개 업소 중 폐업과 업종 변환 사례가 8개나 됐다. 폐업을 문의하거나 고려하는 업소도 늘고 있다. 가장 큰 소득은 행정에 대한 주민 관심과 협조다. 업소가 방범용 폐쇄회로(CC)TV를 악용해 단속을 방해하는 사실을 파악하고 보다 강력한 대응이 필요하다는 성북구의 요청에도 상위 기관이 무력하게 대응하는 현장의 애로사항이 주민들에게 고스란히 드러났다. 주민들은 온·오프라인을 막론하고 다양한 방식으로 정부를 압박하고, 단속 담당 공무원들을 응원했다.

성북구는 단속에 멈추지 않고 이참에 아예 길을 바꾸겠다는 목표를 세웠다. 전국의 불법유해업소 밀집 지역 단속 사례를 분석하고 건물주와 접촉을 시작했다. 수입이 보장되면 굳이 기피 업종의 세입자와 임대계약을 맺을 임대인은 없다. 담당자가 삼양로에 살다시피 하더니 3개 업소 건물주가 기존 세입자와 계약연장을 하지 않겠다고 선언했다.

불법유해업소가 사라진 자리는 희망 공간으로 거듭나고 있다. 청년들이 일자리를 창출하고 지역 문제를 해결하기 위해 창업에 도전하고 있다. 다양한 재능을 겸비한 청년들이 특화된 아이템으로 입주를 준비하고 있다. 자녀 손을 잡고 피해서 돌아가던 거리가 가족과 연인이 일부러 찾는, 청년에겐 창업 공간이 되는 도전의 거리로 바뀌고 있다. 시민 눈높이에 맞춰 일 한번 제대로 해보겠다고 나선 공무원들의 노력을 알아봐 주고 적극적으로 팔 걷고 나선 주민이 있었기에 가능했다.

불법유해업소거리, 청년창업거리로(서울신문, 2019.5.24.)

성북구청은 2018년 5월 25일 맥양집 앞에 '불법 유해업소 퇴출 주민과 함께 만들어갑니다'라는 문구가 적인 현수막 26개를 맥양집 앞 가로수와 전봇대 사이마다 빼곡하게 걸었습니다. 맞은편 인도에서 바라보면 현수막이 맥양집 간판을 정확하게 가리면서도 다른 가게 간판은 가리지 않도록 맞춤형으로 제작하였습니다. 효과는 기대 이상이었습니다. 현수막 때문에 문을 열고 들어가는 일 자체를 주저하게 되면서 자연스럽게 맥양집 손님은 줄어들자 영업을 중단하거나 아예 장사를 접고 떠난 가게도 생겨났습니다.

일명 맥양집 간판을 가린 불법 유해업소 퇴출 현수막(2018.5.25.)

이 같은 불법 유해업소 근절활동을 통해 2019년 1월 기준으로 37개소였던 불법유해업소는 2022년 1월 기준으로 15개소만 남게 되어 60%가 줄어드는 성과를 거둘 수 있었습니다.

불법 유해업소거리에서 청년창업거리로 새로운 도전

불법 유해업소가 폐업한 공간에서는 성북구의 새로운 도전이 시작되었습니다. 이곳에 다시 불법업소가 개업하는 것을 막고 수십 년 동안 활력을 잃었던 거리를 살리기 위해 청년문화와 청년창업을 바탕으로 지역을 바꾸기 위한 시도가 이루어졌습니다. 불법유해업소를 근절하기 위해서는 지속적인 단속도 필요하나 도시재생차원에서 접근하여 청년창업을 통해 어둠의 거리 '맥양집 삼양로'를 밝고 건강한 거리로 탈바꿈하기 위한 노력이 펼쳐진 것입니다.

단속 부서인 보건소와 성북문화재단은 폐업으로 빈 가게를 청년창업과 복합문화공간으로 바꾸자는 아이디어를 냈고 행정안전부의 '청년 창업 공간 만들기' 공모사업으로 예산을 마련해서 3개의 청년팀을 선발했습니다. 건물의 구조적 문제와 복잡한 소유권 문제를 해결하기가 쉽지 않았지만 2019년 7월 드디어 '낭만덮밥'이라는 청년 가게 1호점이 문을 열게 되었습니다.

가게 오픈식이 있던 날에는 주변의 왕복 800m 거리에 90개 부스가 참여하는 '두근두근 별길마켓' 행사를 열었습니다. '두근두근 별길마켓'은 거리의 변화를 알리고 함께 누리고 체험하기 위한 일종의 보고서 같은 행사로 지역주민에게 기존과는 확연하게 달라진 삼양로 풍경을 만날 수 있게 했습니다. 불법 유해업소 때문에 일반인들의 왕래가 드물었던 지역에 1만 5,000여 명이 거리를 가득 메운 모습은 저에게도 낯선 모습이었습니다.

이어서 10월 6일에는 청년 가게 2호점 '불나방'이 문을 열었습니다. '불나방'은 시각예술 기획팀으로 실험적이고 재미있는 현대미술 전시를 선보이고 있습니다. '불나방' 개업과 함께 이곳에서는 두 번째 '두근두근 별길마켓'이 열려서 청년 창업가와 예술가, 주민이 어우러진 거리 마켓에서 수공예품과 중고물품, 간편 먹거리를 만나고 어린이체험과 주민 동아리 공연, 거리의 변화를 한 눈에 조망할 수 있는 숲길 전시 등 다양한 문화프로그램을 즐기며 거리의 변화를 만끽했습니다. 두 번째 두근두근 별길마켓에는 길음뉴타운 주민 등 3만여 명이 다녀갔습니다.

이후로도 우리 성북구는 지속적으로 청년창업거리 조성을 위한 노력을 펼쳐왔습니다. 길음역에서 미아초등학교로 이어지는 약 800m 거리의 양측 보도블록을 새것으로 교체하고, 안전 펜스도 새로 설치했습니다. 가로등과 여러 나무가 혼합 식재된 가로수를 이팝나무로 교체하여 기존의 낡고 음침했던 삼양로 분위기를 밝고 깔끔하게 새로이 단장을 하였습니다.

유해업소 불 끄고 청년창업 꿈 켜는 여긴 성북 삼양로

불법·유해업소 밀집 지역이었던 서울 성북구 길음동 삼양로 거리가 젊음과 문화가 넘치는 청년 창업거리로 변신하고있다.

2일 성북구에 따르면 이승로 성북구청장은 민선 7기 시작과 함께 '맥양집'(맥주양주집)으로 불리는 불법 유해업소를 근절하기 위해 태스크포스(TF) 팀을 구성해 집중적인 단속을 펼쳐왔다. 그 결과 지난 2년간 37개 업소 중 20곳이 문을 닫고 나머지 업소도 폐점을 고려하는 성과를 거뒀다.

길음역에서 미아초등학교까지 800m에 이르는 삼양로 거리는 불법 업소가 모여 있어 '사람이 다니지 않는 거리', '밤에 다니기 무서운 거리', '차만 지나는 거리' 등의 오명이 따라 붙었다. 특히 아이들이 통학하는 게 불편했던 까닭에 주변 주민들로부터 민원이 끊이지 않았다.

구는 수십 년 간 침체되고 음침했던 거리 분위기를 바꾸기 위해 대대적인 정비를 벌였다. 우선 양측의 낡은 보도 블럭과 가로등을 교체하고 안전 펜스를 새로 설치해 보행 환경을 개선했다. 가로수도 새로 심어 거리 분위기를 산뜻하게 바꿨다. 이 구청장은 "길음역 주변에 약 5550세대의 대규모 아파트 단지 4곳을 신축하고 있다"면서 "도시의 변화에 걸맞는 역동적인 거리로 만들기 위해서라도 삼양로를 활력 넘치는 거점 공간으로 조성하겠다"고 설명했다.

구는 거리에 활기를 불어 넣기 위해 불법 업소가 폐업한 빈 자리에 청년들이 창업 공간을 마련할 수 있게끔 다양한 사업을 추진하고 있다. 2019년부터 만 19~39세 전국 청년들을 대상으로 '삼양로 예비창업팀'을 선발해 창업 공간 임대료와 점포 개선비 등을 지원하고 있다. 덕분에 현재 식당, 서점, 전시장 등 청년 가게 6곳이 활발하게 운영하고있다.

이 구청장은 "청년들이 창업의 문턱을 쉽게 넘을 수 있도록 앞으로 청년창업자금 지원을 확대할 수 있는 방안을 검토하고 있다"면서 "창업거리 조성 자문단을 구성해 창업 컨설팅을 강화하고, 기부채납 부지 등을 활용해 4차산업 시대에 맞는 '4차산업 지원센터'(가칭)도 조성할 예정"이라고 말했다.

이승로(오른쪽) 서울 성북구청장이 삼양로거리에서 창업을 한 청년들을 지원하는 복합문화공간 '청년공간 길이음' 내부를 둘러보고 있다. 성북구 제공

'맥양집' 불법업소 거리 정비
창업공간 지원… 6곳 운영 중
4차산업지원센터 조성 예정

복합문화공간인 '청년공간 길이음'(성북구 삼양로 31) 역시 삼양로를 청년들의 창업 거리로 바꾸는 데 큰 역할을 하고 있다. 지난해부터 운영을 시작한 길이음은 마케팅·인사·회계·세무·자금조달 등 다양한 분야에서 청년들을 위한 창업 교육과 상담을 하고있다.

더불어 다양한 문화 프로그램을 기획해 예술인과 지역 상인, 주민들이 함께 어우러질 수 있는 기회를 마련하고 있다. 이 구청장은 "삼양로 거리에서 주민들이 즐길 수 있는 축제와 버스킹 공연 등을 기획해 누구나 오고 싶어하는 문화의 거리로 바꾸는데 힘을 쏟겠다"고 말했다.

조희선 기자 hsncho@seoul.co.kr

유해업소 불 끄고 청년창업 꿈 켜는 여긴 성북 삼양로(서울신문. 2021.6.3.)

2020년 11월에는 ① 창업 삼양로(길음 청년창업거리 조성), ② 활력 삼

양로(사람과 문화가 만나는 삼양로), ③ 포용 삼양로(유해업소 자진폐업 및 업종변경 지원)을 추진전략으로 길음 청년창업거리 조성 기본계획을 수립하여 더불어 어둠의 거리를 밝고 건강한 거리로 탈바꿈시키기 위해 성북구의 장점인 청년 인프라를 활용해 다른 지역과 다른 특색 있는 청년 사업을 펼쳐나갔습니다.

먼저 행정안전부 지역 주도형 청년 일자리 사업과 연계하여 삼양로 예비창업팀을 선발해 창업 공간 임대료와 점포 개선비 등을 지원하며 맥양집이 떠난 자리에 청년들이 둥지를 틀 수 있도록 도왔습니다. 현재 삼양로에는 낭만덮밥을 시작으로 갤러리와 영어원서를 파는 서점 등 청년 창업가게 6곳이 활발하게 운영하고 있습니다.

길음청년창업거리 조성 기본계획

또한 2021년 3월 청년 예술가들을 문화예술교육가로 양성해 지역에서 다양한 문화예술교육을 실험하는 공간인 '문화예술교육공작소 함'을 개소하였습니다. 이 밖에 예비창업자에게 사무공간과 주거 공간을 함께 제공하는 공공임대주택인 도전숙을 2022년 상반기 개소를 목표로 현재 건립중이며, 기부채납 부지를 활용한 4차산업지원센터도 건립할 계획입니다.

2021년 11월 6일과 7일, 이틀에 걸쳐 길음역과 미아초등학교를 잇는 삼양로 거리에서 개최된 '2021 두근두근 별길마켓'과 함께 '청년공간 길:이음' 개관식을 함께 개최하여 길음동 삼양로가 더 이상 불법영업이 성행하는 거리가 아니라 주민과 함께 청년이 꿈을 펼치는 거리임을 공식적으로 알릴 수 있었습니다. 지난 2년간 이 거리의 불법 유해업소는 37개소에서 22개소가 문을 닫았거나 업종을 변경하였으며, 나머지 업소들도 폐업을 고려하고 있는 상황입니다.

길음동 삼양로에서 펼쳐진 2021 두근두근 별빛마켓 (2021.11.6.-11.7)

불법 유해업소가 모여 있었기에 모두가 꺼리던 삼양로 일대가 청년들이 도전하고 온 가족이 함께 즐기는 거리로 바뀐 것은 행정과 주민, 경찰이 한마음으로 노력한 결과입니다. 이와 같은 변화가 일회성이 그치지 않도록 주민의 관심과 응원 속에 값진 도전을 이어갈 것입니다.

청년공간 길:이음에서 청년 창업의 길을 찾다

현재 삼양로를 길음 청년창업거리로 바꾸는 역할은 '청년공간 길:이음'이 주도하고 있습니다. 우리 성북구는 2020년 삼양로 일대 맥양집을 매입한 후 리모델링을 거쳐서 청년공간 길:이음을 개관했습니다. 길음동이라는 동네에서 따온 이름이자 청년들이 미래로 나아갈 수 있도록 이어주는 공간이라는 뜻도 있습니다. 이 공간은 삼양로 일대 소상공인과 청년, 지역주민이 상생 발전하는 청년창업거리 및 지역 문화거점 공간으로 활용되고 있습니다.

창업의 문턱을 쉽게 넘을 수 있도록 청년창업자금 지원과 창업 거리 조성 자문단을 운영하고 인사 · 노무, 세무 · 회계, 자금조달, 마케팅, 유통, 특허 등 각 분야 전문가들로 구성된 길:이음 멘토단이 청년 창업자를 위한 창업교육과 커뮤니티 형성, 컨설팅 등을 지원하고 있습니다. 아울러 생활상권추진위원회에서는 주민과 상인, 사회적경제 주체들이 함께 어울릴 수 있는 커뮤니티 스토어도 운영하고 있습니다.

이와 더불어 다양한 문화프로그램을 기획하여 예술인과 지역상인, 주민들이 함께 어우러지는 기회도 마련하고 있습니다. 삼양로 거리에서 주민들이 즐기고 거리의 활력을 불어넣을 수 있는 축제와 버스킹 공연 등을 기획해 누구나 오고 싶어 하는 젊음과 문화가 넘치는 청년창업거리로 자리 잡기 위해 힘을 모으고 있습니다.

'맥양집' 많던 그 골목 젊은이들 몰린다

성북구 '길음 청년창업거리' 2년 사이 불법업소 절반으로

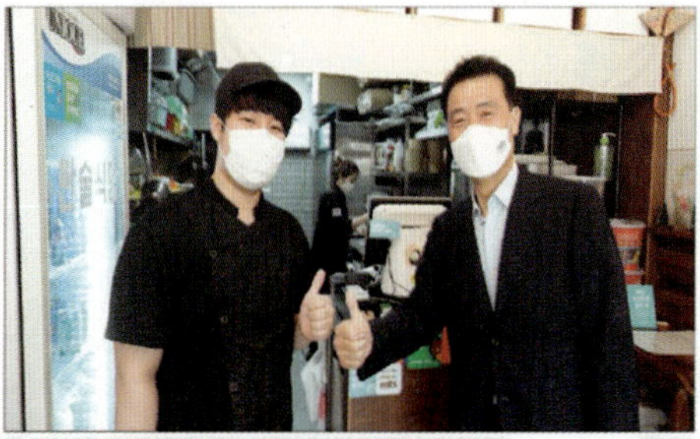

이승로 성북구청장이 삼양로에서 음식점을 운영하는 정태환씨와 함께 길음 청년창업거리를 응원하고 있다. 사진 성북구 제공

"곧 2호점을 낼 겁니다. 당연히 성북이죠. 성북에 뼈를 묻을 거예요."

스물여덟 청년 사장 정태환씨. 서울 성북구 길음동에서 조그만 식당을 운영하고 있는 그는 "배달 앱에서 평가한 맛집 순위 1위"라며 자부심을 드러냈다. 성북구에 소재한 대학을 졸업한 뒤 성북구 도움으로 둥지를 마련한 그는 "못 먹는 서러움이 없도록 먹을거리 기부계획도 있다"며 "(사업은) 확장될 일만 남았다"고 말했다.

정태환씨를 비롯한 청년들이 지하철 4호선 길음역 인근 삼양로에서 꿈을 키워가고 있다. 맥주와 양주를 팔며 불법 변태영업을 해오던 이른바 '맥양집'이 많아 주민들에조차 외면당하던 거리였다. 성북구가 주민들과 함께 불법유해업소 근절활동을 펼치는 동시에 맥양집이 떠난 공간을 청년점포로 바꿔가고 있다. '길음 청년창업거리'다.

2019년만 해도 길음역에서 미아초등학교까지 800m 구간에는 창문 없이 외벽에 커다란 하트가 그려진 맥양집이 37개나 있었다. 도시계획사업이 순차적으로 진행되는 일대와 달리 삼양로만 유일하게 낙후된 섬처럼 존재했다.

단속 전담반을 꾸리고 보건소와 경찰 교육지원청이 유해업소 근절 실무협의회를 구성해 지도 점검에 나섰다. 주민들은 소비자 식품감시원으로 동참, 매주 두차례 이상 합동 점검을 했다. 불법유해업소임을 알리는 현수막을 붙여 길 건너편에서는 점포를 볼 수 없도록 가리고 간판에 경고 문구를 붙여 문을 열고 들어가는 일 자체를 주저하게 만들었다.

그렇게 2년, 20곳이 문을 닫았지만 아직도 17곳이 남아 도시미관을 해치고 지역상권을 침체시키는 요인이 되고 있다. 구는 단속만으로는 부족하다고 판단, 도시재생을 통해 건강한 상권을 조성하기로 했다. 청년들이 자리를 잡도록 돕고 '어둠의 거리'를 밝고 건강한 거리로 탈바꿈시킨다는 취지다. 이승로 구청장은 "성북은 서울에서 대학이 가장 많은 자치구라 청년 인프라가 많다"며 "학생 대표들과 간담회를 갖고 구 사업을 공유, 다른 지역과 다른 특색있는 청년사업을 펼치기로 했다"고 설명했다.

행정안전부 지역주도형 청년일자리 사업과 연계해 청년들이 맥양집이 떠난 자리에 둥지를 틀 수 있도록 지원했다. 덮밥을 파는 음식점을 시작으로 갤러리와 영어원서를 파는 서점 등 지난해까지 6개 청년점포가 들어섰다. 주민참여예산을 더해 '두근두근 별빛마켓' '삼양로 대학' 등 공동체 활성화 프로그램을 진행, 청년과 주민들을 동시에 응원했다.

지난해 말에는 서울시에서 추진한 제로페이 사업 '우수구'로 선정돼 받은 상금을 털어 창업을 준비하는 청년들을 지원할 중심시설을 마련했다. 청년공간 '길이음'이다. 길음동이라는 동네에서 따온 이름이자 청년들이 미래로 나아갈 수 있도록 이어주는 공간이라는 뜻도 있다.

올해도 불법유해업소 단속과 함께 주민과 상권이 상생할 수 있는 사업들을 이어간다. 길이음에서는 창업 교육과 문화예술 전시·공연 등을 진행하면서 청년들이 커뮤니티를 형성하도록 지원하고 주민과 상인이 참여하는 생활상권추진위원회에서는 주민들 생활에 도움이 되는 서비스를 제공하는 '커뮤니티 스토어'를 준비하고 있다. 대학 창업지원단이나 캠퍼스타운 등 전문인력 도움을 받아 창업 컨설팅과 창업거리 활성화 방안에 머리를 맞댈 계획도 있다.

내년 상반기에는 예비창업자 등에 사무공간과 주거공간을 함께 제공하는 도전숙이 들어서고 4차 산업혁명 관련 공유기업에 사무실을 빌려주고 창업·사업화를 돕는 4차산업 지원센터도 예정돼있다. 이승로 성북구청장은 "민선 7기에 야심차게 준비한 사업"이라며 "청년·주민들과 힘을 합쳐 어둠의 거리가 밝은 청년창업거리로 되살아나도록 지원을 아끼지 않겠다"고 약속했다.

김진명 기자 jmkim@naeil.com

맥양집 많던 그 골목 젊은이들 몰린다(내일신문. 2021.7.14.)

삼양로의 변신은 어쩌면 아직 시작에 불과할 수 있습니다. 하지만 작은 노력이 모이고 모여서 장기적으로 성북구 전 지역에 청년 창업의 붐을 일으켜 '청년창업도시 성북'을 구현하는 기반이 될 것이라고 저는 확신합니다. 청년이 성북에서 성장하고 그 성과를 다시 성북과 나누는 선순환 여건을 만들기 위해 저도 작은 힘을 보태고자 합니다.

손 편지로 전한 감사의 마음

청년 창업 공간으로 변신하기 전 4호선 길음역에서 미아초등학교에 이르는 거리는 길음뉴타운에 사는 미아초등학교 학생들에게 가장 짧은 통학로였지만 가서는 안 되는 거리였습니다. 불법 유해업소 수십 곳이 밀집하여 '사람이 다니지 않는 거리', '밤에 다니기 무서운 거리', '차만 지나는 거리' 등의 오명이 따라붙었고 민원도 끊이지 않았던 거리가 안전하고 건전하게 변화하자 미아초등학교 학생들도 가장 빠른 통학로를 되찾을 수 있었습니다.

"성북구청장님, 안전 등굣길 되찾아주셔서 감사합니다"

불법유해업소 '맥양집' 정비·단속 나서
미아초 4학년생들 감사 손편지 60여통

'학교 가는 길을 안전하고 즐겁게 해주셔서 정말 고맙습니다.'

서울 성북구 미아초등학교 4학년 학생들이 최근 이승로 성북구청장에게 감사 편지(사진)를 보냈다. 이 구청장은 60여통의 편지를 하나하나 읽으며 코끝이 찡했다. 고사리 손으로 한 자 한 자 눌러 쓴 편지에서 아이들이 진심으로 고마워하는 마음이 느껴졌기 때문이다.

길음뉴타운에 사는 아이들은 지하철 4호선 길음역에서 미아초등학교까지 최단 통학로가 있지만 그 길은 피해야만 했다. 맥주와 양주를 팔며 퇴폐 영업을 하는 불법 유해업소, 이른바 '맥양집' 40여곳이 밀집해 있어서다. 그곳은 '사람이 다니지 않는 거리', '밤에 다니기 무서운 거리'로 통했다.

이 구청장은 지난해 7월 민선 7기 시작과 동시에 대대적인 단속과 거리 개선 캠페인을 펼쳤다. 올 들어 효과가 나타났다. 지난달 기준 업소 39곳 중 10곳이 문을 닫고, 나머지도 업종 전환과 폐점을 고려하고 있다. 이 구청장은 지역 주민·예술가와 함께 폐업 공간을 청년창업 공간으로 조성했다. 불법 유해업소가 다시는 뿌리 내리지 못하게 하고, 거리에 활력을 불어넣기 위해서다. 한 초등학생은 "학교에서 '아동친화도시'에 대해 배웠는데, 아이들 등굣길을 아이들 품으로 되찾아준 것이야말로 우리 동네가 아동친화도시임을 보여주는 것"이라며 좋아했다. 이 구청장은 "지역 문제에 관심을 기울이고 긍정적인 변화를 위해 적극 의견을 개진하는 학생들이 있어 든든하고 자랑스럽다"고 했다. 김승훈 기자 hunnam@seoul.co.kr

성북구청장님, 안전 등곳길 되찾아주셔서 감사합니다(서울신문, 2019.10.24.)

이에 미아초등학교 4학년 학생 60여 명이 학교 가는 길을 안전하고 즐겁게 만들어줘서 고맙다는 마음을 담은 손 편지를 보내왔습니다. 이 편지에는 근처에 중학교를 신설해 달라거나 더 많은 놀이터를 만들어 달라는 등 다양한 민원도 담겨 있었습니다. 저는 편지들을 하나하나 읽으면서 지역의 문제에 관심을 갖고 긍정적인 변화를 위해 의견을 적극적으로 피력하고 응원의 마음을 전하는 어린이들에게서 밝은 미래를 만날 수 있었습니다.

성북구의 구성원 모두가 마음을 모아서 오기 싫던 거리를 머물고 싶은 거리로 바꾸었습니다. 학생들이 편지에 제안한 내용도 구정에 반영하며 이 거리에서 미래세대가 더욱 건강하고 행복하게 자랄 수 있도록 더욱 큰 노력을 기울이겠습니다.

제2절 생활 속에서 역사와 문화를 즐기다

1

문화도시가 경쟁력이다

지붕 없는 박물관, 문화도시의 경쟁력을 만들다

우리 성북구는 오랫동안 '지붕 없는 박물관'으로 불려 왔습니다. 남쪽으로는 한양도성 성곽이, 북쪽으로는 북한산이, 동쪽과 서쪽으로는 정릉천과 성북천이 흐르는 성북구는 조선시대부터 근현대에 이르기까지 아름다운 문화를 꽃피웠던 곳입니다.

그 명성에 걸맞게 우리 성북구에는 역사문화자원도 많습니다. 한양도성을 비롯해 조선 고종의 아들 의친왕이 살았던 별궁정원인 성락원, 조선시대 왕비가 누에 농사의 풍년을 빌던 선잠단, 만해 한용운 선생의 유택인 심우장 등 156개의 근현대 역사문화자원이 곳곳에 자리 잡고 있습니다.

또한 고즈넉한 분위기 덕에 고급 단독주택도 많아 강남이 본격적으로 개발되기 전에는 우리 성북구가 서울의 1세대 부촌으로 이름을 떨치기도 했습니다. 이러한 이유로 한국의 정취를 느끼고 싶은 관광객들이 지금도 많이 찾고 있습니다.

이와 같은 역사와 전통을 기반으로 우리 성북구는 '오래된 미래'라는 주제로 도시 활성화와 도시 재생을 추진해 왔습니다. 일제 강점기와 근현대 역사의 숨결을 고스란히 담고 있는 성북동의 역사 유적을 복원하고 각종 문화유산을 연결하여 우리 성북구를 역사·문화·관광의 중심지로 조성해 온 것입니다.

발길 닿는 곳마다 소박한 풍경 속에 풍성한 이야기가 담겨 있는 성북동은 문학과 예술의 향기가 짙게 배인 동네입니다. 수많은 문인과 예술가가 이곳에 터를 잡고 살면서 교류하며 예술혼을 불태웠습니다.

조선시대 후기에는 추사 김정희, 실학자인 이덕무와 채제공 등 문장가들이 성북동에서 시를 지었으며, 이어서 많은 근현대 문인들이 성북동에 터를 잡고 교류하며 작품 활동을 펼쳤습니다. 시인 백석, 김일엽, 김기진, 김광섭, 조지훈, 정지용, 이은상, 소설가 이태준, 이효석, 염상섭, 박태원, 조정래 등 근현대 문학을 이끈 기라성 같은 문인들이 성북동에 터를 내렸습니다.

문인뿐 아니라 많은 화가들의 삶의 흔적도 성북동에서 만날 수 있습니다. 국내 동양화와 서양화의 양대 거장이었던 화가 김기창과 김환기도 성북동 사람이었고 서양화단의 거목인 변종하도 말년을 성북동에서 보냈습니다. 서세옥, 윤중식, 김용준, 박래현, 김향안 등 많은 미술가의 삶도 엿볼 수 있습니다. 예술가의 삶은 저물었지만 많은 미술가의 집이 미술관과 서울미래유산으로 지정되어 남은 이들에게 여전히 아름다운 향을 전하고 있습니다. 성북동은 그 자체로 인문학 박물관이라고 해도 과언이 아닙니다.

이승로 서울 성북구청장이 2022학년도 대학수학능력시험을 치른 수험생들을 위한 성북동의 '힐링 명소'를 소개했다. 왼쪽부터 북정마을과 맞닿은 한양도성, 석조 전문 박물관인 우리옛돌박물관, 심우장 인근에 조성돼 있는 만해공원의 모습.
성북구 제공

'지붕 없는 박물관' 성북동… 구청장이 콕 집은 힐링 코스 걸어 볼까

이승로 구청장, 한양도성·길상사 등 추천

"'지붕 없는 박물관' 성북동에서 수능 스트레스 날리세요." 이승로 서울 성북구청장이 대학수학능력시험을 치른 수험생과 '제2의 수험생'이나 마찬가지인 가족들을 위한 '힐링 명소'를 소개했다. 이 구청장은 18일 "수험생과 가족들에게 이번 주말은 오랜만에 여유를 즐길 수 있는 황금 같은 시간일 것"이라며 "성북동 곳곳에 자리한 역사문화 유산을 둘러보고 치유의 시간을 보내길 바란다"고 말했다.

이 구청장이 첫 번째로 꼽는 곳은 심우장이다. 독립운동가이자 시인인 만해 한용운 선생이 일제강점기인 1933년 지은 집으로, 당시 조선총독부를 등지는 방향인 북향으로 터를 잡았다는 이야기가 유명하다.

두 번째 명소는 한양도성이다. 성북동은 한양도성의 가장 아름다운 구간으로 손꼽히며, 탐방의 출발점이기도 하다. 특히 북정마을과 맞닿은 한양도성 구간에서는 조각보처럼 알록달록한 낮은 지붕이 아름답게 펼쳐진다.

우리옛돌박물관도 빼놓을 수 없다. 국내외 흩어져 있던 한국 석조 유물 약 2000점을 한 자리에 모아 건립한 세계 유일의 석조 전문 박물관이다. 각국 정상들도 한국을 방문할 때 꼭 들른다는 한국가구박물관도 필수 코스다.

서울시 최초의 구립미술관인 성북구립미술관도 명소다. 김기창, 김환기, 변종하 등 성북구와 인연이 깊고, 우리 근현대 미술을 발전시킨 작가들의 작품을 전시해왔다. 현재 성북동에서 약 60년 간 거주하며 작품 활동을 한 한국 수묵화의 거장 서세옥(1929~2020) 작가를 조망하는 전시가 열리고 있다. 이 구청장은 사찰 길상사도 추천했다. 종교 시설이지만 종교를 초월한 공간이라는 게 이 구청장의 설명이다. 평생 무소유를 실천한 법정 스님과 그의 사상에 감동해 자신의 전 재산을 기증한 김영한(법명 길상화) 보살의 이야기는 비움의 가치를 깨닫게 한다.

이 구청장은 "성북동을 걷다 보면 자연스럽게 만날 수 있는 세계 42개국 대사관저를 비롯해 골목골목마다 숨겨진 개성 만점의 맛집과 멋집을 찾는 재미가 있을 것"이라며 "서울의 멋진 동네 성북동에서 학업 스트레스와 코로나19로 인한 답답함을 해소하길 바란다"고 말했다.

조희선 기자 hsncho@seoul.co.kr

지붕 없는 박물관 성북동… 구청장이 콕 집은 힐링코스 걸어볼까(서울신문. 2021.11.19.)

성북동의 문화 예술인들은 이곳에서 분야를 넘나들며 교류하고 서로의 예술혼을 자극하면서 정서적 교감을 나누곤 했습니다. 소설과 이태준과 화가 김용준은 문예지 문장을 함께 편집했고 화가 김환기는 시인 김광섭의 시 구절을 제목으로 그림을 그렸습니다. 우리나라의 선구적 작곡가 중 한명인 채동선은 성북동에 살면서 12편의 가곡을 작곡했는데 그 중 8편의 가사가 정지용의 시였습니다. 세계적인 음악가 윤이상도 조지훈의 집 건너편에 살면서 조지훈과 박목월의 시에 곡을 붙였습니다.

어제의 기억을 살린 오늘의 경험도 내일의 유산이 됩니다.

여기, 성북에서 대한민국의 오래된 미래를 열어갑니다.

과거와 현재, 미래를 잇는 박물관 클러스터의 꿈

어찌 보면 성북동은 서울에서도 참 독특한 역사와 삶의 흔적을 지니고 있습니다. 우리나라의 문화를 이끈 수많은 문인과 예술가들이 한양도성이 파노라마로 펼쳐지는 성북동에 자발적으로 찾아들어 서로 교감하며 예술혼을 불살랐습니다. 성북동에는 일찌감치 달동네가 만들어지고 근대화 과정에서 신흥 부자들이 터를 잡았습니다. 역사를 거슬러 수많은 이야기를 담고 있기에 성북동을 인문학 박물관이라고 부르는 데에 이견이 없습니다. 실제로 지금 성북동에는 역사, 문화, 예술, 사람의 흔적을 담은 다양한 박물관이 자리 잡고 있습니다. 여기에 크고 작은 갤러리와 공방들도 들어서면서 성북동을 예술의 향기로 물들이고 있습니다.

조선시대부터 근현대의 역사와 문화가 살아 숨 쉬는 우리 성북구가 꾸는 또 다른 꿈은 '박물관 클러스터'입니다. 성북구 최초 공립박물관인 선잠박물관, 훈민정음 해례본을 비롯한 수많은 국보와 보물을 소장하고 있는 간송미술관, CNN에서도 서울에서 꼭 가봐야 할 10곳 중 한 군데로 선정하여 '박물관 그 자체도 서울에서 가장 중요하고 아름다운 건축물 중 하나'라고 극찬을 받은 한국가구박물관, 우리의 전통이 담긴 다양한 석조유물을 만날 수 있는 우리옛돌박물관, 문화체육관광부가 실시한 공립미술관 평가에서 우수 인증기관으로 선정된 성북구립미술관을 연계하여 성북동의 소중한 역사문화유산을 보존, 관리함으로써 대한민국의 미래 동력으로 성장시키기 위한 노력은 지금도 진행 중입니다.

성북시티투어 버스 타고 성북여행

국가에서 문화재로 지정한 서울 유산은 2019년 1월 기준으로 모두 1,240건이며 그 중에서 우리 성북구에는 101개의 문화재가 있습니다. 더불어 서울에서 지정한 문화재는 모두 584건인데 그 중에서 77건이 우리 성북구에 자리 잡고 있습니다.

서울시에서는 서울시민의 삶을 담고 있는 근현대 유산 중 미래세대에 전달할만한 가치가 있는 것을 선정해 그 가치를 공유하기 위해 지난 2013년부터 '서울 미래유산' 사업을 진행하고 있습니다.

이처럼 서울시에는 다양한 시간과 공간을 담고 있는 유무형의 역사 문화유산을 바탕으로 한 관광자원이 많이 분포되어 있습니다. 이에 지난 2019년 우리 성북구와 종로구, 중구, 용산구, 서대문구, 마포구 등 서울 도심의 6개 자치구는 공정하고 지속 가능한 관광발전을 위해 서로 협력하고 연대하여 공동 발전하기 위해 '서울 도심 관광협의회'를 구성하였습니다.

한국가구박물관에서 개최한 서울 도심 관광협의회 정기회의 (2021.5.6.)

2021년에는 제2대 회장구로 우리 성북구가 선출되어 1년 동안 도심 6구의 관광협력을 위한 사업을 추진해 왔습니다.

서울 도심 관광협의회는 지역 주민의 삶과 문화를 존중하는 지속가능한 관광 활성화와 도심 연계 관광자원 발굴을 통한 역사·문화적 가치 확산, 생활 관광 콘텐츠 활성화로 지역 관광진흥 도모, 중앙정부 및 서울시와 상호협력 및 제도 개선, 주민과 관광업계가 함께 참여하는 협력적 거버넌스 구축 등을 위해 함께 노력하고 있습니다.

2020년에는 공정관광 상생협약 체결, 도심 6구의 도심부 관광 안내지도 제작, 서울 시티투어 버스 노선 개편 건의, 도심 관광협력을 위한 기초 연구를 추진하였으며, 2021년에는 도심 6개 구 홍보 영상을 '한양 중심'이라는 주제로 제작하여 국·내외 관광객에게 '서울 관광의 중심지'로서 인식을 높이고 있습니다. 또한 코로나19로 지친 구민들이 하루 만에 즐길 수 있는 가까운 생활 관광명소를 공동으로 소개하기도 했습니다. 전 세계가 대한민국과 수도 서울에 큰 관심을 보이는 지금이야말로 관광 한류를 발전시킬 절호의 기회입니다. 특히 유튜브 등을 통한 비대면 관광의 시대에 맞는 영리한 홍보로 진정한 서울의 멋과 맛을 찾을 수 있도록 앞으로도 쉬지 않고 달려갈 계획입니다.

우리 성북구는 코로라19 이후 대면 관광의 시기에 대비하여 야심차게 준비한 게 있습니다. 서울의 지붕 없는 박물관 성북구를 편안하게 관광할 수 있다면 얼마나 좋을까요? 우리 성북구는 코로나19 장기화로 지친 시민들을 위로하고 지역 관광을 활성화하기 위해 성북시티투어 버스를 지난 여름부터 운영하고 있습니다.

성북시티투어는 성북동과 정릉동 일대를 버스를 타고 다니면서 다양한 역사문화를 체험하고 도심 속 자연을 즐길 수 있는 테마 여행입니다. 물론 코로나19로 인한 거리두기 정책에 따라서 운영이 쉽지만은 않았지만 지역 내 역사, 문화, 예술, 상업 등 다양한 자원을 연결한 관광코스로 많은 분들의 관심을 받을 수 있었습니다.

이승로 서울 성북구청장이 '성북시티투어' 문화예술코스에 포함된 전통문화체험공간 예향재에서 투어에 대해 설명하며 엄지를 치켜세우고 있다. 성북구 제공

1000원에 즐기는 오색 코스 '지붕 없는 박물관' 성북투어

현장 행정

성북시티투어 둘러본 이승로 구청장

숨겨진 문화명소 둘러보는 프로그램

사회적 거리두기 1~3단계 버스 운행

"성북구에는 한용운, 전형필, 김환기, 조지훈 등 교과서에서만 만났던 문화예술인의 흔적이 오롯이 남아 있습니다. 편하고 안전하게 감상하면서 '지붕 없는 박물관' 성북을 만끽하시기를 바랍니다."

서울 성북구가 코로나19의 장기화로 심신이 지친 지역 주민을 위로하기 위해 특별한 여행 프로그램을 선보였다. 25인승 버스(사진)를 타고 성북구에 숨겨진 명소 곳곳을 둘러보는 '성북시티투어'다. 성북동과 정릉동을 중심으로 다양한 역사 문화를 체험하고 도심 속 자연을 즐길 수 있도록 마련된 가이드형 테마 여행이다. 11월 14일까지 매주 금·토·일요일에 코로나19 사회적 거리두기 단계에 따라 버스를 운행한다. 1~3단계는 버스를 운행하고, 4단계의 경우 비대면으로 온라인 프로그램을 운영한다.

이승로 성북구청장은 지난달 30일 5가지로 구성된 코스 중 중요 지점을 직접 둘러봤다. 성북천 분수마루 광장에서 버스에 올라탄 이 구청장은 수공예품을 만드는 한 공방에 들러 직접 자수팔찌를 만들어 본 뒤 와룡공원에 들러 시민들이 야경을 감상하며 산책을 하게 될 코스를 점검했다. 이어 구에서 운영하는 전통문화체험공간인 예향재로 자리를 옮겨 마당에서 차를 마시며 경치를 즐기는 야외 소풍 프로그램에 참여했다.

이 구청장은 "코로나19로 위축된 지역 관광사업도 활성화하는 동시에 시민들이 아름다운 자연 환경을 안전하게 감상할 수 있도록 마련한 여행 프로그램"이라며 "단 몇 곳만 방문하더라도 성북구의 아름다운 풍경과 문화가 시민들의 머리와 가슴에 남을 수 있도록 볼거리와 즐길거리를 엄선했다"고 설명했다.

지역의 다양한 문화·자연 자원을 연결해 개발한 5가지 코스는 ▲성북동을 유람하고 공방을 체험하는 아트피크닉 썬 코스 ▲구립 최만린 미술관, 선잠박물관, 한국가구박물관 등 지역의 대표 박물관과 미술관을 돌아보는 문화예술코스 ▲흥천사와 심우장 등 지역 문화재를 탐방하는 역사문화코스 ▲북정마을 한양도성 등에서 트레킹을 체험하는 아트런 코스 ▲매달 1회 성북의 야경을 감상할 수 있는 야경 피크닉 코스다. 예매는 성북시티투어 공식 홈페이지(sbcitytour.modoo.at)에서 하면 된다. 탑승하기 하루 전까지 신청할 수 있다. 가격은 1000원이다.

구는 포스트 코로나 시대를 대비해 외국인 관광객들도 여행 프로그램에 참여할 수 있도록 향후 다양한 체험 콘텐츠를 개발할 계획이다. 이 구청장은 "지역 내에 대사관저가 많은데 각 대사관을 대상으로 탐방 코스를 미리 체험할 수 있도록 안내해 성북동의 문화를 미리 소개하는 것도 좋은 아이디어가 될 것"이라며 "나중에 외국인 관광객들이 서울 여러 지역 중에서도 성북구에서만 보고 느낄 수 있는 특별한 코스를 개발하겠다"고 말했다.

조희선 기자 hencho@seoul.co.kr

1,000원에 즐기는 오색코스 지붕 없는 박물관 성북투어(서울신문. 2021.9.3.)

성북시티투어 버스는 남녀노소가 모두 즐길 수 있는 5가지 테마의 코스로 구성되었습니다. 성북동의 핫 플레이스를 방문하고 공방 체험을 할 수 있는 아트피크닉 썬 코스를 비롯해 미술관과 박물관 투어와 체험 프로그램을 연결한 문화예술코스, 성북동과 정릉동의 문화재를 탐방하는 역사문화코스, 지역 생태자원을 살피며 걷는 아트런 코스, 성북의 아름다운 야경을 감상할 수 있는 야경 피크닉 코스가 성북구 주민은 물론 우리 지역을 찾는 관광객들에게 다양한 즐거움을 안겨 주었습니다.

코로나19 시대의 새로운 여행 트렌드를 만들어 가는 성북시티투어 버스는 관광객이 안전하고 안심하게 이용할 수 있도록 운행 전에 버스를 소독하고, 승차 전 발열검사와 마스크 착용, 승차인원 제한 등 방역 수칙을 철저하게 지키면서 운행하고 있습니다. 또한 코로나19 거리두기 단계에 맞춰서 온라인으로 진행하기도 했습니다.

성북 시티투어버스가 지붕 없는 박물관 성북구를 보다 편리하고, 보다 안전하게 찾아볼 수 있도록 시민 여러분의 발이 되어 드리겠습니다.

성북, 문화도시로 비상하다

지난 2019년 문화체육관광부가 한국문화관광연구원과 함께 지방자치단체의 문화 분야 공공서비스 공급 현황을 알기 위해서 진행한 '2017년 지역문화 실태조사'를 바탕으로 정한 지역문화 종합지수를 발표하였습니다. 이 '지역문화 실태조사'는 문화정책, 문화자원, 문화활동, 문화향유의 4대 분류의 28개의 문화지표를 적용해서 진행되었습니다. 조사 대상이었던 229개의 전국 지방자치단체 중 우리 성북구는 7위로 전국 최상위 수준의 지역 문화 발전을 이루고 있는 것으로 나타났습니다.

우리 성북구는 지난 2012년 지역 문화예술 발전을 통해 주민에게 더욱 다양하고 수준 높은 문화 복지서비스를 제공하기 위해 성북문화재단을 설립하고 다양한 문화정책과 사업을 추진해 왔습니다. 이를 통해 우리 성북구가 가지고 있는 다양한 문화예술자원을 활용해 지역발전을 이끌어 왔습니다. 10년을 이어 오는 동안 주민을 비롯한 다양한 구성원들과 함께 문화정책을 계획하고 실행하고, 문화시설을 운영하면서 전국적으로도 자랑스러운 지역 문화를 일궈온 것입니다.

주민들이 직접 참여하는 생활 속 문화예술을 통해 도시의 새로운 부가가치를 만들어 내고, 이것이 다시 지역 경쟁력이 되는 선순환을 통해 진정한 문화도시 성북이 다져졌습니다. 지금까지 그래왔던 것처럼 모두가 참여하고 모두가 함께하며 모두가 풍요로운 우리 성북만의 건강한 문화생태계를 만들어 가고자 합니다.

이처럼 켜켜이 쌓아온 역사의 깊이에 진한 예술의 향을 가득 담고 있는 우리 성북구는 그 어느 자치구보다 풍성한 문화자원을 지니고 있습니다.

최근에는 한국 연극문화의 상징인 대학로는 둥지 내몰림(젠트리피케이션)의 영향으로 공연장들이 폐관하거나 밀려나는 위기를 겪음에 따라 우리 성북구는 대학로와 바로 인접한 성북동 한성대입구역 근처에 창작연극지원센터를 건립하고 있습니다. 성북구가 가압장으로 활용했던 구유지를 무상으로 제공하고 서울시가 건립비용을 부담하는 방식으로 2022년 개관예정인 창작연극센터는 역사문화도시의 중심인 성북동이 연극을 중심으로 하는 새로운 문화예술 거점으로 자리잡을 수 있을 것입니다.

자연·예술·사람 어우러진 '문화도시'…
누구나 살고 싶은 곳으로

이승로 서울 성북구청장

▌10년 후 서울 성북구 시민은 어떤 도시에서 살고 있을까? 이 물음은 시간이 흘러 자연스럽게 펼쳐지는 도시를 말하거나 아니면 구체적으로 우리가 살고 싶은 도시를 상상하고 실현해 가는 것으로 그 답이 나뉠 수 있다. 성북구는 '문화도시'라는 꿈을 시작하면서 후자의 답을 시작하려고 한다.

성북구는 산지가 많고 도심 하천이 발달한 자연자원이 풍부한 도시이다. 간송미술관·한국가구박물관·심우장 등 역사적, 예술적 장소가 많아 '지붕 없는 박물관'으로 불리기도 한다. 아울러 대사관과 대사관저가 43곳이나 위치하고 있어서 다양한 문화가 어우러지는 독특한 매력을 갖고 있기도 하다. 또한 서울에서 재건축과 재개발이 가장 많이 진행되면서 원주민과 이주민의 비율이 급격하게 변하고 있으며 고령화도 빠르게 진행되고 있다. 그러면서도 지역 내 있는 8개 종합대학의 재학생을 포함해 10만여 명의 20대 청년이 생활하고 있다.

이렇게 다양한 빛만큼이나 다양한 고민을 안고 있는 성북은 '문화'를 통해 도시의 문제를 접근하고 하나로 엮는 노력을 기울이고 있다. 2012년 설립한 성북문화재단과 지역 문화 예술인 네트워크 공유 성북원탁회의를 중심으로 지역 거버넌스를 활발하게 전개하고 동네도서관에서 공론장을 펼치고, 지식순환의 연결망으로서 시민이 활약하도록 적극 지원하고 있다.

우리가 살고 싶은 도시, 우리가 놀고 싶은 동네를 어떻게 만들어 갈 것인가에 대해 주민과 예술인, 청년과 노인 등 다양한 주체가 생각을 모으고 논의하고 합의하는 과정은 오늘도 진행 중이다.

이 여정을 통해 누구도 안전하지 않은 사회에서 생태계로서 안전망을 구축한 도시, 누구나 축제와 문화예술교육과 역사문화콘텐츠를 즐길 수 있는 도시, 문화 민주주의와 문화 다양성의 원리가 일상에서 실천되는 도시, 이 변화가 성북을 넘어 동북 4구와 서울시-전 세계로 확장되는 공유와 순환 도시로의 꿈으로 한 걸음씩 나아가고 있다. 45만 성북 구성원이 함께 '시민의 삶과 문화가 순환하는 도시, 성북'을 실현하기 위한 노력은 해외에서도 인정을 받아 2018년 세계지방정부연합(UCLG)으로부터 '국제문화상'을 수상하기도 했다.

이제 성북구는 새로운 문턱에 와 있다. 지금까지 축적한 경험과 실험을 정착시키고, 지역 문화 예술 생태계를 더욱 확장함으로써 문화생태계와 지역공동체가 일상에서 만날 수 있는 정책을 제시하고, 도시 자체가 문화도시의 가치와 원리에 맞게 운영될 수 있는 시스템 구축에 박차를 가하고 있다. '문화도시 성북'은 45만 성북 구성원이 함께 꾸는 꿈이다.

기고문 – 자연·예술·사랑 어우러진 문화도시… 누구나 살고 싶은 곳으로(문화일보, 2021.6.25.)

오래전부터 문화야말로 우리 성북구의 가장 큰 저력이라는 생각을 해 왔기에 성북구청장이 된 이후 문화를 통해 지역을 발전시키기 위한 다양한 노력을 펼쳐왔습니다. 그리고 이미 문화도시의 가치를 공유하고 부서 사이에 유기적으로 협력할 수 있도록 행정 전반의 역량을 모으기 위해 실무부서 중심으로 문화도시 행정협의체를 구성하기도 했습니다.

본격적인 문화도시로의 정체성을 찾기 위해 2020년 봄에는 주민과 예술가가 함께 하는 '문화도시 성북을 위한 거버넌스 포럼'을 개최했습니다. 이 포럼에는 문화예술을 통해 지역 문화 생태계를 만들기 위해 힘을 모아온 성북구와 성북문화재단, 문화예술네트워크(공유성북원탁회의), 성북미술협회 등 지역예술인 협회와 사회적 경제조직 등이 함께 했습니다. 이를 통해 우리 성북의 도시자원과 문화예술 생태계 현황을 살펴보고 문화도시 성북이 나아가야 할 방향을 논의했습니다. 이날 포럼은 유튜브로 생중계하여 포럼 참석자 이외에 지역 주민과 예술가 등 다양한 구성원이 지속 가능한 도시공동체를 위한 비전을 공유할 수 있었습니다.

그 다음 날에는 '문화도시 성북 전문가 초청 포럼'을 개최했습니다. 저를 비롯해서 구청의 주요 부서장, 성북문화재단 등 문화도시 행정협의체를 대상으로 '지방자치와 문화도시 : 문화도시를 통한 지역발전의 가치'라는 주제로 차재근 지역문화진흥원 원장님이 특강을 진행했습니다. 이를 통해 포럼 참가자들은 문화도시 사업 전반에 대한 이해를 높일 수 있었고, 우리 구의 도시 행정도 문화 도시를 위한 정책과 구조로 전환할 수 있는 계기를 만들 수 있었습니다. 이어서 문화도시와 거버넌스, 문화도시 성북의 추진 방향과 계획을 주민들과 함께 나누며 도시 경쟁력으로서 문화에 대해 고민할 수 있었습니다.

이러한 고민의 결과 우리 성북구는 2021년 12월에 문화체육관광부가 지정하는 제4차 예비문화도시에 선정될 수 있었습니다. 문화도시 사업은 지방자치단체에서 문화자원을 활용하여 문화계획을 수립하고 문화프로그램을 추진할 수 있도록 예비 문화도시로 지정받고 1년간 지방자치단체 예산으로 예비사업을 추진해야 합니다. 이후 평가를 거쳐 문화도시로 최종 지정이 되면 5년간 최대 국비 100억 원을 지원받을 수 있습니다.

우리 성북은 그 어느 도시보다 문화도시를 실현하는데 풍부한 자원과 거버넌스의 힘을 가지고 있는 지역입니다. 이 힘을 바탕으로 우리 성북이 지속 가능한 도시로 성장할 수 있도록 모든 역량을 집중할 것입니다. 역사문화와 예술의 도시! '문화도시 성북'의 내일이 기대되는 오늘입니다.

2

독립운동가의 도시 성북

성북은 항일운동사 중심지

일제강점기 우리 성북에는 수많은 문인과 예술가들이 터전을 잡았습니다. 그들은 민족주의와 저항성이 유독 강했습니다. 그 시절 많은 성북동 사람들이 3.1운동의 주역으로 활동했습니다. 한용운은 독립선언서의 공약삼장을 썼고 조소앙은 독립선언서를 작성했습니다. 오세창은 독립선언서 인쇄와 배포를 맡았고, 임규는 일본정부에 독립선언서를 배포했습니다. 성락원을 별궁으로 썼던 의친왕 이강도 끝까지 항일의지를 버리지 않았습니다. 일본 게이오 대학 유학생 염상섭은 비록 불발에 그쳤지만 오사카 독립선언대회의 독립선언서를 작성했습니다. 수많은 애국지사의 활동은 주민들에게도 영향을 끼쳤고, 3.1운동 당시 안감천이라 불린 성북천과 돈암동 일대에서도 만세운동이 전개되었습니다.

1924년 5월 4일자 시대일보에는 '성북동에 둔 의열단 근거'라는 제목으로 기사가 실릴 정도였습니다. 1936년 베를린 올림픽 마라톤 우승자 손기정 선수의 일장기 말소사건의 주인공인 이길용 동아일보 기자도 한용운, 전형필, 이태준과 교류한 성북사람이었습니다. 항일운동의 구심적 역할을 했던 한용운이 성북동 심우장에 터를 잡으면서 많은 애국지사들이 모여들었고, 성북구는 독립운동의 핵심지가 되었습니다.

인터뷰 | 이승로 서울 성북구청장

"성북은 항일운동사 중심지"

"만해 한용운 선생은 성북동 심우장에 거주하면서 민족지사와 교류하고 문학활동을 펼쳤고 민족시인 이육사는 종암동에서 '청포도'와 '광야'를 창작했죠."

이승로(사진) 서울 성북구청장은 "성북구에 수많은 애국지사가 거주했고 주민들도 자연스럽게 감응했다"며 "의병전쟁 3.1운동 학생독립운동 의열단활동 항일활동 등으로 활발하게 연계됐다"고 강조했다. 3.1운동만 해도 성북천(당시 안감천)과 돈암동 일대에서 만세운동이 전개됐다는 기록이 남아있다.

성북구는 일찌감치 지역과 관련이 있는 독립운동가나 항일운동 관련 사적을 발굴해왔다. 지역이 유명한 정치인이나 자본가가 몰려있는 성북동이나 조선시대 왕가의 묘인 정릉과 의릉으로만 기억된다고 판단, 독립운동과 연계성을 찾아내 지역 정체성을 확립하기로 했다. 이 구청장은 "2016년 '성북구 독립운동가 발굴·조사 용역'을 진행, 성북구에 주소를 둔 항일 독립운동가를 신규 발굴하고 기존에 알려진 독립운동가를 재조사했다"며 "숨은 독립운동가 96명을 발굴하고 8명이 포상을 받게 된 것은 그 성과"라고 설명했다.

지난 연말에는 친일잔재가 남은 도로명 '인촌로'를 '고려대로'로 공식 개명하는 성과를 거뒀다. 인촌 김성수의 호를 딴 도로명 가운데 첫 사례다. 주소를 사용자 동의가 필수인 만큼 공무원들이 평일 야간은 물론 주말까지 반납하며 주민들을 만나

친일잔재 청산 의지를 전하고 공감대를 얻어냈다. 이 구청장은 "친일잔재 청산을 응원하고 적극 협조한 성북구 주민들의 높은 시민의식과 추운 겨울 가가호호 방문해 의견을 확인한 공무원 열정이 더해진 결과"라며 "유사한 도로·시설명을 사용하고 있는 다른 지자체에서도 조속히 친일 적폐가 청산됐으면 한다"고 말했다. 항일독립지사선양단체연합은 인촌로 개명 공로로 이달 이 구청장에 감사패를 전했다.

올해는 3.1운동과 임시정부 수립 100주년을 맞아 만해가 입적한 심우장을 국가지정문화재 사적으로 지정하는 작업을 추진하고 해마다 이육사문화제가 열리는 종암동에 이육사전시실을 조성한다. 이 구청장은 "근현대 문학작가가 거주·활동하면서 인문학적 가치가 높은 문화자원도 풍부하다"며 "근현대 문학기념관을 건립, 민족시인도 함께 발굴·전시할 예정"이라고 말했다. 그는 "조국 독립을 위해 끝까지 투쟁, 오늘날 자유로운 대한민국에서 살 수 있게 한 독립운동가 정신을 기리는 건 후손의 역할이자 의무"라며 "다양한 분야에 걸친 독립운동사를 발굴하고 대내외적으로 알리는 선도적 역할을 해나가겠다"고 덧붙였다.

김진명 기자 jmkim@naeil.com

인터뷰-성북은 항일운동사 중심지(내일신문, 2019.1.23.)

정릉동 또한 걸출한 독립운동가 가족이 말년을 보낸 곳입니다. 대표적인 인물이 우당 이회영의 아내 이은숙 여사와 유관순의 오빠 백

노 유우석입니다. 조선이 일본에 강탈당한 뒤 가족들과 함께 만주로 망명해 독립운동 기지를 만들기 위해 신흥무관학교를 설립한 우당 이회영의 아내 이은숙 여사는 온갖 허드렛일을 하면서 독립운동 자금을 댔고 아들 옥바라지를 해야 했습니다. 유관순 열사의 오빠인 유우석 역시 아우내장터 만세시위 당시 교사들과 함께 시위 계획을 세우고 독립선언서 태극기를 만들었습니다. 일본 경찰에 체포되었다가 출옥한 뒤에도 독립운동을 지속한 인물입니다.

우리 성북구는 일찌감치 지역과 관련이 있는 독립운동가나 항일운동 관련 사적을 발굴하기 위한 노력을 펼쳐왔습니다. 일제의 수형 기록과 판결문, 신분장지문원지, 정보문서, 신문기사 등 각종 문헌 자료를 조사하고 분석하여 총 113명의 성북구 독립운동가를 확인했고, 기존에 발견된 독립유공자 외에 숨은 독립운동가 96명을 새로 찾아내는 성과를 내기도 했습니다. 새로 발굴된 인물로는 공군 창설의 주역인 최용덕, 청산리 대첩의 숨은 영웅인 나중소, 의열단의 숨은 조력자인 오세덕이 있습니다.

항일운동의 성지가 된 심우장

성북동 언덕의 좁은 골목을 따라 올라가면 만해 한용운이 살던 심우장이 있습니다. 시인이자 승려였던 만해 한용운은 3.1운동 다시 민족대표 33인의 한 사람이자 우리나라의 대표적인 독립운동가입니다. 대부분의 민족대표가 일제의 탄압과 회유에 넘어가 변절했지만 끝까지 절개와 지조를 지키며 물산장려운동을 지원하고 민립대학 건립운동에 참여했습니다. 항일민족단체였던 신간회 결성에도 주도적으로 참여하며 독립운동을 적극적으로 이어나갔습니다. 3.1운동 주동자로 체포돼 3년 동안 옥살이를 하던 중에는 '조선 독립의 서'를 썼습니다. 출옥한 후 전국 각지를 돌면서 강연을 하며 청년들의 각성을 촉구했습니다. 1926년에는 '님의 침묵'을 발간해 문단에 파문을 던지는 등 작가로도 큰 발자취를 남겼습니다.

심우장은 한용운이 1933년부터 1944년 입적할 때까지 살던 곳입니다. 54세이던 1933년 벽산 스님이 사둔 땅 위에 작고 소박하게 지은 이 집은 한옥에서는 쉽게 볼 수 없는 북향집입니다. 한용운은 "남향하면 바로 돌집(조선총독부)를 바라보는 게 될 터이니 차라리 볕이 좀 덜 들고 여름에 덥더라도 북향하는 게 낫겠다."면서 북쪽으로 향한 집을 지었습니다. 이후 심우장은 민족지사와 문인들이 교류하는 공간으로 자리 잡았습니다. 1937년에는 독립운동을 하다가 체포되어 마포형무소에서 옥고를 치른 일송 김동삼이 순국하자 유해를 모셔와 심우장에서 장례를 치르기도 했습니다. 이처럼 일제에 저항하는 삶으로 일관했지만 그토록 애타게 기다리던 광복을 보지 못하고 1944년에 65세를 일기로 생을 마감했습니다. '심우(尋牛)'란 이름은 소를 사람에 비유하여 '잃어버린 나를 찾자'라는 의미로 깨달음의 경지에 이르는 과정을 나타내는 말입니다.

우리 성북구는 지난 2019년 '3.1운동 100주년'을 기념하여 독립운동 활동과 애국지사들과의 교류 흔적이 남아 있는 심우장 일대를 복원, 정비하고 항일운동의 성지로 조성하여 한용운의 삶과 업적을 알리기 위한 노력을 펼쳐왔습니다. 문화재청은 3.1운동과 대한민국 임시정부 수립 100주년을 맞아 서울시 기념물인 심우장을 국가지정문화재인 사적 제550호로 지정했습니다.

2019년 8월 29일은 만해 한용운 탄생 140주년이 되는 날이자 일본에 주권을 빼앗긴 경술국치일이었습니다. 이날 전국에서 모인 대학생들이 3.1운동 100주년과 만해 한용운 탄생 140주년을 기념하여 그의 독립정신과 문학정신을 기리는 '2019 만해로드 대장정'이 있었습니다. 만해로드 대장정은 성북구와 서대문구, 충남 홍성군, 강원도 인제와 고성군 등 독립운동가이자 민족 시인이었던 만해 한용운의 삶과 인연이 깊은 전국의 지방자치단체가 함께 하는 '만해 한용운 선양사업 지방정부협의회'에서 2015년부터 진행하고 있는 유적지 순례길입니다.

출발지인 우리 성북구의 심우장에서 발대식을 마친 청년들은 중랑구의 망우리 공원을 찾아서 한용운의 묘역을 참배하고 경기도 광주시에 있는 만해기념관을 둘러본 뒤 고향인 충남 홍성군으로 가서 생가 터와 만해 문학체험관을 둘러보고 홍성군에서 주최하는 추모 다례제에 참여했습니다. 그리고 다음 날에는 충남 천안시에 위치한 독립기념관에 들렀다가 다시 심우장으로 와서 해단식을 했습니다. 이전의 만해로드에서는 한용운이 불가에 귀의하고 수행했던 강원도 인제와 고성에 들렀지만 3.1운동 100주년을 맞이한 2019년에는 독립운동가들의 발자취를 따르는 것으로 바꾼 것입니다.

이날 저와 김석환 홍성군수, 최상기 인제군수, 이경일 고성군수, 문석진 서대문구청장 등 '만해 한용운 선양사업 지방정부협의회'의 단체장은 한용운의 생가터에서 과거사를 반성하지 않고 오히려 수출규제를 앞세운 일본 정부를 규탄하는 성명을 발표했습니다.

일제강점기 일본의 만행은 시간이 지나도 우리 민족에게 상처로 남아 있습니다. 그러나 이 상처를 치유하기도 전에 일본 정부는 정치 경제적으로 압박하는 상황 속에서 한용운의 독립정신과 역사인식을 바탕으로 아베정권의 과거사 반성 거부와 수출규제 조치를 강력하게 규탄하였습니다. 그 구체적인 내용으로 일본 강제 징용 피해자에 대한 사과와 배상, 일본군 위안부 강제동원 인정과 정당한 보상, 보복적 수출 규제철회를 요구했습니다.

만해 한용운의 생가에서 일본의 수출규제 규탄성명서를 발표하고 있는 만해 한용운 선양사업 지방정부행정협의회(2019.8.29.)

만해 한용운의 탄생일에 그의 생가터에서 성명서를 발표하면서 더욱 결연한 의지를 다질 수 있었습니다. 한용운은 "왜 독립선언을 했는가"라는 일본 검사의 질문에 "자유는 만물의 생명이요. 평화는 인생의 행복이다, 세상의 가장 이상적인 행복의 바탕은 자유와 평화에 있는 것이다"라고 답했습니다. 저 또한 한용운의 자유와 평화의 정신을 잊지 않고 친일 잔재 청산과 독립운동가 선양을 위해 더욱 힘쓸 것을 다시 한 번 다짐했던 하루였습니다.

정성으로 써 내려간 독립의 염원, 3.1독립선언서 필사

'우리는 이를 세계 모든 나라에 알려 인류가 모두 평등하다는 큰 뜻을 분명히 하고 우리 후손이 민족 스스로 살아갈 정당한 권리를 영원히 누리게 할 것이다.'

3.1 독립선언서의 두 번째 문장입니다. 2019년 3.1운동 100주년을 맞아서 독립선언서 일부를 손글씨로 적었습니다. 독립운동사에 대한 이해의 폭을 넓히고 독립운동가들의 헌신과 희생에 감사하며 진정한 독립의 의미를 되새기기 위해 독립선언서를 한 문장씩 손글씨로 옮기게 된 것입니다.

진정한 독립의 의미를 되새기는 3.1 독립선언서 필사 챌린지(2019.3.1.)

'3.1 독립선언서 필사 챌린지'는 3.1운동 100주년을 맞아 대한광복회 성북구지회가 3.1독립선언서 총 38개 문장 가운데 한 문장을 선택해 직접 필사한 뒤 이를 48시간 이내에 SNS에 인증하고, 다음 참여자 3명을 지목하는 형식으로 진행되었습니다.

광복회 성북구지회의 이광종 지회장이 '우리는 오늘 조선이 독립한 나라이며, 조선인이 이 나라의 주인임을 선언한다.'라는 첫 문장을 쓰고 저를 지목하면서 두 번째 문장을 이어서 쓰게 되었습니다. 이광종 지회장은 저와 함께 종암동에서 '절정'과 '청포도' 등을 발표한 이육사 시인의 딸 이옥비 여사와 안동에서 만세시위를 주도한 김병우 선생의 후손 김능진 충남대 명예교수를 지목하였습니다.

3.1 독립선언서는 조선이 주권을 가진 독립국임을 선언한 문서로 1919년 3월 1일 3.1운동 때 민족대표 33인이 독립을 선언한 글로 앞서 2월 1일 중국 길림에서 발표된 대한독립선언서와 일본 도쿄에서 선포된 2.8 독립선언서의 영향을 받았습니다.

저는 '2.8 독립선언서 첫 번째 문장쓰기 챌린지'에도 참여했습니다. 항일운동의 중추 역할을 했던 만해 한용운이 성북동 심우장으로 거처를 옮긴 후 그를 따르는 수많은 독립운동가가 성북구 일대로 활동무대를 옮겨서 치열하게 항거했던 역사가 있는 독립운동의 도시 성북의 수장으로서 누구보다 뿌듯한 마음으로 참여하게 되었습니다.

그리고 이 '3.1 독립선언서 필사 챌린지'는 빠른 속도로 전국으로 확산되었습니다. 광복회 회원과 지방자치단체장 중심으로 시작되어 각 지역의 정계와 학계, 언론계는 물론 학생과 일반 시민의 참여도 늘어났습니다. 종이에 필사하는 것뿐만 아니라 칠판, 고무신, 캘리그라피 작품 등 참가자의 다양한 개성도 엿볼 수 있었습니다. 뿐만 아니라 우리 구청 직원들의 자발적인 참여도 이어졌습니다. 개성만점의 다양한 손글씨로 쓰인 독립선언서를 사무실 복도 한 면에 붙여놓고 모두가 감상할 수 있도록 했습니다. 이런 모습들을 보면서 마치 100년 전 만세운동이 전국 방방곡곡으로 퍼져나간 것 같은 감동을 느낄 수 있었습니다.

100년 전 함성을 다시 울리다

1919년 3월 1일 '대한독립 만세' 함성이 울려 퍼졌습니다. 탑골공원에서 시작된 만세운동은 일제의 탄압 속에서도 전 민족이 궐기한 만세운동으로 퍼져나갔습니다. 우리 성북구에서도 만세운동의 현장을 만날 수 있습니다. 지금의 성북천인 안감천과 돈암시장은 3.1운동 당시 만세 행렬이 수시로 지나갔던 역사의 현장입니다.

성북천 · 안감내길에서…3.1운동 100주년 기념식(2019.3.1.)

1919년 3월 23일 밤 10시쯤 성북천 근처에서 500여 명이, 돈암시장에서 100여 명이 만세운동을 했고 '독립선언서'와 '조선독립신문'을 배포했습니다. 3월 24일에는 성북동에서 60여 명이 시위를 전개했으며 3월 27일에는 돈암동의 산(개운산 추정) 위에서 50여 명이 횃불 시위를 펼쳤습니다. 그밖에도 성북구 지역에 살던 사람들이 종로나 미아동 일대로 나가 만세운동에 참여하기도 했습니다.

그로부터 100여 년의 시간이 지나고 어느새 성북천과 돈암시장은 평화로운 일상을 이어가는 삶의 공간으로 자리 잡았습니다. 하지만 어려움 속에서도 조국 광복의 희망을 꿈꾸었던 역사의 숨결은 여전히 우리에게 전해지고 있습니다.

지난 2019년 3월 1일에는 성북천 일대에서 '함께 외친 독립의 꿈, 함께 만들 성북의 힘'을 주제로 3.1운동 100주년 기념 '만세운동 재현 행사'와 기념식을 열었습니다. 보문동 주민센터에서 출발해 100년 전 3.1 만세운동이 실제로 일어난 지금의 성북천을 따라서 학생과 주민 500여 명이 모여서 그날의 함성을 다 함께 외치며 100년 전의 독립의지를 생생하게 살려냈습니다. 이어서 성북구청 바람마당에서 3.1운동 100주년 기념식을 개최하여 우리 성북구에서만 할 수 있는 특별한 3.1운동 기념행사를 치른 것입니다. 3.1운동 100주년 기념식에서는 독립운동을 다룬 창작 뮤지컬을 공연하고 의열투쟁에 힘썼던 이주현의 아들 이광종 광복회 성북구지회장, 3.1 만세운동에 참여했던 이경혁의 외손자 홍순기, 의병활동을 했던 백홍인의 손자 백태규, 충남 공주의 3.1운동에 힘썼던 이규남의 딸 이종순 등 독립유공자 후손들이 독립선언서를 낭독하기도 했습니다.

1919년 그날 안감천에서는… 벽화로 보는 3.1운동

보문동을 따라 흐르는 성북천은 100여 년 전에는 안감천으로 불렸습니다. 지금은 우리 성북구 주민들이 즐겨 찾는 산책로가 된 성북천은 3.1운동 당시 만세운동이 펼쳐졌던 곳입니다. 이곳에 의미 있는 벽화가 그려져 있습니다. 3.1운동 당시 '안감천'에서 500여 명이 모여 만세운동을 펼친 역사적 기록을 바탕으로 보문동 지역의 독립운동사를 벽화로 재현한 것입니다. 이 벽화에는 당시 주민들이 청량리로 향하는 전차에 투석하는 모습과 일제에 저항하는 의지를 담은 광고 격문을 담고 있습니다.

보문동에서 주민참여예산사업으로 성북천에 조성된 3.1운동 벽화

일제에 저항하는 의지를 담은 격문의 내용은 "근처 여러 동리 사람들은 진정 불쌍하고 가엾도다. 너희 동리는 국가도 모르고 벙어리도

아닌 바에 어찌 대한제국 독립만세를 부를 줄 모르는가? 만일 근처 여러 동리들이 이달 그믐 안으로 만세를 부르지 아니하면 각 동리들은 성유 두 세 상자만 있으면 전멸할 것이다. 이 국기와 같이 독립할 것이다. 전농리, 답십리, 청량리, 월곡리, 휘경리… 기타 조그마한 동리는 근처 큰 동리와 힘을 합쳐서 만세를 불러라."라며 보문동이 중심이 되어 주변 마을까지 함께하기를 권유한 것을 알 수 있습니다.

이 벽화와 격문이 더더욱 의미 있는 것은 보문동 주민들이 잊히고 있는 역사적 사실을 기억하고 애향심을 높이기 위해 구의 주민참여예산으로 선정하여 조성했다는 점입니다.

보문동 주민들은 성북천변의 옹벽에 보문동 출신의 근현대 인물들을 기념하는 벽화도 그려 넣기도 했습니다. 현대 문학의 어머니라 불리는 소설가 박완서부터 한국 근대 미술에서 가장 주목받는 인물로 손꼽히는 화가 이쾌대, 대한민국 민주화를 위해 독재정권에 항거하다 순국한 당시 한성여중 2학년 진영숙 학생이 어머니에게 남긴 편지이자 유서가 그려져 보문동의 의미 있는 역사를 만날 수 있습니다.

이렇게 역사와 문화 속에서 지역의 정체성을 찾고 이를 바탕으로 주민들이 삶터로서의 동네를 새롭게 인식할 수 있도록 앞으로도 우리 성북구의 역사를 발굴하고 재현해내는 작업은 계속해서 이어질 것입니다.

국가를 위해 헌신한 국가유공자를 잊지 않고 보답하는 나라

독립운동가의 도시 성북에서는 그 후손을 기리는 일에도 앞장섰습니다. 3.1운동 및 대한민국임시정부 수립 100주년을 맞아 독립유공자 이주현 애국지사의 유족 이광종 대한광복회 성북구지회장의 자택에 독립유공자의 집 명패를 직접 달아드리는 행사를 진행했습니다.

이주현 애국지사는 경남 진주 출신으로 사천 개진학교 교사로 근무할 때 항일교육을 했다는 이유로 면직처분을 받았고, 1920년 11월 밀양경찰서 폭탄투척사건에 관련되어 징역 1년, 집행유예 2년형을 선고받고 옥고를 치렀으며 1990년에 건국훈장 애족장을 받았습니다.

오늘의 대한민국은 독립유공자 분들의 희생과 헌신으로 이루어졌다고 해도 과언이 아닙니다. 우리 성북구는 독립유공자를 비롯한 국가유공자분들의 자택에 존경과 감사의 뜻을 담아 명패를 달아드리는 작은 일부터 시작하여 나라를 위해 희생하신 분들을 기억하고 자긍심을 높일 수 있는 다양한 활동을 펼쳐나가고 있습니다.

독립유공자 이주현의 유족 이광종 자택에 존경을 담아 독립유공자의 집 문패 부착

2021년 4월 1일 75세 이상 어르신 31,000명에 대한 코로나19 백신 접종을 시작할 때도 우리 성북구는 국가유공자 2,700명을 최우선 순위로 정했습니다. 국가가 위기에 처한 순간 국가와 국민을 위해 헌신한 국가유공자를 잊지 않고 보답하는 것은 행정의 당연한 의무라고 생각했기 때문입니다.

이처럼 독립운동가를 선양하고 기억하는 것은 우리의 의무입니다. 민족과 독립의 의미를 잊지 않도록 노력해 온 우리 성북구는 앞으로도 독립운동가 선양사업을 적극적으로 추진하여 독립유공자 추서와 예우에 최선을 다할 것입니다.

3

평화의 상징, 소녀상과 함께 민족정신을 지켜내다

어둠 속에서도 피워낸 평화의 꽃

일본군 위안부 문제의 피해를 상징하는 평화의 소녀상은 1992년 수요시위가 시작되고 20년 뒤 1,000회째를 맞이한 2011년 12월 14일 민간단체인 한국정신대문제대책협의회(정대협)이 중심이 되어 시민 모금으로 서울 종로구 일본대사관 앞에 처음 세워졌습니다. 평화의 소녀상은 높이 130cm에 치마저고리를 입고 짧은 단발머리와 손을 움켜쥔 소녀가 의자에 앉아서 일본대사관을 응시하고 있습니다. 위안부 피해 할머니들이 일본군에 끌려갔던 15세 무렵을 재현한 것으로 피해자들의 아픔, 명예와 인권회복, 평화 지향의 가치를 담았습니다. 그 옆에는 작은 의자가 놓여 있어서 할머니들의 고통에 공감하자는 뜻을 담고 있습니다.

10년 전 일본대사관 앞에 홀로 세워졌던 평화의 소녀상은 어느새 국민 모금을 통해 여러 작가에 의해 전국을 넘어 미국, 캐나다, 호주, 중국, 대만 등 세계로 그 수를 셀 수도 없을 정도로 확산되어 일본군 위안부 문제의 실상을 외부에 알리는 역할을 하고 있습니다. 그 형태도 다양해서 우리 성북구에는 중국인 소녀와 조선인 소녀가 함께 있는 '한중 평화의 소녀상'이 세워져 있습니다.

시민의 힘으로 대한민국과 전 세계에 건립된 평화의 소녀상은 시민의 따뜻한 마음으로 정성스럽게 지켜졌습니다. 곳곳에서 시민들과 만나는 평화의 소녀상은 대부분 지나간 시간의 흔적만 남아 있을 뿐이고 깨끗하게 보존되어 있습니다. 차가운 겨울이면 누군가는 소녀상에게 모자를 씌워주고 목도리를 둘러주고, 담요를 덮어주고 장갑을 끼워주고 버선을 신겨주었습니다. 소녀상 앞에 과자를 둔 곳도 있고 손과 발에 핫팩을 올려두기도 했습니다. 어느 곳 하나 구석에 방치되어 낡고 닳은 소녀상은 없었습니다.

이러한 평화의 소녀상 외에도 더 많은 이들이 함께할 수 있도록 30cm 크기로 줄인 '작은 소녀상'도 있습니다.

성북천 분수마루 광장으로 이전한 한중 평화의 소녀상

1992년 3월 위안부 피해사실을 고발한 김복동 할머니는 2019년 1월 돌아가시기 전에 "끝까지 싸워달라."는 말씀을 남기셨습니다. 위안부 피해자 가운데 생존자는 점점 줄어들고 있지만 여전히 과거문제는 해결이 되지 않고 있습니다. 잊지 않고 기억하는 것 이상으로 하루라도 빨리 위안부 피해자 문제 해결을 위해 노력해야 합니다.

과거사 문제 해결보다는 자국 국민과 세계의 눈과 귀를 막는데 급급하다는 비판을 받고 있는 일본은 지독하게도 우리 '평화의 소녀상'을 싫어했습니다. 그동안 일본 정부는 주한 일본대사관 앞 평화의 소녀상을 철거하고 위안부 문제를 국제사회에서 다시 거론하지 않을 것을 우리 정부에 요구해 왔습니다.

실제로 박근혜 정부 시절인 2015년 12월 28일 한일 간 일본군 위안부 관련 협상이 타결되어 많은 논란이 되기도 했습니다. 피해자와 국민들의 반대를 무시한 채 강행한 이 합의에는 '한국 정부는 해외에 소녀상 건립을 지원하지 않고, 성노예라는 단어를 사용하지 않으며, 한국 정신대문제대책협의회를 설득하고, 주한 일본대사관 앞의 소녀상 문제를 해결하도록 노력한다.'라는 내용이 담겼습니다. 심지어 더욱 굴욕적인 이면 합의까지 있었던 것으로 밝혀졌습니다.

2017년 12월 28일 문재인 대통령은 "2015년 한일 양국 정부 간 위안부 협상은 절차적으로나 내용적으로 중대한 흠결이 있었다."면서 사실상 합의 파기를 선언했습니다.

전쟁을 빌미로 여성의 인권을 침해한 위안부 문제를 은폐하는 데에만 급급한 일본은 여전히 평화의 소녀상이 세계로 나아가는 것을 막으려 하고 있습니다. 각종 전시회에서 평화의 소녀상이 선보일 때면 각종 협박과 항의가 이어지고 우익 단체가 전시 중단을 요구하는 시위를 벌이며 폭죽으로 추정되는 물질이 배달되기도 했습니다.

대체 무엇이 두려운 것일까요? 일본 정부의 입장에서 위안부 문제가 정말 해결됐다고 생각한다면 일본에도 평화의 소녀상을 세우고 해외에도 설치하는 것을 방해하지 않으며 모두가 한마음으로 반성하면 될 것입니다. 이것이 바로 진정으로 사죄하는 자세가 아닐까요?

독일로 간 평화의 소녀상을 지켜내다

일본의 방해에도 굴하지 않고 평화의 소녀상은 전국으로, 세계로 뻗어 나갔습니다. 2017년 3월에는 독일 남부 바이에른주에 유럽 최초로 평화의 소녀상이 자리 잡았습니다. 이어서 2020년 9월에는 독일 베를린시의 시민단체인 코리아협의회가 미테구 거리에 평화의 소녀상을 세웠습니다. 그러나 평화의 소녀상 제막식 바로 다음 날부터 일본 정부는 독일 연방 정부와 베를린주 정부에 항의를 하며 소녀상 철거를 주장했습니다.

베를린은 도쿄와 자매결연 도시이며, 미테구는 도쿄의 신주쿠와 우호도시 관계에 있습니다. 앞서 미국 샌프란시스코에서 소녀상을 철거하지 않자 오사카와의 자매결연이 취소된 사례도 있었습니다.

이와 같은 상황 속에서 미테구는 곧바로 철거 명령을 내렸습니다. 이에 항의하는 독일 시민들의 시위가 이어지는 가운데 코리아협의회는 곧바로 철거 명령 집행정지 가처분 신청을 제출했고, 베를린 행정법원이 검토를 마칠 때까지 철거가 보류됐습니다.

뒤이어 미테구 의회는 '평화의 소녀상'에 대한 철거 명령을 철회하라는 결의안에 대한 표결을 진행해 참석 의원 37명 중 28명의 찬성으로 통과시켰습니다. 베를린 평화의 소녀상에 대한 철거 압박과 철거 명령 철회에 대한 논란이 이어지는 가운데 베를린 내 시민사회와 국내외 시민단체들의 힘으로 독일의 생각이 바뀌면서 소녀상이 계속 존치하게 된 것입니다.

여기서 끝이 아니었습니다. 평화의 소녀상이 일본 만행 규탄을 넘어 전 세계 성폭력 피해 여성의 상징으로 자리 잡아 가면서 독일은 베를린에 설치된 평화의 소녀상을 존치하고 영구 설치하기 위한 논의를 시작한 것입니다. 미테구의회는 녹색당과 좌파당이 공동 발의한 '평화의 소녀상 영구 설치 결의안'을 참석 의원 29명 중 24명의 찬성으로 통과시켰습니다. 녹색당과 함께 이 결의안을 발의한 좌파당의 한 의원은 "평화의 소녀상은 2차 대전 중 한국 여성에 대한 일본군의 성폭력이라는 구체적이고 역사적인 사실을 기반으로 한 것이다. 전쟁이나 군사 분쟁에서 성폭력은 일회적인 사안이 아니라 구조적인 문제이며 근본적으로 막아야 한다. 평화의 소녀상은 바로 그 상징"이라고 밝히기도 했습니다.

평화의 소녀상은 이제 단순한 한국인 위안부 피해자를 넘어 세계적으로 전쟁 피해 여성의 상징으로 부각되며 현지 시민들도 소녀상 영구 설치를 환영하고 있습니다. 일본이 지속적으로 유감을 표시하고 다각도로 압박하고 방해를 하는데도 불구하고 평화의 소녀상의 울림은 전 세계인의 마음속에 전해지고 있다는 것을 다시 한 번 확인할 수 있었습니다.

베를린 평화의 소녀상이 철거 위기에 처했다는 소식이 들리자 국내외에서 미테구를 향해 철거 명령 철회를 요청하는 움직임이 펼쳐졌습니다. 독일 현지에서는 철거 반대 청원운동이 시작된 가운데 현지 시민들과 교민들은 철거 명령 철회를 요구하는 집회를 열었습니다.

국내에서도 청와대 국민청원사이트에 철거 반대 청원을 진행했고, 국회의원 113명이 '평화의 소녀상' 철거 명령에 항의하는 내용이 담긴 서한을 주한독일대사관에 전달하기도 했습니다.

저도 가만히 있을 수 없었습니다. 당시 우리 성북구에서는 여성 인권을 주제로 한 공공 미술작품 전시를 진행하고 있었습니다. 서울시 성평등기금과 성북문화재단이 후원하며 한성대입구역 근처 분수마루에서 진행 중이던 여성인권 특별전 'Alight'은 미국 작가 아라 오샤간과 이재형, 박정민 작가가 지난 2017년부터 여성인권과 일본군 위안부를 주제로 한국과 미국에서 3년 동안 조사하고 촬영하여 준비한 특별전입니다.

여성인권 특별전 'Alight'전에서 김복동 할머니를 배경으로 베를린 평화의 소녀상 철거명령 철회 퍼포먼스(2020.10.12.)

저는 2020년 10월 12일 오전에 특별전 앞에서 한글과 독일어로 쓴 '베를린 평화의 소녀상 철거 명령 철회를 요청합니다.' 피켓을 들고 시민 앞에 섰습니다. 더불어 과거의 잘못을 반복하지 않기 위해 모범적으로 노력을 기울임으로써 전 세계의 존경을 받아온 독일이 전쟁의 폭력성을 알리고 일본군 위안부의 명예와 인권 회복을 상징하는 평화의 소녀상에 철거 명령을 내린 것에 대한 유감을 표명하며 철거 명령을 중지하고 평화와 인권을 소중히 하는 대한민국 국민과 연대해 달라고 요청했습니다.

이날의 피케팅이 반향을 불러일으킨 것일까요? 다음날인 13일에는 국회의원 113명이 평화의 소녀상 철거에 항의하는 서한을 주한 독일대사관에 전달했으며, 같은 날 베를린 시민 300여 명도 소녀상 철거 명령 철회를 요구하는 시위를 진행해 우리 국민의 평화와 인권 보호의 노력에 동참해 주었습니다. 그리고 결국 10월 14일 미테구는 소녀상과 관련한 추가 조치를 내리지 않고 법원의 판단을 기다리겠다고 입장을 바꿨고, 소녀상은 일단 철거 위기를 넘길 수 있었습니다.

고마워요 독일국민. 손편지로 전한 마음

2020년 11월 13일에는 의미 있는 행사가 펼쳐졌습니다. 우리 성북구의 청소년과 주민들이 독일 베를린 평화의 소녀상 지키기를 응원하기 위해 쓴 손편지 3,600통을 전하는 자리였습니다. 이 행사는 코로나19로 인해 지구 반 바퀴를 돌아야 하는 독일 현지와 영상으로 연결해 진행되었습니다.

성북구 길음동 계성고 학생들이 '고마워요. 독일국민' 손편지를 쓰기 시작한 것은 독일 베를린 미테구의 평화의 소녀상 철거 명령 소식이 있었던 2020년 10월이었습니다. 계성고 학생들의 손편지 소식을 듣고 주변 학교 학생들까지 동참해서 초등학교 7곳, 중고등학교 19곳 등 모두 26개 학교 학생들이 손편지 릴레이에 참여했습니다. 이와 같은 청소년들의 움직임에 어른들까지 나섰습니다. 주민들과 구청 직원들도 손수 편지를 쓰기 시작했습니다.

"정성어린 손편지 獨정부에 잘 전달 평화의 소녀상을 지켜내겠습니다"

'베를린 소녀상 철거 반대' 동참 계성고 학생들 만난 이승로 성북구청장

현장 행정

학생들 '소녀상 철거 명령' 철회 요청
"관련 내용 친구들에게도 널리 홍보"
구청장 "평화·인권의 가치 위해 노력
청소년들이 이번에도 큰일 해냈다"

이승로 성북구청장이 지난 21일 서울 성북구 길음로에 있는 계성고를 찾아 280여명의 학생이 작성한 손편지를 받은 뒤 기념사진을 찍고 있다. 박윤슬 기자 seul@seoul.co.kr

"여러분이 정성스럽게 쓴 손편지를 독일 정부 관계자에게 잘 전달해 평화의 소녀상을 지켜내겠습니다."

지난 21일 서울 성북구 길음로에 있는 계성고를 찾은 이승로 성북구청장은 280여명의 학생들이 쓴 손편지를 받았다. 편지에는 독일 정부를 향해 평화의 소녀상 철거 명령 철회를 요청하는 내용과 소녀상을 지키는 주민과 시민단체를 향한 감사의 마음이 담겼다.

앞서 7일 독일 베를린 미테구는 평화의 소녀상 설치를 주관한 현지 시민단체인 코리아협의회에 일주일 내에 '소녀상을 철거하라'는 내용의 공문을 보낸 바 있다. 지난달 베를린 거리에 설치한 평화의 소녀상 제막식이 진행되자 일본 측 민원이 빗발쳤기 때문이다.

이 소식이 전해지자 국내외에서 미테구를 향해 철거 명령 철회를 요청하는 목소리가 커졌다. 12일 이 구청장은 성북천 분수마루에서 '베를린 평화의 소녀상 철거 명령 중지 요청' 피케팅을 진행했다. 13일에는 국회의원 113명이 소녀상 철거에 항의하는 서한을 주한 독일대사관에 전달하기도 했다. 베를린 시민 300여명도 소녀상 철거 명령 철회를 요구하는 시위로 우리 국민의 평화와 인권 보호의 노력에 호응했다. 결국 14일 미테구는 소녀상과 관련한 추가 조치를 내리지 않고 법원의 판단을 기다리겠다고 입장을 바꿨고, 소녀상은 일단 철거 위기를 넘겼다.

이번 손편지 전달에 앞장선 계성고 2학년 나유정(17)양은 "소녀상이 철거될 위기에 처해 있다는 뉴스를 보고 학생신분으로 도울 수 있는 일이 뭐가 있을까 생각하다 손편지를 쓰게 됐다"며 "관련 내용을 모르는 친구들에게 알리기 위해 홍보지를 만들어 여러 교실을 돌며 홍보지를 부착했다"고 말했다.

진영주(17)양은 "5일 정도 만에 예상했던 인원보다 더 많은 친구들이 참여를 해 줘서 놀랐고 감동을 받았다"며 "계성고 후배들이 계속해서 이 활동을 이어 갈 수 있도록 알리겠다"고 말했다.

이 구청장은 "1년 전 미국 글렌데일시 관계자와 시민을 비롯해 평화의 소녀상이 건립된 해외도시에 평화와 인권의 가치를 소중히 하는 대한민국을 알림으로써 그 누구보다 훌륭한 민간외교관 역할을 했던 성북구 청소년들이 이번에도 큰일을 해냈다"면서 "성북구 청소년들의 발 빠른 대처와 연대에 진심으로 감사하다"고 말했다.

이 구청장은 앞서 지난해 해외 최초로 평화의 소녀상을 건립한 미국 캘리포니아주 글렌데일시를 찾아 지역 내 아동·청소년 2000여명이 쓴 감사의 손편지를 글렌데일시와 의회에 전달한 바 있다. 윤수경 기자 yoon@seoul.co.kr

정성어린 손편지 獨정부에 잘 전달. 평화의 소녀상을 지켜내겠습니다(서울신문. 2020.10.26.)

독일 현지에서는 코리아협의회 한정화 대표가 참여했고, 영상의 맞은편에는 저를 비롯하여 한스 알렉산더 크나이더 명예성북동장과 손편지 작성 학생대표가 마주했습니다. 그 사이에는 테이블 위에 작은 소녀상과 손편지들, 손편지 내용을 묶은 책, 그리고 한국과 독일 양국의 국기도 올려놓았습니다.

이처럼 폭발적인 파급력으로 한 달도 채 안 되는 짧은 시간에 약 3,600여 통의 편지를 모을 수 있었습니다. 뒤이어 성북구는 손편지 원본과 손편지 내용 일부를 묶은 책자를 우편으로 독일 코리아협의회에 보냈고, 코리아협의회는 이 편지들을 베를린 미테구청에 전달하고 전시하기도 했습니다.

독일 현지에서 영상으로 참석한 한정화 코리아협의회 대표는 국외에서 평화의 소녀상을 둘러싸고 한국과 일본이 보이지 않는 민간외교전을 이어가고 있는 가운데 역사바로세우기에 나선 우리 성북구 청소년들의 민간외교관으로서 활약상을 칭찬하였습니다.

결국 이 같은 민간외교관들의 노력으로 베를린 미테구의회로부터 평화의 소녀상의 영구존치라는 결의문의 채택을 이끌어 낼 수 있었습니다.

하지만 미테구의회의 결의문에도 불구하고 미테구청은 코리아협의에 보낸 서한에서 평화의 소녀상이 2022년 9월 28일까지 머물 수 있도록 하는 특별허가를 내렸다고 합니다. 영구존치를 희망하는 국민의 바람에는 아쉬운 결정이라고 할 수밖에 없습니다. 평화와 인권을 상징하는 평화의 소녀상이 영원히 베를린에 머물 수 있도록 평화의 소녀상을 건립한 6개국 16개 도시의 시민들과 함께 싸워나가도록 하겠습니다.

손편지의 시작, 글렌데일시에 보낸 감사의 마음

이렇게 독일에 손편지를 보내기 전에 우리 성북구의 청소년들은 이미 2019년 6월에 특별한 손편지를 쓴 경험이 있습니다.

2015년 10월 우리 성북구는 미국 캘리포니아주 글렌데일시와 우호의향서를 체결하였습니다. 글렌데일시는 미국 캘리포니아주 LA카운티에 위치한 곳으로 2012년부터 매년 '위안부의 날 기념식'을 개최하고 있으며 2013년 해외 최초로 '평화의 소녀상'을 건립하여 한국과는 친근한 도시입니다. 글렌데일시의 평화의 소녀상에 대해 일본 극우단체 등이 철거를 주장하며 소송까지 제기했지만 시와 시민이 표현의 자유에 해당한다는 입장을 전해 승소하기도 했습니다. 우리 성북구는 미국의 다른 어느 도시보다 한국 지자체와 활발하게 교류했던 글렌데일시와 우호의향서를 체결한 후 매년 방문하며 우리 성북구와 다양한 분야에서 교류 협력을 강화해 왔습니다.

2019년 3월 성북구를 방문한 글렌데일시의 자레 시나니언 전 시장이 저에게 한 가지 하소연을 털어놓았습니다. "일본 극우단체가 전보다 더 치밀하고 집요하게 압력을 행사했으며 선출직 입장에서 평화의 소녀상 관리와 유지에 어려움이 많았다."라는 것이었습니다.

실제로 소녀상에 배설물로 보이는 오물을 투척하고 낙서를 하는 사건도 이어지고 있는 상황도 있었습니다. 저는 즉시 우리 지역의 초 · 중 · 고등학교를 찾아가 학교 관계자에게 미래세대를 위해 바른 역사를 알려주고 해외 도시의 평화의 소녀상이 처한 상황도 함께 고민해 달라고 부탁했습니다. 이에 화답하듯 성북구의 아동 · 청소년 2,000여 명이 글렌데일시 관계자와 시민들에게 감사의 손편지를 써서 구청으로 보내주었습니다.

평소에도 일본군 위안부 피해자의 명예 회복과 평화를 추구하는 대한민국의 노력에 지지를 보내는 해외 도시에 감사와 연대의 마음을 가질 수 있도록 교육해야 한다고 당부해 왔습니다.

저의 마음이 전달된 것인지 청소년들에 이어서 성북구의 공무원과 주민들도 응원 편지를 이어갔습니다. 정성이 가득 담긴 손편지를 보면서 제가 느낀 감동을 어떻게 말로 표현할 수 있을까요? 그해 가을에 저는 이 손편지를 들고 글렌데일시를 방문해 시장과 시의원에게 직접 전달해 주었습니다. 그들은 잊을 수 없는 선물을 받았다면서 한국을 더 좋아하게 되었고 평화의 소녀상에 대해서도 더 관심을 기울이게 되었다면서 기뻐했습니다. 아라 나자리안 글렌데일 시장은 성북구의 학교에 감사장을 수여하기도 했습니다.

우리답게! 성북 청소년의 당찬 발걸음

2019년 일본의 부당한 경제제재로 전국적으로 일본제품 불매운동이 벌어지고 있는 가운데 우리 성북구에서는 한 차원 높은 수준으로 이에 맞서는 활동을 펼쳤습니다. 다름 아닌 지역의 평화의 소녀상을 청소하거나 소녀상을 설치한 해외 자매 도시에 응원 편지를 보내는 방식으로 이루어졌습니다.

2019년 7월 17일 저와 공무원, 주민들은 동소문동 가로공원에 설치된 '한중평화의 소녀상'일대를 청소했습니다. 이 소녀상은 한국과 중국의 예술인이 협력하여 제작한 것으로 2015년 성북구에 자리 잡았고, 그 다음 해에 중국 상하이 사범대 교정에 두 번째로 설치되었습니다.

이렇게 평화의 소녀상 문제를 누구보다 예민하게 받아들인 것은 우리의 미래를 이끌어 나갈 청소년들이었습니다. 이들은 수천 통의 손편지는 물론 사진과 영상, 웹툰 등 다양한 방법으로 평화의 소녀상을 세계로 알려 나갔습니다.

제헌절을 앞둔 2019년 7월 14일에는 길음동 계성고 학생들이 이색 도전에 나섰습니다. 평화의 소녀상을 설치, 유지하고 있는 세계 9개 도시 시민을 응원하는 글을 SNS에 공유하는 '평화의 소녀상을 건립한 해외 도시 응원 챌린지'를 시작한 것입니다. 미국 글렌데일시, 사우스필드, 워싱턴, 애틀랜타, 뉴욕, 캐나다 토론토, 호주 시드니, 중국 상하이, 독일 비젠트 등 일본의 집요한 방해와 압력에도 꿋꿋하게 평화의 소녀상을 설치, 유지하고 있는 세계 도시 시민을 응원하는 챌린지였습니다. 이 챌린지에는 정치, 예술, 문화 등 다양한 분야의 저명인사가 참여하여 사회적 관심을 높였습니다.

계성고 학생들은 대한민국뿐 아니라 세계가 일본군 성노예 문제에 관심을 갖고 정의로운 해결을 응원해 주길 바라면서 자신들의 작은 발걸음이 모두가 누리는 평화와 인권 세상으로 가는 소중한 걸음이 될 것이라고 자랑스러워했습니다. 학생들이 지명한 두 번째 주자는 이름 없는 독립운동가를 발굴해 기리는 등 역사 바로세우기 사업을 적극 펼치는 저와 '그래도 나는 피었습니다.' 소설을 통해 잊지 말아야 할 우리 역사를 알리고 있는 문영숙 작가였습니다.

램지어의 역사왜곡을 규탄하다

2021년 초에는 하버드대의 마크 램지어 교수는 논문 '태평양 전쟁의 성매매 계약(Contracting for sex in the Pacific War)'에서 일본군 위안부 피해자를 '매춘부'로 묘사하여 전 세계의 비판과 항의를 받았습니다.

뉴욕타임즈를 비롯한 미국 주류 언론에서도 이 사안을 다룰 정도로 파문이 커졌지만 정작 램지어 교수 본인과 그의 논문은 실을 예정인 학술지도 논문 게재 방침에는 변함이 없다고 밝혔습니다. 하지만 어떻게 잔혹한 전시 성범죄를 '학문의 자유'로 포장할 수 있을까요? 최소한의 학술적 근거도 갖추지 못한 램지어 교수의 논문은 철회되어야만 했습니다.

3.1절 102주년을 앞둔 2월 25일 저는 우리 지역의 청소년들과 함께 성북천 분수마루 광장에 새롭게 자리 잡은 한중 평화의 소녀상을 닦아준 후 램지어 교수를 규탄하는 메시지를 전달했습니다. 계성고 3학년생인 권우령, 문송현, 이경민, 조수빈, 한채은 학생의 제안에 제가 함께 한 것입니다.

> "일본군 성노예 피해자의 명예와 인권 회복은 평화로운 세상을 위해 반드시 필요합니다. 일본의 침략 역사를 부정하는 마크 램지어 하버드대 로스쿨 교수의 논문 게재 철회를 요구합니다."

학생들도 각자 피켓을 들고 "존 마크 램지어 씨 당신은 21세기 하버드대 로스쿨 교수인가요? 100년 전 일본제국의 대학 교수인가요?", "우리는 램지어 교수의 무지에서 비롯되었거나 의도적인 묵인에서 비롯한 반인권적인 연구를 비판합니다.", "우리는 램지어 교수가 일본 정부의 꼭두각시가 되어 일본의 침략과 가해 역사를 부정하는 연구를 한 것을 반성하고 스스로 철회할 것을 요구합니다.", "우리는 인터내셔널 리뷰 오브 로 앤드 이코노믹스(International Review of Law and Economics)가 램지어 교수의 논문 게재를 철회할 것을 요구합니다.", "우리는 하버드 대학 로스쿨 학장과 하버드 대학 총장에 학자로서 윤리와 양심을 저버림으로써 하버드 로스쿨 명예를 훼손하는 램지어 교수를 징계할 것을 요구합니다." 라는 5가지 메시지를 전했습니다.

1. 우리는 램지어 교수의 무지에서 비롯되었거나 의도적인 묵인에서 비롯한 반인권적인 연구를 비판합니다.
   We criticize the anti-human study that stems from Professor Ramseyer's ignorance or intentional acquiescence.
2. 우리는 램지어 교수가 일본 정부의 꼭두각시가 되어 일본의 침략과 가해 역사를 부정하는 연구를 한 것을 반성하고 스스로 철회할 것을 요구합니다.
   We call on Professor Ramseyer, who has been a puppet of Japanese government, to reflect on and withdraw himself of his study that denies Japanese history of aggression and doing harm.
3. 우리는 '인터내셔널 리뷰 오브 로 앤드 이코노믹스'(International Review of Law and Economics)가 램지어 교수의 논문 게재를 철회할 것을 요구합니다.
   We request the International Review of Law and Economics to withdraw the publication of Professor Ramseyer's thesis.
4. 우리는 학자로서 윤리와 양심을 저버림으로써 하버드 로스쿨 명예를 훼손하는 램지어 교수를 징계할 것을 하버드 대학 로스쿨 학장과 하버드 대학 총장에 요구합니다.
   We call on the Dean of Harvard Law School and the President of Harvard University to take disciplinary action on Professor Ramseyer who defames Harvard Law School by violating ethics and conscience as a scholar.

더욱 효과적으로 메시지를 전달하기 위해 사이버외교사절단 반크와 협력했습니다. 1999년부터 전세계 네티즌을 대상으로 역사왜곡을 알리는 데 앞장서고 있는 반크는 한국에 특파원을 둔 200개 해외 언론사에 램지어 교수의 역사 왜곡을 알리기 위해 노력했습니다. 미국 CNN, 영국 일간지 가디언, AP통신 등 많은 해외 언론이 최근 일본군 위안부를 자발적 매춘부로 규정한 램지어 교수의 주장에 문제가 있음을 기사로 다루며 관심을 보였습니다.

반크는 이 때가 그의 역사 왜곡을 세계 곳곳에 알리고 공론화하는 기회라고 보았습니다.

반크는 우선 SNS를 통해 이들 언론사에 램지어 교수 논문의 문제점과 세계에서 3만 명이 서명한 글로벌 청원 내용, 포스터 등을 보내고 미국 뉴욕타임즈, 워싱턴포스트, USA투데이, 월스트리트저널 등 미주와 유럽의 대표적 언론사 20개에도 전달했습니다.

또한 3월 13일에는 성북구 분수마루 광장에 설치된 한중 평화의 소녀상 앞에서 램지어 교수의 역사 왜곡을 알리는 피켓 시위를 진행했습니다. 40여 개의 주한 외국 대사관이 자리한 성북구야말로 램지어 교수의 역사 왜곡을 알리기에 더없이 좋은 장소였습니다.

이날 한글과 영어로 진행된 피켓 시위는 미국 뉴욕타임스, 워싱턴 포스트, USA투데이, 월스트리트저널 등 미주와 유럽의 대표적 언론사 20개에 전달됐습니다.

이승로 서울 성북구청장이 계성고 학생들과 함께 성북천 분수마루 광장에 세워진 한중 평화의소녀상을 수건으로 직접 닦고 있다. 오장환 기자 5zzang@seoul.co.kr

‘위안부 왜곡’ 램지어 규탄·논문 철회 요구한 성북

이승로 구청장·계성고생과 소녀상 닦아

‘日 역사 왜곡 바로잡고 인권 수호에 앞장’

“일본군 성노예 피해자의 명예와 인권회복은 평화로운 세상을 위해 반드시 필요합니다. 일본의 침략 역사를 부정하는 마크 램지어 하버드대 로스쿨 교수의 논문 게재 철회를 요구합니다.”

이승로 서울 성북구청장이 25일 지역 청소년들과 함께 최근 일본군 위안부 피해자를 ‘매춘부’로 묘사해 비판을 받는 마크 램지어 교수를 규탄했다. 이 구청장은 삼일절 102주년을 앞두고 계성고 3학년 학생 5명과 성북천 분수마루 광장에 세워진 한중 평화의소녀상을 수건으로 직접 닦은 후 이 같은 목소리를 전했다. 학생들도 피켓을 들고 “우리는 램지어 교수가 일본 정부의 꼭두각시가 돼 일본의 침략과 가해 역사를 부정하는 연구를 한 것을 반성하고 논문 게재를 스스로 철회할 것을 요구한다”고 목소리 높였다.

2015년 동소문동 가로공원에 설치된 한중 평화의소녀상은 ‘창작연극 지원센터’를 짓는 공사를 시작하면서 이달 분수마루 광장으로 자리를 잠시 옮겼다. 이 구청장은 “평화의소녀상이 보다 많은 시민과 만날 수 있도록 분수마루로 자리를 옮긴 것을 계기로 계성고 학생들과 규탄 메시지를 전달하게 됐다”면서 “만해 한용운 등 수많은 독립운동가가 활약한 독립운동가의 도시답게 앞으로도 일본의 역사 왜곡을 바로잡고 세계 평화와 인권을 수호하는 데 앞장서겠다”고 말했다.

계성고 학생들은 지난해 11월 독일 베를린 평화의소녀상이 철거 위기에 놓였을 때 성북구민과 공무원 등 총 3600여통의 손편지를 모아 독일 시민단체에 보내는 활동을 펼쳐왔다. 문송현(18)양은 “계성고와 성북구민을 대표해서 이 자리에 서게 됐다”면서 “앞으로도 평화의소녀상과 관련한 논란이 생기는 것을 막을 수 있도록 학생 입장에서 실천할 수 있는 다양한 방법으로 역사를 제대로 알리는데 앞장서겠다”고 말했다. 조희선 기자 hsncho@seoul.co.kr

‘위안부 왜곡’ 램지어 규탄 · 논문 철회 요구한 성북(서울신문, 2021.2.26.)

한중 평화의 소녀상, 성북의 중심에 자리 잡다

2021년 2월 25일 제가 계성고 학생들과 함께 램지어 교수의 역사 왜곡을 규탄하고 논문 게재 철회를 요구한 날은 특별한 행사가 하나 더 있었습니다.

성북구에 자리 잡은 '한중 평화의 소녀상'은 한국과 중국 작가가 협력해 설치한 최초의 소녀상으로 한국인 소녀와 중국인 소녀가 함께 전쟁의 피해를 알리고 세계 평화와 인권의 중요성을 알려왔습니다. 이와 똑같이 한중합작으로 제작한 소녀상은 2016년 중국 상하이에 설치되었습니다.

한중 평화의 소녀상이 2015년 처음 설치될 때에는 동소문동 가로공원에 세워졌습니다. 한성대입구역 창작연극지원센터 건립공사로 인해 이전할 수밖에 없는 상황이 되자 시민이 많이 이용하며 통행량도 많은 분수마루 광장으로 이전하기로 결정했습니다.

한중 평화의 소녀상 앞에서 계성과 학생들과 램지어 교수의 역사왜곡 규탄(2021.2.25.)

성북천 분수마루 광장은 성북구의 길목이자 종로구를 연결하는 지점으로 많은 주민이 애용하는 휴식 공간이자 성북구에 자리 잡은 40여 개 주한대사관이 동참하는 다양한 문화행사가 열리는 열린 공간입니다.

따라서 분수마루 광장을 방문하는 주민들이 한중 평화의 소녀상을 통해 자연스럽게 일본군 위안부 피해자 문제를 기억하고, 일상 속에서 역사를 기억하기에는 최적의 장소라고 할 수 있습니다.

더 많은 시민과 만나기 위해 새롭게 둥지를 튼 한중 평화의 소녀상 이전설치 행사에는 한국인 소녀상 작가인 김운성 작가와 해외 평화의 소녀상 건립 도시를 응원하며 일본 위안부 피해자의 명예 회복의 메시지를 확산해온 계성고 학생들도 함께 참여해 의미를 더욱 높일 수 있었습니다.

역사를 잊은 민족에게는 미래가 없습니다. 역사는 과거와 현재의 끊임없는 대화라는 말처럼 과거의 역사를 끊임없이 돌아보고 성찰할 수 있어야만 잘못된 과거를 현재에 되풀이하지 않을 수 있고 더 나은 미래를 만들어 갈 수 있을 것입니다.

4

도로명에서 친일색깔을 지우고 역사의 이정표를 바로 세우다

바른 역사는 바른 이름으로부터

만해 한용운이 성북동으로 거처를 옮긴 후 수많은 독립운동가가 찾아들면서 우리 성북구는 항일운동의 중심지 역할을 했습니다. 엄혹했던 일제 치하에서도 광복의 희망을 잃지 않고 몸을 바쳤던 독립의 상징인 성북구에도 부끄러운 친일의 역사가 없는 것은 아니었습니다. 그 대표적인 인물이 인촌 김성수였습니다. 그는 2009년 대통령 직속 친일 반민족행위 진상규명위원회가 발표한 '일제강점기 친일반민족행위 관련자' 704명의 명단에 오른 인물로 중일전쟁 이후 매일신보 등에 일제의 징병과 학병을 지지하는 글을 싣는 등의 친일행위가 인정되었습니다.

김성수에 대해 대법원이 친일행위 인정 판결을 내리면서 정부는 건국 공로훈장을 취소하고 생가와 동상 등 5곳의 현충시설을 해제하는 작업을 진행했습니다.

우리 성북구에는 고려대학교를 설립한 김성수의 호를 따서 인촌로로 불리던 길이 있었습니다. 지하철 6호선 보문역에서 고대병원, 안암역, 고대 앞 사거리에 이르는 폭 25m, 길이 약 1.2km 구간으로 도로명 주소체계가 시행된 2010년 4월에 이름 붙여졌습니다.

당시 항일독립운동가단체연합회(회장 함세웅)의 항의로 '인촌로 23길'은 '개운사길'로 복원되었지만 연결도로 27개의 도로명은 그대로 사용되었습니다. 안내시설로는 도로명판 107개와 건물번호판 1,519개가 있었습니다.

인촌로의 도로명 변경요구에 항일독립지사선양단체연합은 물론이고 고려대 학생들까지 나섰습니다. 특히 고려대 학생들은 과거 학내 인사의 친일행적을 적극적으로 외부에 알리는 한편, 도로명 개정과 함께 교내에 설치된 김성수 동상철거까지 요구하고 나섰습니다. 이처럼 도로명 변경요구가 계속해서 이어지는 상황에서 2018년 7월에 제가 성북구청장으로 취임하면서 이를 적극 추진하게 되었습니다.

친일 잔재 청산작업의 하나로 시작한 도로명 변경은 단순히 이름만 바꾸면 되는 쉬운 일은 아니었습니다. 행정안전부 질의를 통해 '친일반민족행위와 관련된 자의 부적합한 도로명은 직권으로 변경이 가능하다'는 것을 확인한 후 성북구가 직권으로 변경을 추진하기 시작했습니다. 2018년 8월에 도로명 직권변경 추진계획을 수립하면서 9월부터 인촌로 도로명 변경과 안감내로와 고려대로 등 예비도로명 2개안에 대한 주민의견을 수렴했습니다.

9천여 주민을 방문하다

도로 이름을 바꾸기 위해서는 도로명 주소법에 따라서 공고일로부터 30일 안에 주소사용자 과반수의 동의를 받아야 합니다. 성북구청의 지적과 직원들은 1차로 우편물을 보낸 뒤, 2차로 집집마다 찾아가서 동의서를 받았습니다.

한 달이라는 시간을 효율적으로 쓰기 위해서 일주일 동안 사전 전산작업도 꼼꼼하게 이루어졌습니다. 동의서를 받는 과정은 생각보다 더욱 어려웠습니다. 우편이나 팩스, 이메일로 동의서를 받아도 되지만 대부분 직접 만나야 했습니다. 또한 이 지역이 직장인과 대학생 등이 사는 다가구나 원룸이 많은 동네여서 저녁이나 주말에 가야 주민을 만날 수 있는 경우가 대부분이었습니다. 특히 주민 중에는 외국인 1,000명과 사업자등록자 1,400여명도 포함되어 있어서 어려움은 더욱 컸습니다.

이 때문에 구청 직원들은 평일 야간은 물론 주말까지 반납하고 인촌로를 도로명으로 사용하는 건물의 지역주민, 외국인, 사업자 등을 포함한 9,000여명의 주민들에게 일일이 찾아가서 도로명 변경 추진 배경과 필요성을 설명하고 이에 따른 주민들의 불편과 반대의 목소리에도 귀를 기울이는 수고를 아끼지 않았습니다.

외국인 주민들에게 설명을 하기 위해 영어에 능통한 직원이 동행하기도 했습니다. 주민들 또한 추운 날씨에도 불구하고 동의서를 수집하기 위해 가가호호 방문하는 이들을 격려하며 우리 지역의 친일 행적 지우기에 적극 동참했습니다. 처음 해보는 일이었기에 몸도 마음도 힘든 시간이었습니다. 하지만 구청 직원들이 가는 길에는 주민의 응원과 격려가 있었고 그 결과 '인촌로' 주소사용자 9,118명 중 58%인 5,302명이 '고려대로'로 바꾸는 것에 서면 동의하여 도로명 변경을 확정할 수 있었습니다.

역사의 이정표를 올바로 세우다

도로명 변경이 확정되자 후속 작업도 빠르게 이어졌습니다. 주민들 불편을 최소화하기 위해 도로명주소 변경 안내도 우편과 방문을 통해 다시 안내하고 건축물대장 등 각종 공적 장부와 시스템의 도로명 주소도 바꿨습니다. 이와 함께 '인촌로'로 되어 있는 도로명판과 건물번호판 교체에도 나섰습니다.

인촌로 개명 동의 얻기까지 9천여 주민 방문 노력 있었다

사람& 친일행위자 도로명 변경 실행한 성북구청 지적과 지적재조사팀

1월31일 오후 성북구청 지적과 직원들이 구청 건물 사잇길 고려대로 5길 도로표지판을 가리키고 있다. 성북구는 친일 행위가 인정된 인촌 김성수의 이름을 딴 도로명 '인촌로'를 지난해 주소 사용자 과반수인 5천여 명의 동의를 얻어 '고려대로'로 바꿨다. (왼쪽부터) 송진솔 주무관, 송한철 과장, 한원희 팀장, 강상아·이진희·박종애·김원섭 주무관.

정용일 기자 yongil@hani.co.kr

"친일행위자 도로명 개명은 미래 세대를 생각하면 아무리 힘들어도 꼭 해야 하는 일이었어요."

1월31일 오후 성북구청에서 만난 송한철 지적과장과 지적재조사팀원(한원희 팀장, 강상아·송진솔·김원섭 주무관)들이 입을 모아 말했다. 지적재조사팀은 지난해 12월 친일행위자 인촌 김성수의 호를 딴 '인촌로'를 '고려대로'로 바꾸어냈다.

지적재조사팀은 지난해 9월 '30일 안에 인촌로 주소사용자 9천여 명 가운데 절반 이상의 동의서 받기'라는 불가능해 보이는 미션을 받았다. 처음엔 '할 수 있을까' 반신반의했지만, 지적과 전 직원이 함께 나서 결국 해냈다. 노고를 인정받아 지난 연말엔 구청의 월별 우수과제로 뽑혔고, 지난달엔 지적과 직원 모두 특별휴가 이틀을 포상으로 받았다.

인촌로는 지하철 6호선 보문역에서 고대앞사거리까지 1.21㎞의 도로다. 1991년 서울시 지명위원회에서 '이공대 뒷길'이라 하던 도로명을 고려대 설립자이자 〈동아일보〉 창업주인 김성수의 호를 딴 '인촌로'로 정했고, 2010년 도로명주소법 시행에서 그대로 이어졌다. 항일운동가 단체들의 항의가 있었지만, 법적 근거 없이는 개명이 어려웠다.

성북구가 도로명 변경에 본격적으로 나선 건 친일 행위 인정의 대법원 판결(2017년 4월)로 지난해 3월 국무회의에서 인촌의 서훈이 박탈되면서부터였다. 항일독립지사선양단체연합과 고려대학생회와 만나고, 법적인 절차를 검토했다. 신임 이승로 성북구청장도 "역사 바로 세우기는 당연히 해야 할 일"이라며 발 벗고 나섰다. 부임 한 달 만에 구청장 직권변경 추진 계획안을 마련했다. 도로명주소위원회 심의와 주민설명회, 네 차례의 현장 스티커 설문조사를 거쳐 '고려대로'로 개명을 추진했다.

도로명을 바꾸려면 도로명주소법에 따라 공고일로부터 30일 안에 주소 사용자 과반수의 동의를 받아야 한다. 인촌로 주소 사용자(가구주, 건물 소유자, 사업자 등록인, 외국인, 법인 대표자)는 모두 9118명이었다. 1차로 우편물을 보낸 뒤, 2차로 집집이 찾아가 동의서를 받았다. 지적과 직원 28명과 조사요원 12명이 함께했다. 한 달의 기한을 효율적으로 쓰기 위해 일주일 동안 사전 전산 작업을 꼼꼼하게 했다. 동의서 명부 30권을 만들어 현장 활동에 나섰다.

> **보문역~고대앞 사거리 1.21㎞**
> **친일 행위 대법원 확정 판결 계기로**
> **이승로 구청장 개명 발벗고 나서**
> **담당 과장 "평생 잊을 수 없는 보람"**

동의서를 받는 과정은 예상했던 것보다 훨씬 어려웠다. 우편, 팩스, 전자우편으로도 동의서를 받아도 되지만 열에 아홉은 직접 만나야 했다. 직장인, 대학생 등이 사는 다가구, 원룸이 많은 동네다 보니 저녁이나 주말에 가야 사람을 만날 수 있었다.

주민들에게 불편을 덜 주려 저녁 9시 이전, 주말은 점심 이후부터 저녁 8시 전에 찾았다. "집집이 평균 5번 이상을 가야 했다"며 "집에 있어도 문 열어주는 사람이 적어 문 앞에 서성이거나, 택배원이나 배달원이 오면 따라 들어간 적도 많았다"고 한원희 팀장이 털어놨다. 송진솔 주무관은 "낯선 남자들은 문을 잘 열어주지 않아 남녀 2인 1조로 다녔다"고 했다.

600여 명의 외국인 주민은 영어를 잘하는 김원섭 주무관이 맡았다. "처음엔 설명이 힘들었지만 도로명 변경에 초점을 맞췄더니 대부분 동의를 했어요." 강상아 주무관도 "한 중국인은 처음엔 서명을 꺼리다 친일행위자 도로명이라 바꾸려 한다니 반색을 하고 바로 동의해줬다"고 웃으며 말했다. '굳이 세금 써가며 바꿔야 하나'며 반대 표시를 한 주민들은 640명쯤 됐다.

팀원 모두가 처음 해보는 경험이라 몸도 힘들었다. "계단이 많고 비탈길인 동네를 하루 만 보 이상을 걷다 보니 몸무게가 3㎏ 빠졌다"고 송 주무관과 김 주무관이 말했다. 바람이 차가웠던 날도 많아 꽁꽁 싸매고 다녀도 금세 손발이 얼었다.

그래도 응원해주는 주민들이 있어 힘을 낼 수 있었단다. "좋은 일에 힘써줘 고맙다." "옳은 일에 동참하겠다." "늦은 시간까지 고생이 많다." 등 응원의 말을 주거나 동의서 회신 봉투에 홍삼 스틱 한 봉지를 붙여놓은 주민도 있었다. 김장을 담그던 주민은 김치를 먹고 가라고 내놓기도 했다.

도로명을 바꾸면 잇따른 작업도 적잖다. 개별로 쓰고 있는 도로명주소도 따라 바뀌야 한다. 법에 따라 도로명주소 변경 안내도 우편으로 알리고 방문 고지를 해야 한다. 고지문은 직접 전달하지 못하면 우편함에 넣거나 대문에 붙여놓는다. 오는 3월28일께 도로명주소 변경 고시로 최종 마무리된다. 이날 건축물대장 등 각종 공적 장부와 시스템의 도로명주소도 함께 바뀐다.

도로명판과 건물번호판도 바꾼다. 현장 활동을 하면서 표시해 둔 골목길이 어두운 지역에는 조명형 도로명판 설치를 검토하고 있다. 올해 연말 30년의 공무원 생활을 마무리하는 송 과장은 "평생 잊을 수 없는 뜻깊은 일을 해내 보람을 느낀다"며 "이번 도로명 변경 과정을 백서로 정리해볼 계획"이라고 했다. 이현숙 선임기자 hslee@hani.co.kr

인촌로 개명 동의 얻기까지 9천여 주민 방문 노력 있었다(한겨레, 2019.2.15.)

2019년 2월 27일 3.1운동 100주년을 앞두고 '친일 청산 만세' 삼창과 함께 최후의 '인촌로 7길' 도로명판을 '고려대로 7길'로 교체함으로써 '인촌로'는 역사 속으로 사라졌습니다. 1991년 서울시 지명위원회가 인촌로를 지정한 지 28년 만의 성과입니다.

친일인사 흔적 인촌로 역사 속으로…마지막 명판 철거(MBN, 2019.2.27.)

인촌로 개명 이전에 광주시 서구에서 주민 665명 가운데 460명의 동의를 받아서 백일로를 학생독립로로 변경한 사례가 있었습니다. 이와 비교해서 우리 성북구의 도로명 변경은 주민 9,000명 이상의 의사를 확인해야 하는 대규모 사례인 만큼 그 의미가 더욱 크다고 할 수 있겠습니다. 친일 반민족 행위에 대해 응징하고 바른 역사 세우기에 함께 마음을 모아준 성북구 주민들이 있었기에 가능한 일이었습니다.

도로명 변경을 통해 친일 청산에 앞장서고 국민에게 올바른 역사를 알리는데 기여한 공로로 저는 항일독립지사선양단체연합으로부터 감사패를 받기도 했습니다. 수많은 독립운동가의 숨결이 살아 숨쉬는 역사도시 성북구에서 당연히 해야 할 일을 했을 뿐입니다. 앞으로도 우리 성북구는 친일 잔재를 청산하고 독립운동의 정신을 기리는 일에 최선을 다해 앞장설 것입니다.

5

마을기록을 자산화하다. 성북마을아카이브

자치구 최초로 마을을 기록하다

우리 성북구는 혼자만 알고 있기에는 너무나 아까운 다양한 근현대 역사문화자원을 가지고 있습니다. 이렇게 성북이 오랫동안 품어온 삶의 흔적과 역사 문화를 체계적으로 기록하고 보존하자는 의견이 꾸준히 제기되어 왔습니다. 그 결실로 2020년 1월 '성북마을아카이브'를 구축해 주민들에게 선보였습니다.

'성북마을아카이브'는 성북의 역사와 문화자원, 주민의 생활에 관한 기록들을 수집하고 보관해 누구든지 쉽게 성북의 마을기록을 찾아볼 수 있도록 만든 홈페이지로 주민이 마을기록 발굴과 역사문화 콘텐츠 생산에 능동적으로 참여할 수 있도록 한 쌍방향 소통 지식플랫폼입니다. 도시와 관련한 기록이나 파일을 영구적으로 안전하게 보관하고 여러 사람이 손쉽게 접근할 수 있도록 디지털 아카이브로 구축한 것은 자치구 최초의 시도입니다.

2018년 성북문화원과 손을 잡고 '성북구 마을기록아카이브 사업'을 시작한 우리 성북구는 성북구 주민기록단을 결성하고 2년 동안 동네의 숨은 자료를 발굴, 수집해 왔으며, 이 기록물도 성북마을아카이브를 통해 공유되고 있습니다.

성북마을아카이브 누리집(archive.sb.go.kr)에 접속하면 '주제로 보는 성북', '이야깃거리', '구술인터뷰', '기록물', '주민기록단', '성북마을발견' 등으로 구성된 다양한 마을 기록을 탐색할 수 있습니다. 인물, 사건, 장소 등 각종 콘텐츠와 사진, 영상, 간행물을 포함한 기록물은 키워드를 입력하거나 유형별, 시대별, 지역별로 검색할 수 있습니다. '주제로 보는 성북'에서는 관심 있는 주제를 한 눈에 둘러볼 수 있고, '구술인터뷰'에서는 각종 구술 정보와 인터뷰 영상을 만날 수 있습니다. '기록물'은 기관이나 개인들로부터 수집한 성북구의 옛 사진 등 다양한 자료를 접할 수 있습니다.

특히 성북문화원이 재개발 현장을 누비면서 촬영한 사진자료는 우리 동네의 변화를 한 눈에 확인할 수 있습니다. 성북마을아카이브는 단편적인 기록을 저장한 것이 아니라 자료들의 맥락 정보를 충분히 담기 위해 노력했습니다. 이를 통해서 우리만의 콘텐츠간 연결이라는 특장점을 갖게 되었습니다. '성북마을발견'은 문학 작품에서 묘사된 성북구의 여러 장소를 지도 위에서 탐색할 수 있는 위치기반 서비스입니다.

구민 이야기부터 역사·미술·문학작품까지… 성북의 모든 것, 홈페이지에 차곡차곡

'지역아카이빙' 선구적 사례 보여주는 성북마을아카이브

2018년부터 주민 참여 기록단 운영
조사·확인 거친 양질 자료도 많아

시흥·고양 등 여러 지자체에서
주민 중심으로 마을기록 진행 중

구민이야기부터 역사 · 미술 · 문학작품까지… 홈페이지에 차곡차곡(경향신문. 2021.11.13.)

도시 전체가 지붕 없는 박물관이라는 별칭이 붙을 정도로 골목골목마다 역사문화 자원이 산재한 성북은 지역의 역사와 문화를 체계적으로 기록하고 보존해야 하는 의무가 있습니다. 앞으로도 우리 성북의 숨은 기록을 발굴하고 지속적으로 새로운 주제로 아카이브를 구축하여 과거와 현재를 연결하는 역사 문화의 지역자산화 추진에 앞장설 계획입니다.

성북이 걸어온 길을 한눈에

2020년 1월에 개설된 성북마을아카이브는 계속해서 알찬 자료들로 채워지고 있습니다. 성북구는 만해 한용운, 저항시인 이육사, 대한독립선언서를 작성한 조소앙, 청산리 전투의 영웅 나중소와 노은 김규식 등이 거주했던 곳으로, 독립운동가의 숨결이 곳곳에 남아있는 지역입니다.

코로나 방역기록 '마을자산'으로

성북구 "K방역 경험 공유"

사랑제일교회발 코로나19 확산 중심에 있던 서울 성북구가 방역 등 대응 여정을 담은 기록물을 자산화했다. 성북구는 그간 기록물을 한데 모아 '성북마을아카이브' 누리집에 공개했다고 22일 밝혔다.

공개된 기록물은 지난 봄부터 코로나19 확산으로 달라진 성북구와 주민들 모습을 담았다. 방역을 위해 지역 곳곳에서 소독과 예방 작업을 하는 주민과 공무원, 선별진료소 풍경, 상점과 시장, 공공시설, 도로변에 부착된 코로나19 관련 안내문과 현수막 등이다.

특히 코로나19를 주제로 진행한 미술공모전 '2020 성북천 깃발전 - 팔랑거리는 상상전' 출품작도 포함돼었다. 코로나19에 대한 어린이들의 경험과 생각을 엿볼 수 있다.

성북구가 코로나19 관련 기록물을 마을자산화했다. 아이들이 코로나를 바라보는 시선을 엿볼 수 있는 그림도 포함돼었다. 사진 성북구 제공

코로나19 이후 일상을 주제로 한 주민 인터뷰 영상자료 3편도 공개했다. 교육 경제 문화예술 3개 주제로 제작했다. 초등학생 대학생 대학강사 학부모는 교육을, 자영업자와 전통시장 상인은 경제를, 극단 대표와 박물관 학예연구사는 문화예술을 이야기한다.

성북마을아카이브는 2018년부터 성북구와 성북문화원이 공동으로 제작·운영하고 있다. 구와 문화원은 코로나19 확산이 종식, 평범한 일상을 되찾는 날까지 계속해서 관련 기록물을 수집해 게재할 예정이다.

기록물은 성북마을아카이브 누리집 내 '주제로 보는 성북'에서 확인할 수 있다. 이승로 성북구청장은 "8월 이전까지 지역 내 감염사례가 한건도 없을 정도였는데 교회발 감염자가 발생한 뒤 한달 사이에 확진자가 500% 가까이 급증했다"며 "민·관이 다시 합심해 대응에 집중하면서 쌓아올린 경험을 대한민국과 공유하는 것도 K방역의 귀중한 자산이라는 생각을 하게 됐다"고 말했다.

김진명 기자 jmkim@naeil.com

코로나 방역기록 마을자산으로(내일신문. 2020.10.22.)

2020년 11월 17일에는 순국선열의 날을 맞아서 성북에서 활동한 독립운동가와 각종 사건을 한눈에 볼 수 있는 '성북마을발견+독립운동' 콘텐츠를 제작해 공개했습니다. 여기에서는 일제 강점기 성북 지역에서 일어난 63건의 독립운동을 포함해 176건이 사건들을 연대순으로 만날 수 있으며 지역에 연고를 두고 활동했던 독립운동가 100명과 13개 단체의 활동사진과 지도도 실려 있습니다. 독립운동사와 각 사건과 관련된 인물에 대한 설명은 음성으로도 들을 수 있습니다.

또한 어느 교회에서 발생한 집단감염으로 코로나19 재확산의 중심에 있던 우리 성북구의 대응 여정도 성북마을아카이브를 통해 공개했습니다. 코로나19 확산으로 달라진 성북구와 구민의 모습, 방역을 위해 곳곳에서 소독과 예방 작업을 하는 주민과 공무원, 구내 선별진료소 풍경, 상점과 시장 등에 부착된 코로나19 관련 안내문 및 현수막 등 위기에서 K-방역의 모범으로 자리잡아간 지난 시간을 만날 수 있습니다.

우리 성북구는 4.19혁명의 도화선이 된 역사적 사건의 현장으로 1960년 4월 18일 고려대 학생 3,000여 명이 국회의사당 앞에서 연좌데모를 마치고 돌아가는 길에 정치 깡패들의 습격을 받은 사건이 혁명의 직접적인 도화선이 되었습니다. 2021년 4월에는 4.19 혁명 61주년을 기념하여 우리 성북구의 민주화 역사를 알리는 게시글을 공개하였습니다.

이렇게 우리 성북구는 유서 깊은 역사, 문화 자산은 물론 주민의 다양한 삶의 모습을 성북마을아카이브를 통해 꾸준히 소개하고 있습니다. '제1회 민간기록물 수집 공모전'을 통해 우리 동네의 옛 모습과 그 변천사, 생활상이 담긴 다양한 기록을 수집하기도 했습니다.

2020년 12월에는 서울시 최초로 '성북구 민간기록물 수집 및 관리에 관한 조례'를 제정해 기준 없이 수집되고 있던 민간기록물을 제도권 안으로 편입하고 민간기록물의 정의, 수집방법, 절차 등을 명확히 하여 민간기록물 수집과 관리를 할 수 있는 제도적 기반을 마련하기도 했습니다.

이와 같은 노력에 힘입어 '2021 우수행정 및 정책사례 발표대회'에서 '성북마을아카이브'가 우수상을 수상하기도 했습니다. 특히 주민들이 주민기록단 활동을 통해 기록의 주체로 마을기록 수집에 참여하면서 행정 영역에서 미처 파악하지 못한 마을의 이야기를 기록하는 기록민주주의와 기록 관리 거버넌스를 실현하고 있다는 점에서 높은 평가를 받았습니다.

앞으로도 성북마을아카이브는 역사뿐만 아니라 시간이 지나면 소멸되기 쉬운 주민의 활동과 일상생활의 흔적을 수집하고 소중한 기록으로 보존하여 지역 주민이 자긍심을 느끼고 지방자치 시대의 기록문화가 발전할 수 있도록 선도적인 역할을 하도록 하겠습니다.

이승로의 현장

2022년 1월 26일 초판 1쇄 인쇄
2022년 2월 10일 초판 1쇄 발행

저　자 이승로
편　집 김연희

펴낸이 진욱상
펴낸곳 백산출판사
표지디자인 오정은

등　록 1974년 1월 9일 제406-1974-000001호
주　소 경기도 파주시 회동길 370(백산빌딩 3층)
전　화 02-914-1621(代)
팩　스 031-955-9911
이메일 edit@ibaeksan.kr
홈페이지 www.ibaeksan.kr

ISBN 979-11-6639-205-4 03040
값 20,000원